企业人力资源管理系列丛书

企业员工培训
全流程管理实战

王俊杰 ◎ 著

中国法制出版社
CHINA LEGAL PUBLISHING HOUSE

序一
实践的力量

　　管理就是实践,实践是我们最伟大的老师。1954年,现代管理学开创者彼得·德鲁克出版了《管理的实践》一书,在书中他强调了"管理是一种实践",以及人的重要性。管理的本质在于实践,而人力资源管理因为"人"的自我意识驱动,以及日益成为企业价值创造的主导要素,区别于企业成长所需要的任何其他资源,更加需要实践的力量。

　　1993年,我主持编写了1000多万字的管理实践应用丛书《现代管理制度·程序·方法范例全集》,以书为媒,有幸认识了不少极具开拓创新精神、渴望企业快速、持续成长的中国企业家,也深切感受到了中国企业成长中的管理需求,于是我与包政等六位中国人民大学的教授开始投身管理咨询行业,为美的、TCL、六和等一批优秀企业提供咨询服务。弹指间30年过去了,我们这些当时的作者已成为所谓的管理咨询专家,而当年的这些企业如今也有不少已发展成为千亿量级的企业。我们或陪伴着、或注视着这些企业的成长,更加深感管理实践对管理理论研究的重要性。管理理论来源于实践需求,又回归于实践价值,管理要创造价值,不是专家学者自娱自乐的工具。未来中国管理学人的使命是:帮助中国企业提升全球竞争力,原创中国管理理论与方法,将中国企业的最优实践推向世界。

　　"企业人力资源管理标杆系列丛书"的问世,我认为正是出于这样的目的,出于对实践的尊重,充分体现了管理学人的使命与价值,这正是我推荐这套丛书的主要原因。这些仍然服务于企业人力资源管理一线的专业实战派人士，能够将亲身实战的企业人力资源管理的成功经验拿出来进行系统总结、提炼、升华，立足中国企业招聘管理、绩效考核、员工激励、培训管理等人力资源管理经典模块的扎根实践，以全球视野与互联网时代新思维，全面而立体地剖析、萃取人力资源管理实践的精华，对于企业快速提升人力资源管理水平，具有极大的参考价值。

在国内大量的人力资源管理类书籍中，针对人力资源入门者、主管和经理以及高级管理人员，围绕职业生涯路线，提供业务知识系统化指导与帮助的相对较少，本套丛书区别于其他人力资源管理类书籍，有以下三个方面的特点：

其一，能够站在企业管理者的高度看问题。将人力资源管理理念提升到企业战略与人力资源战略的高度，从企业发展的整体性视角来审视人力资源各个模块的管理问题，对各个模块的内在联系，以及每个模块的体系化设计进行了深入的解读和相关管理知识的延展，能够引导读者建立全局性思维模式，形成人力资源管理支撑企业发展的系统逻辑，同时又能够对各个模块的内容进行深入阅读和思考，让读者"既见树木，又见森林"。因此，本套丛书对于企业中高级管理者、职能与业务部门管理者的管理思路方法具有参考价值。

其二，在内容上充分结合实战经验。在实践基础上提炼理论与方法，摒弃复杂难懂、高深莫测的枯燥学术性词汇，注重生动性和接地气；将人力资源前沿理论与应用实战经验高度融合而形成的管理工具与方法具有较强的可操作性。本套丛书将理论与实践有机结合，内容新颖、题材丰富，既包含体系化的流程设计理念与知识，又收集了丰富的管理落地实战工具。

体系化的管理理论。本套丛书中提炼出的管理理念，并非基于某一个成功实践或个例，而是将近些年解决实际管理问题的方法进行了科学和系统的分析与整理，形成了与时俱进的系统性管理理念。

针对性的实践内容。本套丛书涵盖了人力资源管理领域中最具价值和挑战性的模块，并针对各模块详细阐述了实践案例、利弊分析与实践心得，对于人力资源从业者而言，能够在解决针对性问题上给予帮助与启发。

其三，兼具研究与实用价值。本套丛书定位于企业人力资源管理实践的标杆，能够将企业的各种管理实践进行直观呈现，启发读者去思考这些实践成果背后的内在规律；同时又提供了实战方法和工具的解读和分析，读者可以参考研究之后应用到自己的实践工作中。企业的管理实践者应该能够带着自己的企业实际、自己的思考和问题来学习和借鉴外部的成功经验，既不能生搬硬套，也不能故步自封。通过本套丛书的学习，读者能够更加深入地理解人力资源管理，理解如何去实践。

实践的力量是伟大的，源于实践、尊重实践、最终应用于实践的情怀与理念是值得推崇的，本套丛书的作者充分发挥实践的力量，为解决管理实际问题提供理论方法与参考工具，为广大人力资源从业人员的职业发展与实战能力提升指引方向、提供动力，这是令人敬佩和赞许的。

相信本套丛书将成为人力资源从业者以及企业各级管理者的良师益友与必备的人力资源管理应用指南！

中国人民大学教授、博士生导师
华夏基石管理咨询集团董事长
彭剑锋

序二
从实践中来,到实践中去

本套"企业人力资源管理标杆系列丛书"由多位知名企业的人力资源高管编写而成,编写者嘱我写几句话,以做推荐。

一套丛书要在主题选择。这套丛书关注中国企业人力资源管理标杆,这是我个人近年来一直极力主张的。改革开放40余年,我们中国企业人力资源界一直在学习、在引进、在模仿、在实践,也一直在思考、在创新。时至今日,我们至少可以总结提炼一下我们的成果。这既是我们进一步思考的前提,也是我们继续创新的基础。唯有如此,才会形成我们自己的人力资源管理标杆。

一套丛书重在研究对象选择。在激烈的市场竞争中,一些公司脱颖而出。这套丛书正是基于这些优秀企业而展开人力资源管理标杆的总结提炼与研究探索。它们既有外企,又有民营企业,还有国企,在"优秀"的共同特征上又展现出多元化的特点。它们的人力资源管理实践不仅是助力这些企业取得成功的关键,还是我们中国人力资源管理实践探索中的宝贵财富,更为我国人力资源管理理论探索提供了丰富的素材,甚至直接构成了这些理论探索的一部分。

一套丛书全在作者选择。这套丛书的作者既不是人力资源管理研究人员,也不是从事人力资源领域的咨询专家,而是奋战在人力资源管理一线的人力资源高管。这样的一群作者不仅可以为我们展现身在其中的独特视角,更能为我们挖掘躬行其中的独特体会。更重要的是，他们本身有着极为丰富的人力资源管理经验，拥有第一手的管理素材，能够提炼出我们管理实践中的精华；而把这些内容以系列丛书方式呈现给读者也能切身地感受到他们的社会责任感。

总括起来，这套丛书有以下三个特点：一是实践性。所有的内容都是基于原汁原味的管理实践而展开的系统的管理标杆提炼。二是实效性。丛书实际上是经过这些优秀企业的长期检验而证明为行之有效的实践总结，基于深入学习而富有极强的借鉴价值。三是实战性。丛书涵盖人力资源管理的各个模块，以及各个模块中详尽的管理制度、精细化的管理流程和管理表单，消化后可直接应用于企业日常管理的细节之中。

伴随着我国社会经济的发展，社会各界对人力资源管理专业人才的需求大幅增长，同时对人力资源管理解决方案的需求也大幅增加，因此，无论是在人才培养方面还是在管理实践需求方面，都急需"从实践中来，到实践中去"，这正是这套丛书的价值所在。

特此推荐。

中国人民大学劳动人事学院原院长、博士生导师

杨伟国

CONTENTS 目录

第一章　员工培训——如何才能发挥作用 // 001
- 第一节　员工培训——想说爱你不容易 // 002
- 第二节　员工培训——就是要解决问题 // 006
- 第三节　员工培训——要以战略为导向 // 013
- 第四节　员工培训——要以绩效为目标 // 018
- 第五节　员工培训——要与业务相结合 // 023

第二章　培训需求分析——探究企业问题 // 027
- 第一节　ADDIE模型 // 028
- 第二节　企业问题与培训需求分析 // 030
- 第三节　培训需求分析的六种模型 // 035
- 第四节　培训需求分析的七个方法 // 042
- 第五节　培训需求分析的一般流程 // 047

第三章　培训设计实施——细节决定成败 // 053
- 第一节　课程设计步骤 // 054
- 第二节　课程开发过程 // 060
- 第三节　培训实施环节 // 071
- 第四节　常用培训技术 // 075

第四章　培训效果评估——"以终为始"见成效 // 085
- 第一节　培训评估三问 // 086
- 第二节　常用评估模型 // 088

第三节　柯氏模型新解 // 093
第四节　KBPM // 102

第五章　新员工入职培训——以企业文化为核心 // 109
第一节　从"局外人"到"企业人" // 110
第二节　以企业文化为核心 // 114
第三节　入职培训管理实操 // 117

第六章　管理人员培训——以胜任素质模型为基础 // 133
第一节　管理培训构建学习型组织 // 134
第二节　基于胜任素质模型的管理培训 // 138
第三节　管理人员领导力模型构建 // 140
第四节　搭建领导力管理培训体系 // 147

第七章　销售人员培训——以职业生涯为导向 // 155
第一节　无培训，不销售 // 156
第二节　激励式销售培训体系 // 157
第三节　销售人员的职业生涯 // 160
第四节　销售培训的管理实操 // 169

第八章　研发人员培训——以创新发展为驱动 // 177
第一节　研发人员四大工作特征 // 178
第二节　研发培训驱动企业创新 // 181
第三节　研发人员培养"五力模型" // 183

第九章　内训师的修炼——从新手到高手 // 195
第一节　内训师八大能力模型 // 196
第二节　内训师的选拔与评估 // 199
第三节　内训师从新手到高手 // 202
第四节　让领导者成为内训师 // 213

第十章 建构主义——点燃学员的培训热情 // 217

第一节 建构主义——拨云见日 // 218
第二节 建构主义——培训之魂 // 223
第三节 建构主义培训体系设计 // 228
第四节 建构主义培训师的修炼 // 231

第十一章 行动学习——培训落地的知行合一 // 237

第一节 众多世界500强的共同选择 // 238
第二节 行动学习实现知行合一 // 240
第三节 行动学习六个实施步骤 // 243
第四节 行动学习九大促动技术 // 249
第五节 行动学习的常用工具箱 // 259

第十二章 数字化学习——助力企业人才发展 // 269

第一节 数字化学习体系架构 // 270
第二节 数字化学习平台搭建 // 276
第三节 数字化学习内容建设 // 278
第四节 数字化学习运营管理 // 281

后记 // 287

第一章
员工培训
——如何才能发挥作用

【本章导读】

◆ 员工培训——想说爱你不容易

◆ 员工培训——就是要解决问题

◆ 员工培训——要以战略为导向

◆ 员工培训——要以绩效为目标

◆ 员工培训——要与业务相结合

第一节 ▍ 员工培训——想说爱你不容易

IBM（国际商业机器公司）的一项面向全球 CEO（首席执行官）的调查显示，80% 的 CEO 认为人员能力问题是制约企业发展的"瓶颈"；但同时，有 65% 的 CEO 认为企业当前的员工培训是无效的，或者至少是针对性不强的。这是为什么呢？

1.1 员工培训几乎成"鸡肋"

我们去看看在公司中经常会出现的情景吧。

1.1.1 业务部门

某公司季度销售业绩不佳，CEO 询问销售总监是怎么回事。

销售总监解释说是因为业务人员的能力有待提升，而培训部门的业务培训没有跟上。

于是 CEO 找来培训部门的负责人，下达命令：近期务必狠抓培训，提升业务人员能力！

培训部门赶紧制订培训计划，并马上询问销售总监需要培训哪些课程。

销售总监本来就是拿培训当借口的，随口敷衍了几个比较熟悉的课程名称：电话销售技巧、商务谈判技巧、销售心态等。

培训部门开始认真负责地组织实施销售培训，寻找市面上最好的培训机构、知名的培训师、最贵的培训课程，制订了看似完美的培训计划，销售人员报名似乎也很踊跃。可是到了培训那天，只有不到一半的销售人员到场。

培训部门负责人很生气，质询销售总监，而销售总监毫不客气地说：现在正是销售旺季，关键时期，没看销售人员都在忙业务吗，哪里顾得上什么培训！

对很多公司的业务部门来说，他们并没有从心里真正认可培训的价值，不相信参加几次培训就真的能够提高业务水平，完成销售任务。

1.1.2 参训人员

你一定参加过公司或其他机构组织的培训，作为参训人员，回想你曾经参加过的各种培训，你有什么样的感受？

也许你也像很多人一样，经历过这样的失败：

怀抱满腔热情和殷切期望，积极参加知名培训课程，当时听得热血沸腾，培训体验非常之深刻。

但是，培训结束后的一天，热情消退了一半；又过了一周，内容忘掉了一半；再过一个月，重新变回原来的那个自己。

最后的结果是，什么都没学到，没有应用，没有既定目标的跟进，没有惊奇，当然也没有任何结果。在参训者之中，这种负面情绪不断蔓延，培训没有带来应有的价值，制订的行动计划及美好愿望如海市蜃楼一般渐渐地消失了。

这样挫败的经历使人心灰意冷，最后得出一个结论：培训纯粹是浪费时间和金钱的行为，参训人员产生"培训没有太大实际用处"的观点。

1.1.3 培训部门

如果你是一名培训部门的员工，你是不是也常会感觉有一点儿委屈？

国内大多数公司的培训部门还是以培训计划、培训组织、培训实施、课程采购等事务性工作为主，被大家戏称为"课程贩子"。

我们来看在公司中经常会出现的另一幕：

又到一年财年末，又到制订年度培训计划时，培训部门摩拳擦掌，跃跃欲试。

培训部门提前一个月制作了一系列专业又美观的培训需求分析表、培训计划需求收集表，发给了业务部门负责人，恳求他们认真填写下一年度的培训计划表，两周后提交，以便培训部门收集、汇总，形成公司切实可行的年度培训计划，希望能全面提升公司人员的业务能力，助力公司业绩增长。

业务部门年底工作非常紧张，一方面在做最终的业绩冲刺，另一方面也在紧张地制订下一年的业务计划、业绩目标，收到培训部门美观又繁复的培训计划需求收集表，基本没心情认真看。两周的时间一晃而过，在培训部门的一再催促下，业务部门实在推托不过，凭着想象，草草填写，提交了事。

培训部门拿到如此这般提交的培训计划需求表，汇总成公司年度培训计划表，按照年度培训计划表的内容，筛选市面上相关的培训机构、培训课程、培训师，"贩卖"给公司的业务部门，结果自然不言而喻。业务部门从根本上就不认可培训，公司负责人随意地削减培训开支，参训人员也认为培训没有太大实际用处，培训部门既不能解决问题，也不招人待见。

于是乎，培训部门越来越边缘化，培训部门人员越来越找不到工作的价值所在，有的干脆做一天和尚撞一天钟，得过且过，造成企业内部培训工作的恶性循环。

1.2　员工培训到底怎么了

很多公司的培训部门和培训工作几乎成为"鸡肋"，在公司负责人眼里是个花钱部门，在业务部门眼里是个边缘部门，在员工眼里是个可有可无的部门。员工培训到底怎么了？问题出在哪里呢？

其实，认真分析一下，员工培训工作一定是在以下四个方面出了问题：

1.2.1　员工培训没有与公司战略搭界

多数公司的培训部门在公司的地位较低，基本被看作一个职能部门，培训部门负责人基本是一个执行者，只是被动地执行管理者的指令。

公司的长远规划是什么？公司的三年规划是什么？公司的战略目标是什么？公司的人力资源战略目标是什么？近期随着行业、政策、市场的变化公司战略发生了哪些调整？如果公司管理者从心里不重视员工培训工作，没有把员工培训工作放在一个战略高度，那么，培训部门对以上这些问题也一定是模糊的。自然，公司的员工培训工作一定是与公司的战略脱节的。

与公司战略相脱节的员工培训工作，注定无法成为企业变革的推进器和企业战略的催化剂，不能为企业带来实质性的转变。

1.2.2　员工培训没有与公司绩效挂钩

企业作为一个经济组织，它的存在价值就是创造经济效益，所以从个人的绩效到组织的绩效，都是一个企业的首要目标也是终极目标。

但是，公司的培训部门是否清楚每个员工的绩效目标？是否清楚每个部门的绩效目标？是否清楚作为公司整体的组织绩效目标？

培训部门的培训工作往往浮于表面形式化，没有做到"以终为始"，如果没有深入透彻地分析培训对绩效的推动效应，没有真正与员工个人的绩效紧密结合，就不能为部门的绩效提升起到应有的作用，自然也就不能为企业的整体绩效提升发挥应有的作用。

1.2.3　员工培训没有与公司业务结合

在很多公司中，员工培训与公司业务脱节的现象比比皆是。

培训部门是否认真地去研究过公司的业务流程、业务规则、业务关键点？是否正确地把握了各部门、各岗位业务人员的关键能力？

培训部门开展的培训工作是不是服从于公司的业务流程？是不是针对

业务关键点设置培训课程？培训工作是不是能够切实提高业务人员的业务能力？从业务人员的角度而言，其需要明确知道：参加培训对我有什么好处？

如果员工培训工作与业务脱节，与业务人员的关键业务能力脱节，自然无法提升业务效率、提升企业绩效，业务人员怎么会主动积极地参加呢？

1.2.4 员工培训没能展现为商业结果

投资就要有回报，对企业这样的经济组织如此，对企业的运营行为如此，对培训工作同样如此。

培训工作需要投入大量的人力、物力、财力，那么，作为培训部门，就要时刻追问自己：这些投入有回报吗？这些投入值得吗？投入产出比能达到企业、公司负责人、部门、员工的期望吗？

如果培训工作不能清晰地证明可以直接或间接地产生商业结果，那这样的培训就可以不用举行了；如果培训工作产生了商业结果，但这个结果与投入不符，不能满足组织的要求，那这样的培训要不要举行就要画一个问号了。

第二节 ┃ 员工培训——就是要解决问题

2.1 培训即管理

培训可以说是人力资源开发的主要手段，而人力资源开发是人力资源管理的唯一目标。

人力资源管理的核心问题就是为实现企业的战略目标提供人力方面的有效支撑，我们要树立培训即管理的观念，深入理解对员工进行培训的核心价值。通过运用恰当的培训手段和策略，有效地提升员工的专业素质和技术能力。这不仅能够增强公司的竞争实力，而且最终有助于实现公司的长远战略目标。

2.1.1　培训能增强员工归属感

对于公司来说，充分的员工培训能够增加公司对员工的吸引力，进一步发挥人力资源的价值，从而为公司带来更多的收益。培训不仅能提升员工的技术能力，同时也能让员工更好地理解自身的价值和工作目标。

2.1.2　培训能促进双向沟通

通过员工培训可以促进企业与员工的沟通，让一线员工更加认同企业文化，培养员工的敬业精神和责任意识；另外也可以促进管理层与员工的沟通，提高员工的工作积极性，提升管理效率和执行力。

2.1.3　培训能提高员工素质

通过培训可以提交员工的综合素质，而素质良好的员工通过技术创新、成本节约可以有效提高生产效率和服务水平，为公司创造更多价值。

2.1.4　培训能激发企业活力

当今时代，越来越多的企业将员工视为"人力资本"，而非"人力成本"。员工培训就是一种有效的"人本投资"，为企业提供"造血功能"。企业的技术创新投资分为"人本投资"和硬件投资，而人本投资作用于技术创新所产生的效益相比硬件投资成倍增加。人才是企业的第一资源，拥有一流的人才才能开发一流的产品，创造一流的业绩，从而使企业在激烈的市场竞争中脱颖而出。

◎标杆案例1　麦当劳——全职业生涯培训[①]

成立于1955年的麦当劳已成为全球零售食品服务业龙头。

您一定会惊讶，一个麦当劳餐厅经理的诞生，需花费数十万元的投资和

[①] 《解密：麦当劳的全职业生涯培训》，载凤凰新闻网，https://ishare.ifeng.com/c/s/7meOUEcAL2K，最后访问时间：2024年10月8日。

接受超过450个小时的训练。

在麦当劳，对员工的培训永远是现在进行时；员工的成长也因而持续不断，员工将亲身参与麦当劳独特而完整的培训课程。

在麦当劳，培训就是要让员工得到尽快发展。很多企业的人才结构就像金字塔，越往上越小；而麦当劳的人才体系则像棵圣诞树——如果员工能力足够大，就会让他升一层，成为一个分枝，再上去又成为另一个分枝，员工永远有升迁的机会，因为麦当劳是连锁经营。

针对员工的全职业培训使麦当劳公司的人才流失率很低，部门经理以上层次的人才基本上没有流失。麦当劳认为要想留住人才，薪酬福利很重要，但发展机会更加重要。企业在对员工进行培训时，一定要与他的发展相结合，应当计划一下他未来的一两年内可能到达什么位置，让员工看到发展的前景是很重要的。

对于如何看待员工的培训和发展，麦当劳创始人雷蒙·克罗克先生说了两句话，第一句是：不管我们走到哪里，我们都应该带上我们的智慧，并且不断地进行智慧投资。所以，早在1976年，麦当劳的创始人就已经决心要在人员的发展上做出很大的投资。第二句是：钱，你可以赚到；但是，对于智慧，必须花心思去培养。

在麦当劳，已经认定了员工培训带来的利益和价值。

◎标杆案例2　腾讯——多层次培训体系

腾讯公司成立于1998年11月，是国内服务用户最多的互联网企业之一。

2002年，腾讯成立了培训组，作为培养员工的基地。随着员工队伍的不断壮大，培训组已经无法满足人才培养的需求。2007年，腾讯学院正式成立，并明确学院的定位是：员工成长的顾问，业务发展的伙伴，企业变革的助手。[①]

腾讯学院的组织架构分为领导力发展中心、职业发展中心、培训运营中

---

① 参见马永武、彭磊：《腾讯混合式学习实践分享》，载《现代企业教育》2013年第23期。

心等部分，对于不同层次的员工，根据他们的不同特点，制订了不同的培训方案展开培训。

腾讯学院的人才培养体系框架包括新员工培养、专业人员培养和干部培养三个层级。

对于新员工培养，除了为新员工配备导师之外，还会安排一系列丰富完整的新人培训，对于有工作经验的新人会安排"腾讯达人"访谈项目，新员工可以随机采访公司的老员工，聆听他们在腾讯的经历，感受他们对腾讯文化的切身体会，帮助员工深入理解腾讯文化。

对于专业人员培养，腾讯学院推出了"攀登计划"，是针对专业技术人员晋升专家的后备培养计划。另外还设计了产品领军人物培养计划，为公司培养优秀的产品经理。[①]

对于干部培养，腾讯学院设计了针对基层后备干部的"潜龙计划"，针对中层后备干部的"飞龙计划"，以及针对高层后备干部的其他相关计划。

2.2 员工培训，就是要解决问题

2.2.1 培训是解决问题的管理工具

所谓问题，就是现实与目标的差距。

当前的人力资源水平不能满足战略目标要求的人力资源水平，这就是差距。

当前的人力资源水平甚至不能很好地满足当前的工作需求，这也是差距。

所有这些"差距"，都是管理者要解决的问题。正因为有这些差距、问题的存在，管理才有意义。从本质上来讲，管理就是解决问题，而非满足需求。

找到差距，发现问题，用培训的手段解决问题，这是培训管理工作的基本原理。

---

① 参见张国顺：《腾讯 HR 三支柱模式的人力资源管理研究》，南华大学 2018 年硕士学位论文。

我们都知道，培训的第一个步骤是"培训需求的评估"，但实际上，不论是管理人员还是普通员工，很多时候并不清楚自己的真实需求是什么，更不清楚别人的需求。尽管我们可以采用专家推荐的大量考察工具，过程看起来科学严谨，结果看起来天衣无缝，但并不能保证抓住了"真实需求"，最终的结果只能是似是而非。

比如，公司负责人找到培训部门，说要给公司管理层人员进行一次培训，如果培训经理问："有什么培训需求？"公司负责人大多数情况下会有诸如此类的回答："感觉大家的执行力太差了，想通过培训提升管理层的执行力。"但实际上这样的回答并没有太多有价值的信息，培训内容仍然无从界定。

如果我们这么问："您想通过培训解决什么问题？"就会轻易而准确地得到想要的答案。因为这是从"解决问题"出发来提问，对方也会被引导着用"解决问题"的思路来回答。实际上，"提升管理层的执行力"这个"培训需求"，至少有两个解决问题的方向：一是管理者自身执行力差，需要通过培训来提升；二是下属执行力差，需要通过培训让管理层懂得如何提高下属的执行力。

卓有成效的培训经理对培训应具有最朴素的认识：培训，是解决企业问题的管理工具。

2.2.2 发现问题比解决问题更重要

任何管理的成效都体现在对问题的妥善解决上，培训也是如此。当你即将组织一次培训活动的时候，首先要明确知晓此次培训要解决什么问题，并确定这个问题确实存在，且能够通过培训的方式来解决。问题确认，才能确立培训项目，才可以谈培训的效果。对于用来解决实际问题的培训而言，发现问题、分析问题、最终确认问题，是保障卓有成效的培训工作的基础。

企业管理的过程就是解决问题的过程。但在企业日常运营过程中，管理者往往会错误地认为，一切顺利，没有问题。不是没有问题，而是问题没有被发现，这是危险的信号。准确地发现问题，比解决问题更为重要。也可以说，发现问题就意味着问题解决了一大半。

发现问题的三个方法：

（1）考察当前工作对人力资源的要求，找到人力资源现状的差距。体现为考察个人和团队的当前素质与能力，能否胜任当前岗位和工作任务？如果存在差距，主要表现是什么？

（2）考察未来工作对人力资源的要求，如考察个人和团队的潜在素质与发展空间，是否有潜质适应未来岗位发展和任务变化所带来的新要求？如果不能完全适应，主要表现是什么？

（3）考察各项业务开展中出现的问题，从人力资源方面查找影响因素。

前两项是考察人力资源能否胜任当前工作和未来工作，是按人力资源发展计划按部就班进行的主动管理，最后一项实际上是对其他管理效果的诊断，是对已发生问题的被动补救。

2.2.3　培训能解决哪些问题

培训的功能在于影响、传递和训练。培训的目标对象是企业中的个人和团队，培训的作业内容是理念、信息和技能。概括来说，培训就是向组织中的个人和团队实施理念影响、信息传递和技能训练的管理活动。

（1）理念影响。企业作为一个有序的组织，总是希望员工在基本理念上高度一致，要实现这样的目标就需要实施理念管理。让大家接受同样的理念，不是一件在短期内能够做好的事情，一般而言，企业向员工施加影响的理念大多体现在企业文化的范畴，具体有公司价值、公司行为理念、公司信念、公司的管理文化等。

（2）信息传递。信息传递就是信息沟通，公司无时无刻不在进行着信息的传递，可以说信息传递本身就是一种管理手段和管理结果。通过培训的方式，公司集中地向员工传递需要的信息。一般而言，培训所传递的信息有公司历史文化、公司制度、工作流程、工作标准、技能要求等。

理念影响侧重价值观，信息传递侧重作业行为。公司通过信息传递，帮助员工快速进入工作状态并达到工作标准。

（3）技能训练。技能训练是以工作效能的追求为目标，通过技能的实际训练，让员工掌握实际的操作能力。技能训练的内容有：管理技能，如决策、管理和执行的技能；操作技能，如办公室专员和车间工人的岗位作业技能。

需要说明的是，理念影响、信息传递、技能训练这三项培训功能大多情况下是综合使用的。比如，理念影响需要以信息传递为前提，信息传递过程在某种程度上也体现了公司理念，在进行技能训练之前往往要进行信息传递工作。

管理之道

培训不可能解决所有问题

在我们发现问题并打算用培训的方式解决问题之前，必须确认，培训能不能解决这个问题？有没有比培训更好的方法？我们知道，再好用的工具也不是万能的，作为管理工具的培训，所能够解决的问题非常有限。也就是说，培训不可能解决所有问题。

有些管理人员没有把培训当作管理手段，而只是将其当作简单的活动组织；与之相反，另外一些管理人员可能因为掌握的管理技术实在太少，往往出了问题就想到做次培训，培训几乎成了唯一的管理手段。这两种情形都失之偏颇。

对于有些问题，培训无能为力。比如，一个产品销路不畅，原因是该产品已经脱离市场需求或者市场上出现了更好的替代品。像寻呼机即将被手机替代的时候，通过培训提高销售人员的销售意识、销售技能，是无济于事的。

对于有些问题，培训是最好的选择。比如，研发部门所研发的新产品，需要用到某种新型技术，我们可以通过组织新技术培训来提高研发人员的技术能力，会起到非常显著的作用。

人的理念、知识和技能之外的问题，培训都难以解决，或者说单纯的培训不可能解决。只有在我们确定某类问题的发生，主要责任确实在于人的理念、知识和技能方面，我们才可以依赖培训这个管理工具来解决。

例如，企业的产品适销对路，销售绩效公平合理，有很好的销售策略和优秀的销售经理，销售团队由一批极具销售潜质的人组成，这个时候，销售技能培训的业绩才能凸显出来。

所以说，在管理价值链上，培训处于末端位置，培训的价值本质上体现为补偿作用，而不是先决性的管理行为。只有在企业机体完备、其他管理手段科学的大前提下，培训才能做到锦上添花。

第三节 | 员工培训——要以战略为导向

3.1 企业战略

让我们先来了解一下什么是企业战略。

现代管理学开创者彼得·德鲁克曾指出："对企业而言，未来至关重要。经营战略使企业为明天而战。"

企业战略是对企业发展目标以及实现路径和方法的全面规划。面对瞬息万变的商业环境，企业战略能够使企业得到持续发展，并创造和维持竞争优势。同时，企业战略集中体现了企业的经营思想，规定了企业的经营领域，并依此制定企业的经营计划。

3.1.1 一般竞争战略

一般竞争战略是企业在面对市场竞争时，为了获取优势地位而制定的总体行动计划。

迈克尔·波特提出"五力分析模型",用来分析行业竞争结构和企业的竞争环境。五力分别指现有竞争者的竞争、新进入者的威胁、替代品的威胁、供应商的议价能力、买方的议价能力。如图1-1所示。

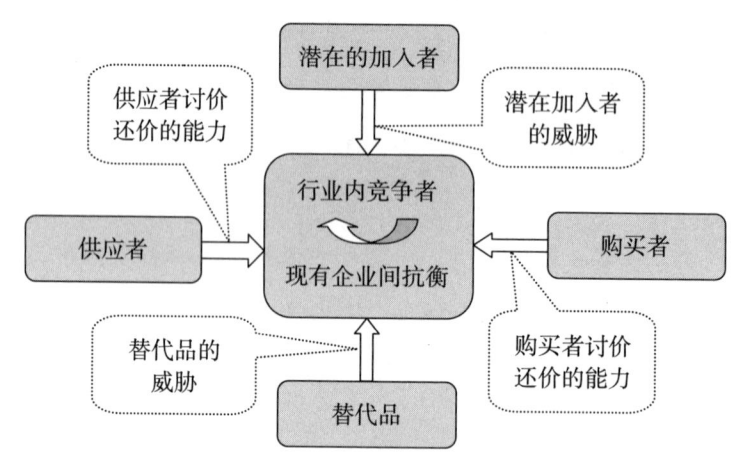

图 1-1 行业竞争格局

迈克尔·波特指出,有三种一般通用的竞争战略:(1)成本领先战略:企业通过提高生产效率、规模经济等方式降低成本,以低于竞争对手的价格提供产品或服务,从而吸引价格敏感的消费者。(2)差异化战略:企业通过提供独特的产品或服务,满足特定消费者群体的需求,从而获得竞争优势。(3)集中战略:企业选择在一个或几个细分市场上专注竞争,通过深入理解这些市场的特定需求,提供高度定制化的产品或服务。

3.1.2 组织战略

米尔斯和斯诺的组织战略也被称为"产品—市场战略",强调了企业需要根据自身的能力和市场环境,选择最适合自己的战略类型。他们提出以下四种类型的企业战略:

(1)防御型战略:在一个相对稳定的产品或服务领域内运营,专注于提高效率。

（2）分析型战略：在稳定的产品或服务领域内运营，同时也寻求新的机会。尝试复制其他成功企业的创新。

（3）探索型战略：不断寻找新的市场机会，经常是市场的领导者和创新者。

（4）反应型战略：没有明确的、一致的战略，但通常能对环境变化做出快速反应。

3.2 战略性培训

3.2.1 战略性培训

战略性培训以企业战略为导向，将员工的学习和发展活动与企业的长期目标和战略紧密相连。

战略性培训根据企业的战略目标确定培训的具体目标，根据培训目标，设计具体的培训内容和方法，按照设计的内容和方法进行培训活动，通过测试、反馈、观察等方式评估培训的效果。

通过战略性培训，企业可以更好地发挥人力资源的潜力，提升竞争优势。

3.2.2 战略性培训推动企业变革

未来企业之间的竞争比的不是战略定位，而是变革的速度与质量；比的不是产品，而是产品背后的团队；比的不是员工的数量，而是员工的状态！

战略性培训可以在推动企业变革中发挥关键作用。

首先，通过战略性培训，员工可以掌握新的技能和知识，以适应企业变革带来的新的工作要求。例如，如果企业正在进行数字化转型，那么员工可能需要接受相关的技术培训。

其次，战略性培训可以帮助员工理解和接受变革，从而改变他们对变革的态度。

再次，战略性培训可以培养员工的领导力，使他们能够在变革中发挥引领作用。

最后，战略性培训可以促进组织学习，不断从经验中学习和改进，以适应不断变化的环境，从而帮助企业更好地应对未来的挑战。

总的来说，战略性培训可以帮助企业建立一种学习型的组织文化，使企业能够更好地应对和推动变革。

3.3 战略性培训体系构建原则

3.3.1 战略性原则

培训体系的目标和内容应与企业的整体战略目标和方向保持一致。这样可以确保培训活动对企业的战略实施有实质性的贡献。

3.3.2 针对性原则

战略性培训体系应针对特定的需求或问题进行设计，以提高培训的效果和效率。这可能包括提升特定的技能、解决特定的问题，或者满足特定的发展需求。

3.3.3 科学性原则

战略性培训体系应基于科学的理论和方法进行设计和实施，以确保培训的质量和有效性。这可能包括使用科学的教学方法、设计科学的课程结构，以及采用科学的评估工具。

3.3.4 动态性原则

培训体系应能够适应不断变化的环境和需求。这可能需要定期评估和调整培训内容，以及采用多种不同的培训方法和工具，以确保培训活动始终保持相关性和有效性。

3.4 战略性培训策略

战略性培训应以战略为出发点，为满足战略需要而设计培训策略。

策略1：使学习投资多样化。企业要提供更多的学习机会而不仅仅是传统意义上的培训项目。例如，利用互联网、大数据、人工智能等技术实施培训，利用非正式渠道学习，提供更个性化的学习机会。

策略2：扩大培训对象的范围。除培训管理层外，还应给普通员工更多的学习机会。此外，不仅培训本企业员工，还要培训供应商，以确保其所提供的原材料能够达到客户要求的质量标准；同时培训客户，向他们提供产品和服务的信息，教会他们如何使用本企业的产品和服务。

策略3：加快员工学习的步伐。企业必须建立有效的培训系统来应对技术、客户需求和全球市场的快速变化。为此，必须快速确定培训需求并提供高质量的学习解决方案，减少培训项目开发的时间，在培训需求的基础上充分利用学习资源。

策略4：改善客户服务。员工应具备公司产品和服务方面的知识，具备与客户打交道的相关技能，能够明确他们的角色定位和制定决策的权限，从而为客户提供优质服务。

策略5：为员工提供职业发展机会。目的是让员工相信自己有发展机会，了解自己的职业生涯机会和个人成长机会，使企业发展与员工个人发展相契合，使企业培训能够满足员工目前的工作以及今后的发展需要。

策略6：获取和共享知识。通过从博学的员工那里获取洞察力和信息，有逻辑地组织和存储信息，提供信息获取途径等方式，在组织中共享知识，降低培训成本，同时提高对客户需求的反应速度，提升产品和服务质量。

第四节 ┃ 员工培训——要以绩效为目标

4.1 关于绩效

绩效是指组织或个人在一定时期内投入产出的效率与效能，其中投入指的是人、财、物、时间、信息等资源，产出指的是工作任务和工作目标在数量与质量方面的完成情况。绩效包括组织绩效、部门绩效和个人绩效三个层面。

绩效的三个层面之间是决定与制约的关系。个人的绩效水平决定着部门的绩效水平，部门的绩效水平决定着组织的绩效水平；反过来，组织绩效水平制约着部门的绩效水平，部门的绩效水平制约着个人的绩效水平。

部门之间绩效水平、岗位之间绩效水平也是相互制约的，如市场销售部门工作不力可能导致订单不足，订单不足会影响生产部门的产品产量；反过来，生产部门产品质量出现问题，会影响销售部门的工作，因此销售部门和生产部门绩效水平是相互制约的。

4.2 培训的绩效是"变化"

员工培训，要以绩效为目标，意思是说培训工作必须对业绩负责，更直接地说就是要提高公司利润。

培训管理和培训实施的本职工作是什么？

培训管理工作是一项服务性工作，是为其他岗位更好地取得业绩进行服务，除其自身的工作技巧和工作效率外，培训管理的成效更多地体现在它所服务的对象的工作业绩上。所以，与流水线岗位只考核其本职工作的完成率那样去考察培训管理工作的成效，显然是不够的。

假如一个培训经理在做培训总结的时候仅仅侃侃而谈全年组织了哪些培训活动，只能说明他并没有理解培训绩效的含义。培训规划、培训组织、培训实施之类的培训工作仅仅是培训管理的过程，而非绩效。我们说的培训绩效，不是看你如何组织培训活动，也不是看你组织了多少场次活动，而是看这些培训活动最终带来的"变化"。

培训的实施并不难，难在培训内容是否被受众认可，是否能够有效运用到工作中。而测量培训是否得到有效运用，唯一的方法就是看受训者在工作中的绩效是否提升。也就是说，培训的绩效关键就是"变化"二字。

4.3 以绩效为目标的培训体系

以绩效为目标的培训体系将组织绩效理念贯穿于培训体系始终，对培训流程和培训效果进行绩效考核，侧重培训的实际绩效，为企业改善绩效提供了有效的手段，使培训为企业带来真正的人力资本增值，而不是简单地"为了培训而培训"。

以绩效为目标的培训体系可以用抽象简洁的逻辑模型表达，如图1-2所示。该模型包括三大模块：指标任务库、组织能力库和课程库。

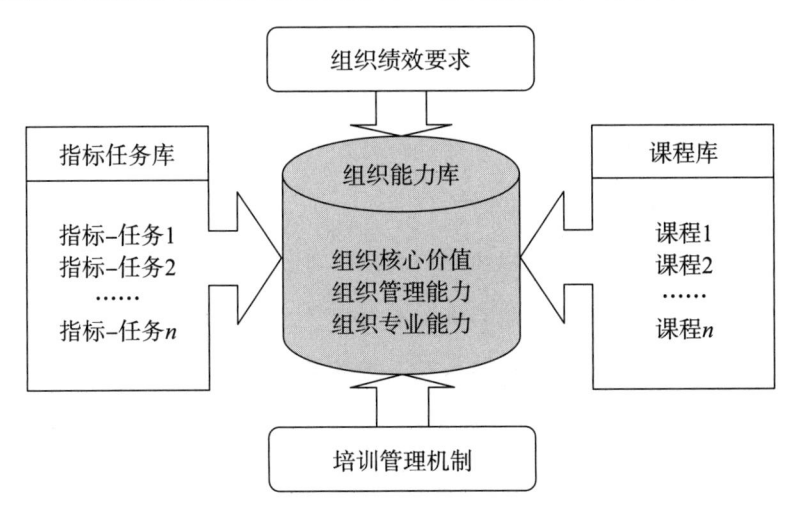

图1-2 以绩效为目标的培训体系模型

以绩效为目标的企业培训体系具有如下基本特点：

- **结果导向**：强调培训的结果是员工的绩效提升，培训的目标和内容都应与员工的工作绩效紧密相关。
- **实践性强**：强调实践操作，让员工在实际工作中应用所学知识和技能，从而提升工作绩效。
- **可度量性**：设定明确的、可度量的绩效指标，以便评估培训的效果。这些指标可能包括工作质量、工作效率、客户满意度等。
- **个性化**：考虑每个员工的个性和需求，提供个性化的培训方案，以最大限度地提升员工的绩效。
- **关注反馈**：设立反馈机制，根据员工的绩效变化调整培训内容和方法，不断优化和改进培训活动，以员工培训后的工作绩效成果作为培训输出。

◎标杆案例3　某保险公司：绩效管理与人才培养相辅相成[1]

对于该保险公司来说，落实公司的绩效管理和人才发展理念，通过绩效管理有效驱动企业和个人的快速发展，打造专业的人才队伍，是人力资源部门的核心任务之一。

首先要通过战略分解、职位描述，确立绩效改进的目标。其次则为通常意义上的绩效管理流程，主要分为四个步骤：绩效发展计划的制订、绩效计划执行效果检视与辅导、绩效考核评估与反馈、绩效考核结果运用。

第一步：绩效发展计划的制订

个人绩效目标，主要是依托组织的战略目标和年度计划来制定。每年年初制订工作计划时，员工不能局限于制订本年度的工作目标和计划，还要根据直线主管对其上年度的能力评估和未来的提升期望，制订可实施、可衡量的个人发展计划。

---

[1] 参见陈晓霞、谢蓓、王浩：《某保险公司：绩效管理与人才培养相辅相成》，载《培训》2012年第2期。

其中，员工的个人发展计划主要是通过个人能力短板分析，与直线主管共同商定学习建议，如参与公司面授培训、个人自主学习、直线主管制定工作任务等，不断磨砺、提升员工自身的能力与素质。

第二步：绩效计划执行效果检视与辅导

绩效计划执行效果检视与辅导是直线主管日常管理的基础性工作。直线主管对下属的每次反馈都要求言之有物，切忌空谈，其目的就是要让下属在反馈中了解自己的进展，明确提升的空间与方向。同时，直线主管还会不断调整和完善辅导计划，做到对员工辅导有的放矢，而非泛泛而谈。

每年，直线主管都要进行12次正式反馈，包括10个月的月度反馈和2次年中、年底反馈。每一次面谈与书面反馈都能帮助员工梳理岗位高绩效的标准，看清其自身的现状与差距。尤为重要的是，反馈面谈不仅能让员工了解差距，更为他们提供了缩短差距的工具与方法。直线主管俨然已成为员工发展与成长的重要资源。

那么，员工在了解绩效差距后，如何通过培训等方式来激发个人的高绩效行为呢？

公司采用分层级的人才培养理念，即根据员工的岗位类别，通过资源的针对性投放来提升员工的关键能力，从而提升绩效。

只有能同时满足公司发展和员工发展双向需求的人才培养体系，才能经得起时间的考验。通过多年的培训体系搭建与持续推进，公司已经形成了较为清晰的课程体系，拥有百余门面授课程、百余门网络课程，涵盖管理技能类、职业通用技能类和专业技能等。这些丰富的培训资源有效提升了员工的自我发展动力，也为直线主管进行人才培养提供了全面的资源保障。

除此之外，在人才培养中还倡导"721"的培养理念，加强"项目锻炼"和"辅导"在员工技能培养中的比重。例如，在高级主管培养项目中，更注重员工知识结构的系统性、思维能力的体系化及归纳分析能力和战略规划能力的锻炼与培养。在设计这个培养项目时，采用高管辅导、集中培训和项目实践三者有效结合的方法，通过完成特定的切合业务需求的课题研究，来帮助参训者提升系统分析问题、解决问题的能力，并加强其解决问题的思考深度与科学性。而这些能力的快速提升往往是在本职日常工作中难以迅速提高和掌握的，对其绩效提升影响较大。

在员工指导人方面，建立了新员工导师制度、潜力干部导师制度。以导师制度为例，公司提倡"双导师"理念。也就是说，第一导师通常为员工的直线主管，指导的内容主要侧重于日常工作辅导、技能提升、员工心态建设等；第二导师的指导内容侧重于职涯发展困惑的解答、员工关怀等。

在实现绩效目标的过程中，主管及导师予以适时的指导和反馈，并始终坚持"岗位锻炼、辅导和培训"三位一体的"721"培养理念，不断激发员工的高绩效行为，通过个人行为的改变推动组织整体绩效的提升。

第三步：绩效考核评估与反馈

年中、年底的阶段性绩效考核评估与反馈不仅对员工的KPI和关键工作进行评估反馈，也会对员工的"个人发展计划"进行评估反馈。

例如，既要总结过去半年或一年中员工能力提升的情况，也要评估各项学习计划的执行情况，而直线主管会根据员工发展现状对下一阶段提出进一步的期望，与员工共同商定提升计划。在整个反馈过程中，注重强调直线主管与员工就现状和下一发展计划达成共识。

由此可见，评估与反馈是人才培养流程中的重要环节，可以让员工更加明确地了解绩效差距、开启发展动力、明确提升方向。

第四步：绩效考核结果运用

员工的绩效考核结果最终会落实到员工的薪酬、晋升、培训等各个环节，使员工培养和发展效果得到最大限度的体现。

高绩效员工将获得更多的加薪、晋升、培训的机会和资源；而对于绩效目标未达到的员工，会进行相应的人力资源管理与运用。例如，为低绩效人员制订绩效改进方案，通过对低绩效人员的全面分析，了解产生低绩效行为的原因，安排相关的培训和辅导，协助其改善绩效，提升业绩水平。

绩效结果不仅是员工使用公司培训资源、提升技能的重要参考因素，也是鞭策低绩效员工追求高绩效的动力。

第五节 ┃ 员工培训——要与业务相结合

5.1 培训计划要与业务计划一致

企业培训计划的形成是一个过程，而不能简化为只要结果，因为一旦如此，就会变成业务部门不得不应付的任务，培训就不具备针对性，会"为了培训而培训"。

这个问题该如何解决呢？一个行之有效的办法就是培训部门和业务部门一起研讨形成培训计划。

培训计划的生成需要一个深度沟通的过程，如果培训部门的年度培训计划是通过跟业务部门一起分析年度业务策略得来的，那么结果就会大不相同。

一位有经验的培训经理会非常聪明地与业务部门达成共识，列席参加业务部门的年度业务规划会，倾听业务部门下一年度的业务策略、重点工作，跟业务部门一起分析团队能力现状，从而得出哪些能力需要引进，哪些能力需要培训，这些能力又应该用什么样的方式培养，进而确定需要引进什么课程，需要自主开发哪些课程。这样产生的培训计划一定与公司的业务计划紧密衔接，与公司的发展战略一脉相承。

5.2 培训需求要紧贴业务需求

培训部门最重要的事情是协助业务部门解决实际问题，帮助他们实现业绩指标，所以培训需求一定要紧贴业务需求，实用才是硬道理。

根据业务流程，抽取关键任务，吸取关键能力，将关键能力及业务能力的模型和非业务能力的模型结合,形成培训需求。培训课程要紧紧把握业务的需要,培训需求要源自业务部门的业务需求,培训内容要源自最真实的业务场景,贴近业务实际,员工才愿意深度参与。

5.3　培训内容要聚焦业务需要

要把有限的培训经费和资源用好,最好的办法就是聚焦。

培训部门可以选择员工代表和相关业务骨干,用讨论和投票的形式筛选出大家公认要解决的问题。这些问题会很多,但我们要聚焦在排名靠前的、大家共同关注的问题。排名靠前的问题具有普遍性,业务开展中80%的障碍是由20%的问题所引起的,所以培训要聚焦这些问题。

课程培训永远只解决那些最集中的问题,这就是课程内容的聚焦原则。

在培养员工的选择上,也要采取聚焦原则,要重点培养那些高忠诚度、高经验值、高绩效、高潜能、高传承能力的"五高"人才,再由这些人才去带动其他人才。

◎标杆案例4　用友的培训内容紧贴业务需求 [1]

用友公司培训部门的理念是:专业、系统、规模、持续地提升各类人员的能力;业务方针是:面向差距、紧贴业务、专业学习。

面向差距就是要面向战略转型过程中的能力差距。

紧贴业务就是课程开发要紧紧把握业务的需要,培训需求要源自业务部门的业务需求。

专业学习就是要用专业的方法推动整个组织学习。

用友公司有一年的一个业务策略是要重点突破大项目实施经理的项目把控能力。因为业务的快速发展,大项目越来越多,项目经理的能力已经成

---

[1] 参见田俊国:《上接战略,下接绩效:培训就该这样搞》,北京联合出版公司2013年版。

为大项目交付的一个"瓶颈"。这个培训计划应该如何形成？培训部门和事业部一起组织了一次行动学习，在全国抽调了 20 多位大项目实施经理，用了一天的时间，分析他们现在遇到的挑战、主要的"瓶颈"表现、能力现状的基本面等因素。经过一段时间的研究，合作共创出当时急需要培训、开发的七门课程，以及每门课程所涵盖的主要能力要素，并形成课程开发与培训计划。

这些紧贴业务需求研发出的培训课程，自然非常受业务部门的欢迎，培训效果当然也是卓有成效的。

第二章
培训需求分析
——探究企业问题

【本章导读】
- ADDIE 模型
- 企业问题与培训需求分析
- 培训需求分析的六种模型
- 培训需求分析的七个方法
- 培训需求分析的一般流程

第一节 ┃ ADDIE 模型

ADDIE 模型是国内外企业应用最为广泛、最具有代表性的系统培训设计与开发模式，它广泛应用于不同规模的企业以及不同类型、不同内容的培训活动，都发挥了良好的作用。

ADDIE 模型是一个以评估为中心的循环系统，通过明确的步骤和严谨的内容详细规定各阶段的任务，为培训项目提供清晰的思路和科学的步骤。教学系统的五个阶段相互支撑，对培训项目进行程序性和系统性的设计，并引入许多科学的分析和决策工具。

ADDIE 的五个字母分别表示 A（Analysis）分析、D（Design）设计、D（Development）开发、I（Implementation）实施、E（Evaluation）评估五个阶段。这五个阶段相互支撑，构成一个以培训评估为核心的循环系统，整个教学系统围绕培训评估而发挥作用。

正如 ADDIE 模型（图 2-1）所体现的：

Analysis——分析：培训需求分析阶段是系统培训的关键性阶段，需运用访谈、问卷、观察、文献研究、专家小组参与等多种方法和工具进行组织诊断，深入分析企业内部的真实培训需求，在企业需求、个人需求和如何针对这些需求进行培训之间架起一座桥梁。

Design——设计：培训课程设计阶段将形成一项可操作性强的培训方案，在有限的资金和资源条件下，将分析阶段的数据和结论转化为明确的培训目标、科学的培训课程以及合理的培训考核等。

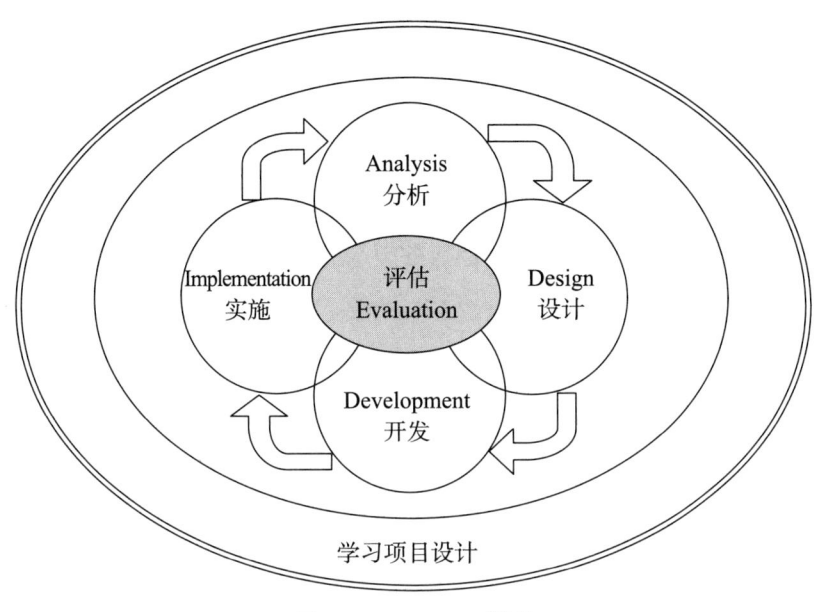

图 2-1 ADDIE 模型

Development——开发：培训课程开发阶段是编撰培训内容的过程，它将培训方案细分为培训教材、培训课件、知识管理和案例实践等，实现培训需求向可操作性培训内容的转化。开发阶段还需要通过培训测试来检测培训目标是否能够完成，以及是否与设计阶段的培训方案相匹配。

Implementation——实施：培训组织实施阶段将前面三个阶段的工作成果置于操作条件之下，通过灵活和高效的方法使员工获得预期的成果，提升个人绩效。

Evaluation——评估：培训效果评估是一个持续性的过程，它就像是培训系统的神经一样贯穿于其他四个阶段，通过标准化评估、总结性评估和可操作性评估等多种评估方式，对培训目标完成情况、培训有效性、妨碍培训实施的因素、新的学习机会等方面进行评价和总结，及时提供反馈信息，以保证各阶段的工作能够达到预期目标，最终促进整个培训系统的不断完善。

本章我们将详细介绍培训需求分析的模型、方法和流程，第三章将全面介绍培训的项目设计、课程开发及组织实施，第四章将深入介绍培训效果评估的常用模型和评估方法。

第二节 ｜ 企业问题与培训需求分析

培训需求分析是要找出企业存在的组织问题，并且要区分哪些问题可以通过培训解决，哪些问题无法通过培训解决。它既是制订培训计划的首要环节，又是进行培训效果评估的理论依据。

从培训需求分析的主体看，既包括培训部门的分析，也包括业务人员、管理人员的分析。

从培训需求分析的客体看，包括个体现有状况与应有状况之间的差距、企业现有状况和应有状况之间的差距，以及企业与个体的未来状况。

从培训需求分析的核心看，要确定是否需要培训、培训的时间、培训的对象与内容。

从培训需求分析的结果看，是确定培训目标、设计培训方案以及进行培训评估的过程。

总之，培训需求分析就是要回答"为什么要培训""采用什么方法培训""培训什么"以及"培训的效果是什么"的问题。

2.1　为什么要分析培训需求

2.1.1　确认实际与理想之间的差距

培训需求分析的基本目的就是确认差异，即确认绩效或行为的应有状况与现有状况之间的差异。差异的确认，有助于找出问题的真正根源和解决问题的有效方法。

2.1.2 迎接和适应变革

在企业变革前识别未来的需求与挑战，在变革中把握现实的需求，通过相应的培训为企业的战略性成长做好人力资源方面的准备。

2.1.3 制订适合的解决方案

当问题出现时，培训需求分析根据企业现实要求和成本效益原则对它们进行评价、筛选，找出最适合通过培训方式解决的问题以及最佳培训方式，列入培训需求清单，其他问题则通过其他方案解决。

总之，培训需求分析是全部培训活动的前提，一个好的培训需求分析是培训成功的必要条件。

2.2 培训需求产生的原因

2.2.1 环境变化

新设备、新方法、计算机化、企业重组、管理风格的改变、战略转移和法律政策的变化都会引起工作内容、工作环境的显著变化，从而产生相应的培训需求。企业和员工要在这种环境中求得生存与发展，就必须对变化做出灵活、及时的反应。

2.2.2 人员变化

人员在企业中的流动，如升迁、降职、调动、解雇、离职、引进等，都会导致培训需求的产生和变化，人员的年龄结构、知识结构和性别结构的变化要求与之相适应的培训内容和培训方式，对于试图获得长远发展和进一步提升的人员而言，相关培训更是不可或缺。

2.2.3 绩效低下

由于技术水平、专业技能、管理技能及相关知识经验的不足，或者因为员工态度、观念的问题会在工作中发生操作失误、效率低下、秩序混乱等现象，导致组织绩效目标难以实现。为防止此类现象的发生，必须进行相关的培训。

2.3 企业战略与培训需求

企业战略是一个动态的概念，总是随着企业外部环境的变化与企业自身的成长及发展不断地调整和变化，使企业能够适应内外部环境，增强竞争力。而与每一发展阶段相对应的经营战略都存在显性或隐性的问题。培训需求的识别不仅要忠实地反映企业现行战略，而且要具有前瞻性，通过培训预防或避免某些可能出现的问题，有效利用外部环境带来的机遇，充分发挥内部资源的优势，为企业战略的实施铺平道路，促进战略目标的最终实现。

企业战略与培训需求的关系如图 2-2 所示。

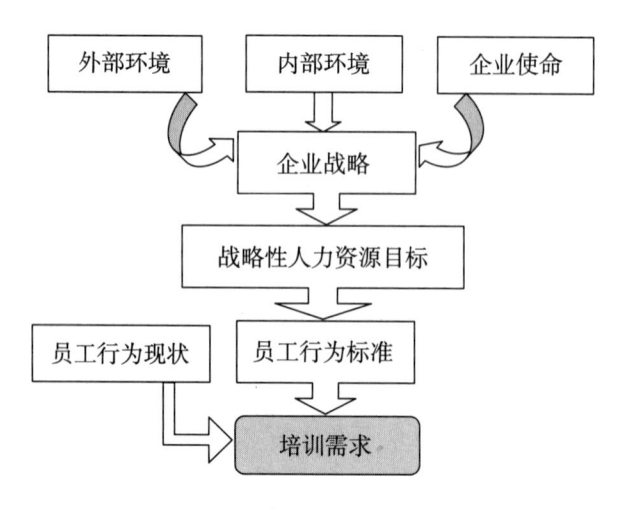

图 2-2　企业战略与培训需求的关系

2.3.1 企业战略性成长各阶段相对应的企业培训

在企业的不同成长阶段，对应不同的企业战略方向，与之相对应的企业培训工作也具有不同的特点，如表2-1所示。

表2-1 不同战略性成长阶段企业培训工作特点

创业阶段	转型阶段	多元化阶段	全球化阶段
提升员工的基本技能，培养创新和解决问题的能力	通过培训帮助员工理解和适应新的战略方向，提升与之相关的新技能和知识，以支持转型成功	培训更加个性化和多元化，以满足不同业务和员工的需求。需要进行跨部门和跨业务的培训，以促进协作和整合。	通过培训帮助员工理解和适应不同的文化和市场，提升全球视野和跨文化沟通的能力。

2.3.2 企业经营战略相对应的培训需求

在把握企业战略性成长各阶段培训工作特点的前提下，还应针对企业在各个发展阶段经常采用的一些具体经营战略：稳定发展、单一产品、同心多样化以及战略调整等情况，就企业经营和发展中容易出现的问题，分别列出与之相对应的培训需求，如表2-2所示。

表2-2 与企业经营战略相对应的培训需求

企业战略	问　题	培训需求
稳定发展	过于依赖现有的业务和市场，忽视创新和变革 竞争力下降、增长停滞	创新思维、市场分析、战略规划
单一产品	过于依赖单一的产品或服务，忽视了多元化的重要性 市场风险增大、增长潜力有限	产品开发、市场研究、多元化战略
同心多样化	在相关的业务领域进行扩展，缺乏跨业务的协调和整合 资源浪费、效率低下	项目管理、团队协作、跨部门沟通
纵向一体化	通过并购或者自我扩展来控制供应链，缺乏相关的管理能力 管理复杂、效率低下	供应链管理、并购管理、战略执行
复合多样化	在多个不相关的业务领域进行扩展，缺乏统一的战略视野和方向 战略混乱、资源分散	战略管理、组织设计、领导力

续表

企业战略	问题	培训需求
投资转向	将投资重心转向新的业务或市场，面临新的竞争环境和挑战 市场适应困难、投资风险增大	市场分析、风险管理、战略决策
战略调整	进行重大的战略调整，面临员工的抵制和不理解 执行困难、变革失败	变革管理、沟通技巧、领导力

2.3.3 企业变革的培训需求

企业战略的调整或转变将引起企业变革的过程。企业变革过程中的企业培训，在于从知识、技能、观念三个方面入手，对员工的行为进行调整性、提升性的干预。

企业变革的趋势是能够识别和预测的，同样，人力资源管理者也应在变革发生之际认识和预见到这些变革对于培训领域的意义，从中发现培训需求的产生和变化。

在认识到企业变革对培训需求的总体影响之后，可以从以下三个具体层面对变革过程中所产生的培训需求加以分析，如表2-3所示。

表2-3 企业变革的核心要素与培训需求

变革的核心要素	培训在企业变革中的作用	培训需求
变革的发起者	将企业工作引向变革目标。	领导艺术，控制技巧，影响力训练，变革策略运用。
变革的接受者	推动或阻碍变革目标的实现。	变革必要性，变革意识，新知识，新观念，新技能，新的行为准则。
变革的传播过程	在变革的发起者和接收者之间交流信息，统一认识，协调行动。	沟通方式和技巧，开放型思维，学习方法，多样化价值观。

总之，在企业变革过程中，人的因素至关重要，人员培训成为企业顺应变革和推进变革的有效管理手段。变革意味着新事物的大量涌入，由此产生的培训需求也是丰富、动态和多层次的。在企业变革中识别培训需求的关键在于：把握宏观变革的方向，推断企业现行战略的调整方向和力度，从组织、

群体及个人层面上应有的应变举措中发现所蕴含的培训需求。

第三节 ┃ 培训需求分析的六种模型

3.1 Goldstein 三层次模型

20 世纪 80 年代，I. L. Goldstein，E. P. Braverman，H. Goldstein 三人经过长期的研究将培训需求评价方法系统化，构建了 Goldstein 三层次模型。

Goldstein 三层次模型是培训需求分析的重要理论基础，它最大的特点就是将培训需求分析看成一个系统，进行层次上的分类，通过将组织、任务、人员的需求进行整合，使得培训需求更加全面化、分析结果更加科学化。该模型将培训需求分析分成了三个部分：组织分析、工作分析和人员分析。

Goldstein 三层次模型如图 2-3 所示。

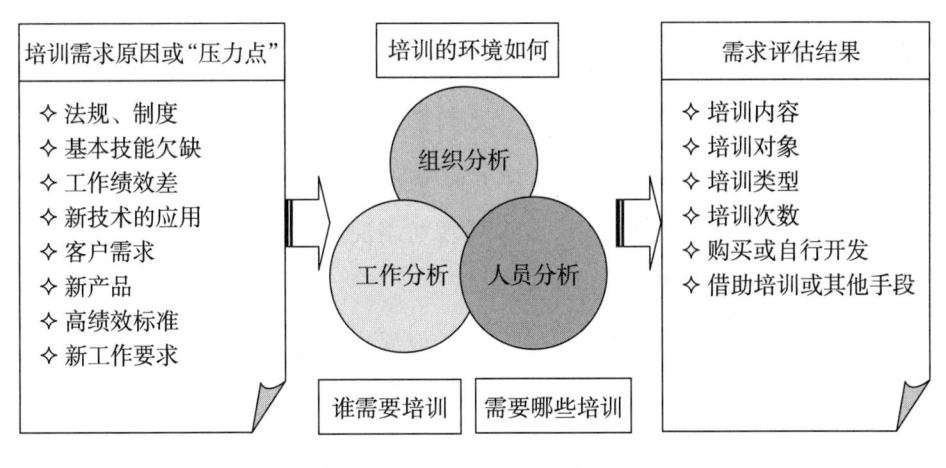

图 2-3　Goldstein 三层次模型

3.1.1 组织分析

组织分析主要关注的是组织的整体战略和目标，以及组织环境对培训需求的影响。例如，组织的战略方向可能需要员工具备新的技能或知识，组织的文化可能影响员工的学习意愿和方式。因此，组织分析需要考虑的问题包括：组织的战略目标是什么？组织的文化和氛围如何影响培训？组织的资源和预算允许进行哪些培训？

3.1.2　工作分析

工作分析主要关注的是特定工作或任务对培训需求的影响。例如，某个工作可能需要特定的技能或知识，或者某个任务可能面临新的挑战或变化。因此，工作分析需要考虑的问题包括：完成这个工作或任务需要哪些技能和知识？这些技能和知识如何通过培训获得？工作或任务的变化如何影响培训需求？

3.1.3　人员分析

人员分析主要关注的是员工的个人特性对培训需求的影响。例如，员工的能力水平、学习风格、动机等可能影响他们的培训需求和效果。因此，人员分析需要考虑的问题包括：员工的能力水平如何？员工的学习风格和动机如何影响培训？员工的职业发展需求如何影响培训？

Goldstein 三层次模型在培训需求分析中的运用存在以下三个方面的不足：

（1）虽然考虑了企业战略、组织资源对培训需求的影响，但是忽略了行业政策、国家政策等外部环境的影响。

（2）对人员的分析主要集中在员工绩效现状与理想水平的差距上，关注的是员工"必须学什么"以缩小差距，而没有重视"员工想学什么"。

（3）很难找到具体可操作的分析方法，缺乏简单有效的识别工具。

3.2　培训需求差距分析模型

美国学者汤姆·W.戈特将"现实状态"与"理想状态"之间的"差距"

称为缺口，并依此确定员工知识、技能和态度等培训内容，这就是培训需求差距分析模型。

培训需求差距分析模型有三个环节：

（1）发现问题所在。理想绩效与实际绩效之间的差距就是问题，问题存在的地方就是需要通过培训加以改善的地方。

（2）进行预先分析。一般情况下，需要对问题进行预先分析和初步判断。

（3）实施需求分析。寻找绩效差距，分析的重点是员工目前的个体绩效与工作要求之间的差距。

培训需求差距分析模型如图 2-4 所示。

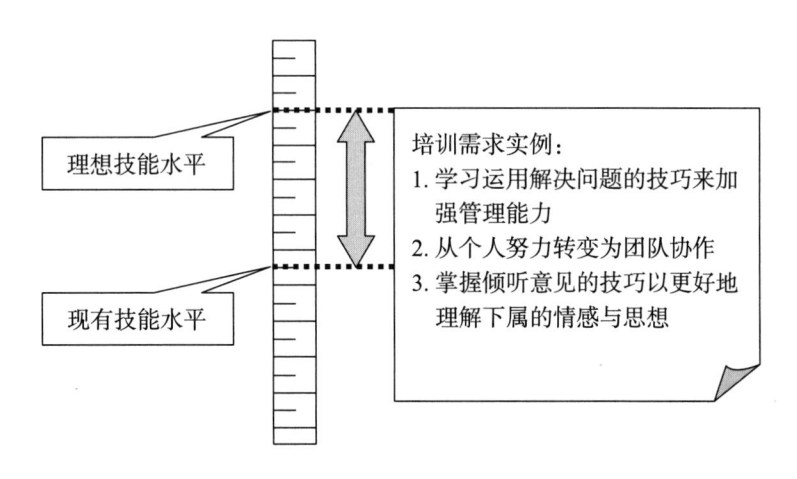

图 2-4　培训需求差距分析模型

培训需求差距分析模型的优点在于，将培训需求的"差距分析"进行重点提炼，提高了培训需求分析的可行性，较好地弥补了 Goldstein 模型在工作分析和人员分析方面可操作性不强的缺陷。

培训需求差距分析模型也存在一定的缺陷，首先是该模型没有关注企业战略对培训需求的影响，其次是该模型的有效性依赖于一个假设前提，即"培训活动等同于绩效提高"，事实上，绩效问题产生的原因可能是多方面的，而不只是缺乏知识与技能，况且仅靠培训是无法解决所有问题的。

尽管如此，该模型关于"培训旨在缩小差距"的思想还是极有见地的。

3.3 前瞻性培训需求分析模型

前瞻性培训需求分析模型是由美国学者 Terry L. Leap 和 Michael D. Crino 提出的。将"前瞻性"思想运用在培训需求分析是该模型的精髓。他们认为，随着技术的不断进步和员工的个人成长需要，即使员工目前的工作绩效是令人满意的，也可能会因为前瞻性的发展与变化提出培训的要求，如需要为工作调动做准备、为职位晋升做准备，或者为适应工作内容的变化做准备等情况。前瞻性培训需求分析模型为这些情况提供了良好的分析框架，如图 2-5 所示。

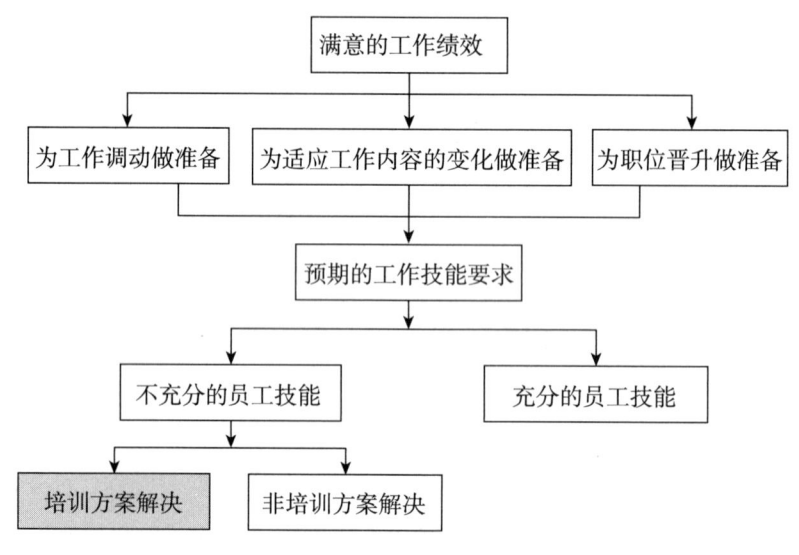

图 2-5　前瞻性培训需求分析模型

前瞻性培训需求分析模型是建立在未来需求的基点之上，具有一定的"前瞻性"，能有效结合组织的发展前景、战略目标和个人职业生涯规划，为组织和个人的发展提供一个合理的结合点，同时可以达到激励员工的目的，使培训工作由被动变为主动。

但该模型也具有一定的局限性，因为是以未来需求为导向，预测的准确度难免出现偏差，技术的前瞻性未必都与战略及业务发展要求相对应，存在与企业战略目标脱节的风险。

3.4 以企业文化为基础的培训需求分析模型

企业文化是企业的灵魂,是推动企业发展的不竭动力,其核心是企业的精神和价值观。企业文化作为一种意识渗透到了企业的各个角落,甚至渗透到了员工的工作和生活当中。企业文化一旦形成,不仅对企业的发展方向起决定作用,同时对企业员工培训起指导作用,能够让企业焕发强大的生命力。

以企业文化为基础的培训需求分析模型,从梳理企业文化入手,明确企业目标,进而明确企业培训的目标。围绕企业文化实施员工培训能够使员工成功地融合到企业文化中去,将企业的目标和员工的个人目标统一起来,对员工的工作动力和对企业价值观的认同有非常直接的影响。

以企业文化为基础的培训需求分析模型如图 2-6 所示。

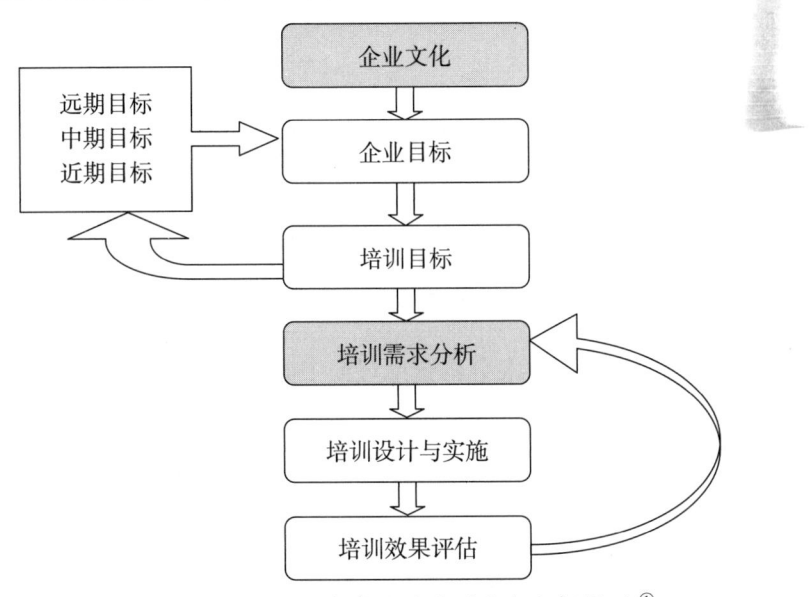

图 2-6 以企业文化为基础的培训需求分析模型[①]

---

① 注:本书第五章"新员工入职培训——以企业文化为核心",将新员工的入职培训作为企业典型培训设计案例,以公司的企业文化作为出发点,详细阐述了以企业文化为基础的培训需求分析过程,以及培训设计和实施过程。

3.5 基于胜任力的培训需求分析模型

"胜任力"这一概念是由戴维·麦克利兰于 1973 年提出的,胜任力是指能将工作中表现优异者与表现平庸者区分开来的个人的表层特征和深层特征,包括知识、技能、社会角色、自我概念、特质和动机等个体特征。胜任力模型则是组织当中特定的工作岗位所要求的与高绩效相关的一系列胜任特征的总和。在培训需求分析中,胜任力模型的导入是十分必要的,胜任特征的可测量性可以使分析过程更加标准化,而且使培训需求更加具体化。

基于胜任力的培训需求分析模型,主要通过组织环境变化的判断,识别企业的核心胜任力,并在这个基础上确定企业关键岗位的胜任素质模型,同时对比员工的能力水平现状,找出培训需求所在。基于胜任力的培训需求分析模型如图 2-7 所示。

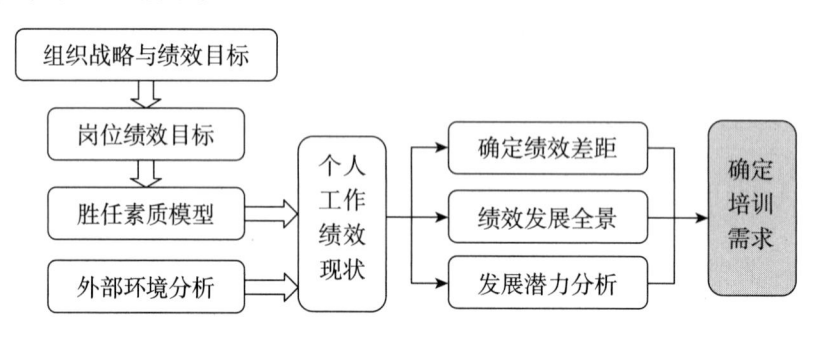

图 2-7 基于胜任力的培训需求分析模型

基于胜任力的培训需求分析模型有助于描述工作所需的行为表现,以确定员工现有的素质特征,发现员工需要学习和发展哪些技能。同时,模型中明确的能力标准,也使组织的绩效评估更加方便。另外,胜任素质模型也使员工更容易理解组织对其的要求,建立行动导向的学习。

然而,与差距分析模型一样,该模型同样未能足够重视企业战略对培训需求的影响。企业经营战略的变化会产生新的胜任特征需求或改变原有的胜任特征要求,给企业员工培训需求带来变化。另外,由于胜任特征是个复杂的概念,其确定需要长时间的资料积累以及丰富的专业经验,建立胜任特征模型不仅要求具有相当专业的访谈技术和后期分析处理技巧，而且耗时、费力、成本高，因此该模型的运用对企业的人力资源管理水平提出了较高要求。①

3.6 以职业生涯为导向的培训需求分析模型

以职业生涯为导向的培训需求分析模型认为，企业与员工是两个平等的利益主体，承认员工个人利益与企业组织利益的相关性，不存在谁的利益优先，企业发展应建立在员工的个人发展基础上，企业培训应与员工职业生涯规划相结合。

以职业生涯为导向的培训需求分析模型呈现出以下三个特点：

（1）将企业需求与员工职业生涯发展需求进行结合，尊重了员工的个体发展。

（2）不仅考虑了现期需要，还考虑了远期需要，这是对前瞻性培训需求分析模型的升华。

（3）员工真正参与到培训需求分析的过程中，使培训需求评价的主体得到拓展。

以职业生涯为导向的培训需求分析模型如图 2-8 所示。

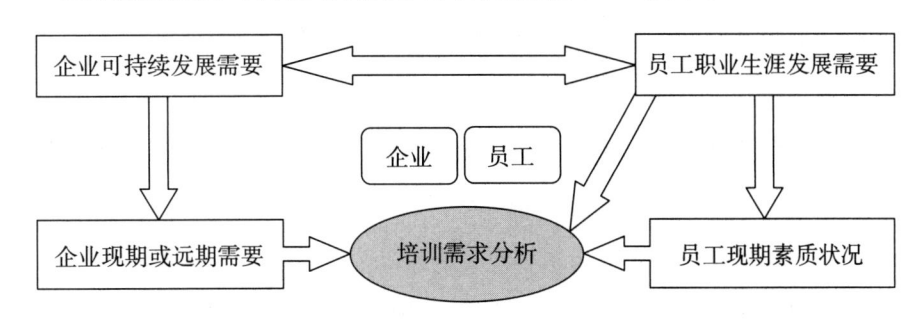

图 2-8 以职业生涯为导向的培训需求分析模型

---

① 注：本书第六章"管理人员培训——以胜任素质为基础"，将管理人员的培训作为企业典型职位的培训设计案例，以企业管理人员的胜任素质模型为着眼点，详细阐述了基于胜任力的培训需求分析过程，以及培训设计和实施过程。

该模型充分体现了"以人为本"的重要思想，只有把个人需求与职业生涯结合起来，才能有坚定的职业生涯目标，通过不断地参与学习培训，实现自己的职业价值。

以职业生涯为导向的培训需求分析一般采用面谈和问卷调查的方法，让员工进行自我评价，评价的内容主要有：思考自己目前的职业状况和理想中的状况，自己工作的优势和劣势，自己在哪方面取得了成功，近期计划或未来的发展计划，为实现目标计划应付出怎样的努力，在实现目标过程中所需要的资源，需要怎样的培训与学习，自我总结与规划职业生涯。[①]

第四节 ▎培训需求分析的七个方法

4.1 观察法

观察法是通过到工作现场，观察员工的工作表现，发现问题，获取信息数据。观察法最大的一个缺陷是，当被观察者意识到自己正在被观察时，他们的一举一动可能与平时不同，这就会使观察结果产生偏差。因此观察时应该尽量隐蔽并进行多次观察，这样有助于提高观察结果的准确性。

在运用观察法时应该注意以下四点：

（1）观察者必须对要进行观察的员工所进行的工作有深刻的了解，明确其行为标准。否则，无法进行有效观察。

（2）进行现场观察不能干扰被观察者的正常工作，应注意隐蔽。

（3）观察法的适用范围有限，一般适用于易被直接观察和了解的工作，不适用于技术要求较高的复杂性工作。比如，对于研发人员，仅仅通过观察

[①] 注：本书第七章"销售人员培训——以职业生涯为导向"，将销售人员的培训作为企业典型职位的培训设计案例，以销售人员的职业生涯规划为立足点，详细阐述了以职业生涯为导向的培训需求分析过程，以及培训设计和实施过程。

法是无法得到想要的需求数据的。

（4）必要时，可请陌生人进行观察，如请人扮演顾客观察终端销售人员的行为表现是否符合标准。

4.2 访谈法

访谈法就是通过与被访谈人进行面对面的交谈来获取培训需求信息。在访谈之前，要先确定到底需要何种信息，然后准备访谈提纲。访谈中提出的问题既可以是封闭性的，也可以是开放性的。封闭式的访谈结果比较容易分析，但开放式的访谈常常能发现意外的事实。

采用访谈法了解培训需求，应注意以下三点：

（1）确定访谈的目标，明确"什么信息是最有价值、必须了解到的"。

（2）准备完备的访谈提纲，对于启发、引导被访谈人讨论相关问题、防止访谈中心转移是十分重要的。

（3）建立融洽的、相互信任的访谈气氛，避免产生敌意或抵触情绪。

另外，访谈法还可以与下述问卷调查法结合起来使用，通过访谈来补充或核实调查问卷的内容，探索比较深层次的问题和原因。

4.3 问卷调查法

问卷调查法是以标准化的问卷形式列出一组问题，要求被调查对象就问题进行打分或做是非选择。如果需要进行培训需求分析的人较多，并且时间较为紧急时，就可以精心准备一份问卷，以电子邮件、传真或直接发放的方式让对方填写，也可以在进行面谈和电话访谈时由被调查人自己填写。

在进行问卷调查时，问卷的编写尤为重要。编写一份好的问卷通常需要遵循以下步骤：

（1）列出希望了解的事项清单。

（2）对问卷进行编辑，并最终形成文件。

（3）请他人检查问卷，并加以评价。

（4）在小范围内对问卷进行模拟测试，并对结果进行评估。

（5）对问卷进行必要的修改。

（6）实施调查。

4.4　关键事件法

关键事件法用于考察工作过程以发现潜在的培训需求。确定关键事件的原则是：工作过程中发生的对企业绩效有重大影响的特定事件，如系统故障、大客户流失、产品交期延迟或事故率过高等。关键事件的记录为培训需求分析提供了方便而有意义的信息来源。

进行关键事件分析时应注意以下两个方面：

（1）制定记录重大事件的指导原则并建立记录媒体（如工作日志、主管笔记等）。

（2）对记录进行定期分析，找出员工在知识和技能方面的缺陷，以确定培训需求。

4.5　经验判断法

有些培训需求具有一定的通用性或规律性，可以凭借经验加以判断。比如，一位经验丰富的管理者能够轻易地判断出他的下属在哪些方面能力欠缺，应该进行哪些内容的培训。又如，人力资源部门仅仅根据过去的工作经验，不用调查就知道那些刚进入公司的新员工需要进行哪些方面的培训。再如，公司在准备将一批基层管理者提拔为中层干部时，公司领导和人力资源部门不用做调研，也能大致知道这批准备提拔的人员应该接受哪些培训。

采取经验判断法获取培训需求信息在方式上可以十分灵活，既可以设计正式的问卷表交由相关人员，由他们凭借经验判断提出培训需求，也可以通过座谈会、一对一沟通的方式获得这方面的信息。培训部门甚至可以仅仅根据自己的经验直接对某些层级或部门人员的培训需求做出分析判断。那些由公司领导亲自要求举办的培训活动，其培训需求无一不来自领导的经验判断。

4.6　绩效分析法

培训的最终目的是改进工作绩效，减少或消除实际绩效与期望绩效之间的差距。因此，对个人或团队的绩效进行考核可以作为分析培训需求的一种方法。

运用绩效分析法需要注意把握以下四个方面：

（1）将明确规定的标准作为考核的基线。

（2）集中注意那些希望达到的关键业绩指标。

（3）确定未达到理想业绩水平的原因。

（4）确定通过培训能够达到的业绩水平。

4.7　头脑风暴法

在实施一项新的项目或推出新的产品之前，可以采用头脑风暴法进行培训需求分析。在公司内部寻找那些具有较强分析能力的人，让他们成为头脑风暴小组的成员，集中在一起共同工作、思考和分析。还可以邀请公司以外的有关人员参加，如客户或供应商。

头脑风暴法的主要步骤如下：

（1）将有关人员召集在一起，通常是围桌而坐，人数不宜过多，一般十几人为宜。

（2）让参会者就某一主题尽快提出培训需求，并在一定时间内进行无拘无束的讨论。

（3）只许讨论，不许批评和反驳。观点越多、思路越广越好。

（4）所有提出的方案都当场记录下来，不做结论，只注重产生方案或意见的过程。

事后，对每条培训需求的迫切程度与可培训程度提出看法，以确认当前最迫切的培训需求信息。

管理之道

培训需求分析中的常见误区[1]

在培训需求的分析过程中，我们要特别注意避免以下四种常见的误区。

（1）注意力全部集中在个人的绩效差距上。这样的培训需求分析虽然可以使培训用于解决个别员工的绩效问题，但可能无法解决群体和组织的绩效问题。除了关键人物的核心技能以外，一般来说群体和组织的绩效对于组织的发展来说更为重要。另外，对于个别员工的绩效问题也许更换人员是一个更好的解决办法，而群体和组织的绩效问题一般更依赖培训的途径。

（2）一定要从培训需求分析开始做起。从理论上说，为了保证培训的针对性，培训需求分析这个阶段是重要而不可逾越的。但在实际工作中，某项工作是否必须要做，除了取决于其本身的重要性以外，也取决于其在实际中满足的程度。当培训需求不明确时，培训需求分析是培训工作的首要步骤，但如果培训需求十分明确，那就没有必要在这个环节浪费资源了。

（3）过度依赖问卷调查法。这个方法可以让较多的员工参与培训的

---

[1] 参见康晓春：《中小企业培训需求分析及技术方法探析》，云南财经大学2011年硕士学位论文。

决策，因而具有更多的沟通、倾诉和激励的作用。但对于搜寻培训需求来说，实践证明其效果并不明显。如果问卷缺少事先的精心设计，在调查的过程中缺乏必要的引导，容易使问卷调查陷入"走过场"的结局，不能解决实际问题。

（4）只采集软信息或只采集硬信息。这里的软信息是指多少带有主观随意性的意见和想法；硬信息是指那些可以量化和衡量的，从而较易把握的信息。如果将调查和分析的对象停留在软信息上，忽视绩效、标准、结果等硬信息，会使分析的结果缺乏可行性和可操作性。与之相反，如果调查分析的注意力总是集中在那些容易测量的或容易得到的数据、标准等硬信息方面，而忽略了那些难以量化的，但对于提高群体和组织绩效起着关键作用的信息，在一定程度上体现了工作中的畏难心理，使调查分析工作过于简单化。

第五节 培训需求分析的一般流程

人力资源管理者在进行实际的培训需求分析工作时，不仅要熟知相关理论，还要借助一套科学的、可操作性强的培训需求分析流程来厘清思路，提高效率，实现工作的规范化。

5.1 把握企业概况和现行战略

通过全面了解企业经营环境和企业发展历程，深入理解企业现行战略，把握与之相对应的培训需求方向。在方法上，主要通过对企业内外部资料、文献的调研来收集所需的信息并加以分析。

5.2　向领导者了解对培训的期望

可以组织与公司董事长、总经理及各级管理者的座谈，并分别对他们进行单独访谈，从中获取重要信息，了解他们对培训的期望。这一步骤的意义在于，站在战略制定者的高度审视企业现行战略和组织现状，把握未来发展方向，厘清领导者的管理思路，识别现存及潜在的培训需求，并为分析工作的顺利开展寻求组织的资源支持。

5.3　掌握企业人力资源政策

企业对培训的总的看法集中体现在人力资源政策上，也可以按层次细分为决策者、培训管理者和受训者各自的态度，其中决策者的态度直接决定了培训的优先权和资源的配置，管理者的态度影响着培训的计划和执行，受训者的态度则与培训的有效性紧密相关。

这一步骤的意义在于，通过了解企业对培训的态度、培训所能利用的资源以及年度培训计划来初步判断培训的可行性。在信息采集方式上，可以选择参考人事文件，以及对人事部门负责人的访谈。

5.4　培训需求的细化

在对培训需求有了较为宏观、全面的认识之后，可以在此基础上对培训需求做进一步细化，使之更具针对性，更易于执行。为了有效实现需求的细化，可以按照公司组织结构，把培训对象划分为两个层次。

对基层员工可以实施以团队为基础的培训需求分析，而对中层以上管理者实施以个人为基础的培训需求分析，兼顾企业需要与个人要求，提高分析工作的效率。

基层员工因为人数众多，可以选择问卷调查的形式，力求从调查结果中发现最突出的需求。

5.5 培训需求清单

常规的培训需求分析和培训方案设计总是先宏观后微观，先整体后个别。根据细化后的培训需求就可以列出具体的培训需求清单。

5.6 可培训性分析

列出培训需求清单之后，需要对原始需求进行梳理筛选，去伪存真，才有可能导出真正的培训需求。这个过程就是可培训性分析。

可以从以下三个方面进行可培训性分析。

5.6.1 差距能否通过培训加以弥补

我们需要分析当前的绩效状况和期望的绩效目标之间的差距，然后确定这个差距是否可以通过培训来缩小。例如，如果员工的技能不足导致了绩效下降，那么通过技能培训可能就可以提升绩效。但如果绩效问题是由于外部环境因素或者组织结构问题导致的，那么培训可能就无法解决问题。

5.6.2 企业是否具备培训所需的资源

即使确定了培训需求，也需要考虑企业是否有足够的资源来实施培训。这包括财务资源、时间资源、人力资源等。例如，如果一个培训项目需要大量的资金投入，但企业的预算有限，那么这个培训项目就可能无法实施。或者，如果培训需要员工投入大量的时间，但员工工作繁忙，那么培训效果可能会受到影响。

5.6.3 受训者是否具备相应的接受能力

我们需要考虑参训者是否有能力和意愿接受培训。这包括他们的学习能力、动机、态度等。例如，如果参训者对培训内容不感兴趣，或者他们认为培训与他们的工作无关，那么他们可能就不会投入到培训中去。或者，如果参训者的学习能力有限，那么他们可能就无法掌握培训内容。

5.7 合理性分析

在培训策划之前需要分析培训活动是否符合组织的目标、员工的需求和预期效果，以及是否是解决问题的最佳方式，这个过程就是培训合理性分析。

一般从以下三个角度进行培训合理性分析。

5.7.1 培训是不是解决问题的最佳方式

在分析培训合理性的时候，首先要明确的是培训的目标和预期效果。如果存在的问题可以通过其他更有效或者更经济的方式解决，那么培训可能就不是最佳选择。例如，如果员工的工作效率低下是由于设备老化或者工作流程不合理导致的，那么提升设备性能或者优化工作流程可能比培训更能有效地解决问题。

5.7.2 该培训需求是否与当前企业绩效紧密相关

培训的目的是通过提升员工的技能和知识，提高他们的工作绩效。因此，培训内容应该与员工的工作内容和绩效指标紧密相关。如果培训内容与员工的实际工作无关，或者无法帮助员工提升工作绩效，那么这样的培训就是不合理的。

5.7.3 实施该培训是否有利于企业长远目标的实现

除了短期的绩效提升，培训还应该考虑到公司的长远发展。例如，公司需要培养一批具有领导潜力的员工，以备未来的管理岗位。这样的培训可能无法立即看到效果，但是对于公司的长远发展是非常有益的。因此，这样的培训一定是合理的。

第三章
培训设计实施
——细节决定成败

【本章导读】

◆ 课程设计步骤

◆ 课程开发过程

◆ 培训实施环节

◆ 常用培训技术

第一节 ▍ 课程设计步骤

课程设计是对培训项目进行整体的规划过程，其中最重要的是对课程结构的设计，相当于建造一座大楼之前先要画设计图纸，如果设计出了问题，那么后面的开发、实施等环节都会出问题。

1.1 明确课程任务

在培训需求分析阶段，通过各种需求分析方法，采用合适的培训需求模型，可以深入探究组织问题。而在课程设计阶段，首先要做的是把"问题"转换为"任务"。

教学设计家梅瑞尔曾指出，"任务"是将实际工作中遇到的"问题"迁移到学习场景，设计成需要完成的"任务"，学习者从知识、态度和技能等多个方面采取行动，完成一些具体的目标。而完成了"任务"，就意味着解决了"问题"。

如何将"问题"转换为"任务"呢？"问题"只提出了问题所在，没有给出解决方案；而"任务"是为了解决某个问题的方法，将激发人的行动。"问题"往往比较宽泛，产生问题的原因有很多，需要解决的问题也有很多；而"任务"会更聚焦，任务将解决主要问题和主要矛盾。

总之，确定"任务"就是分析工作中遇到的问题，再将问题归纳，总结成具体的、明确的任务。

1.2 整体划分三个阶段

把课程从整体上划分为三个阶段，即课程导入、主要任务和课程结尾，如图 3-1 所示。

图 3-1 三个阶段

课程导入部分，主要用于说明课程的来由、课程将要解决什么问题、课程的意义等。比较常见的导入方式有：案例导入、问题导入、分组讨论导入等。

主要任务部分，是课程设计的主要内容，也是课程设计的重点和难点。

课程结尾部分，主要用于总结、回顾课程内容，考核、评估学习掌握情况，或者引入下次课程内容。

课程结构设计要遵循两个原则：

（1）上下级，纵向包容、先抽象后具体。

（2）同一级，横向并列、不重复不遗漏。

如果在归纳主要任务的时候，遇到有些内容无法纳入主要任务中，可以采取三种措施：

（1）扩大：扩大主要任务，将其他内容纳入主要任务中去。

（2）移位：不改变主要任务，而把其他内容移到下一层级，纳入下一层级的某个任务中去。

（3）删除：课程设计一定要遵循"以学员为中心、以任务为中心和以问题为中心"的原则，如果其他内容对培训目标相关性不大，或对于学员的意义不大，可以考虑删掉。

1.3 主要任务分解

将主要任务进行科学的分解，划分成一个个相对具体的子任务，并对所有子任务进行合理的排序，如图 3-2 所示。

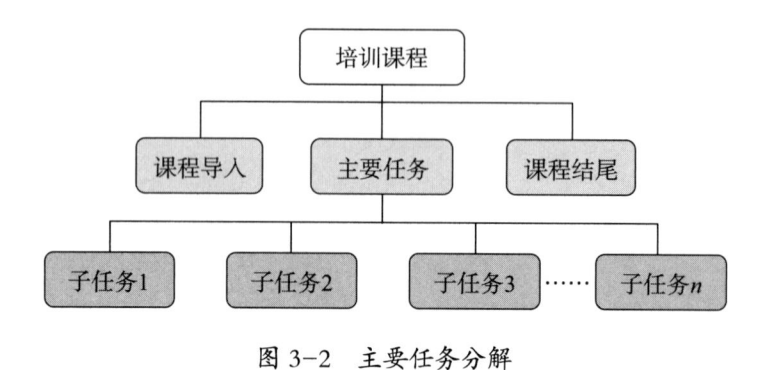

图 3-2　主要任务分解

如何保证子任务的分解是科学、合理的呢？这就需要课程开发者对课程的内容非常熟悉，同时还要具备专业的业务知识和丰富的操作经验。例如，我们正在开发一门"大客户销售技巧"的销售类培训课程，如果没有相应的大客户销售经验，怎么能设计课程结构，又怎么能对主要任务做进一步的分解呢？

如何将主要任务分解成子任务模块？

（1）对于具体的任务，按照完成任务的顺序以流程化的方式进行分解和排序。

例如，商务部要开发一门名为"商务采购入库"的培训课程，针对公司的销售经理、商务人员和财务人员做新信息系统下的商务采购流程培训。在设计课程结构的时候，就可以按照采购任务的流程和顺序分解成各个子任务：用户登录、采购申请、采购订单、采购入库等，进而针对每个子任务开发课程内容，如图 3-3 所示。

```
          商务采购流程
    ┌─────────┼─────────┐
  课程导入   四个步骤   课程结尾
         ┌────┼────┬────┐
       用户登录 采购申请 采购订单 采购入库
```

图 3-3　具体任务分解图

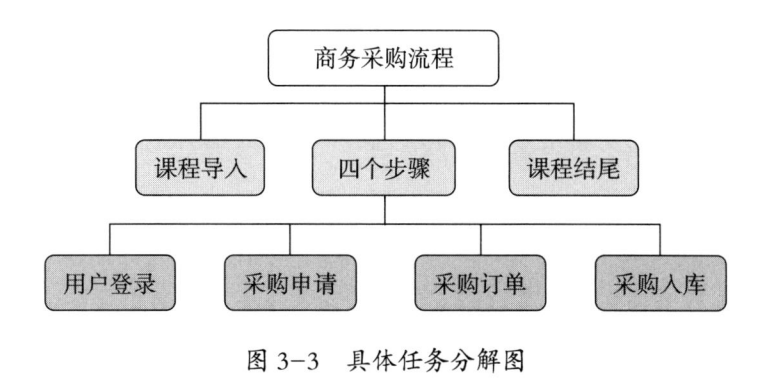

（2）对于抽象的任务，按照任务的内部规律以模块化的方式进行分解和排序。

例如，人力资源部要开发一门名为"中层管理者领导力提升"的培训课程，针对集团公司和下属子公司的所有中层管理人员，培训管理知识，提升领导力。应用模块化的方式来分解，就可以把课程按照"领导力"的内在规律分成五个相互独立又相互联系的子任务：与人为善、自信果敢、识人之智、追求卓越、战略思维，如图 3-4 所示。

```
          中层管理者领导力
    ┌─────────┼─────────┐
  课程导入   五大要素   课程结尾
      ┌────┬────┼────┬────┐
   与人为善 自信果敢 识人之智 追求卓越 战略思维
```

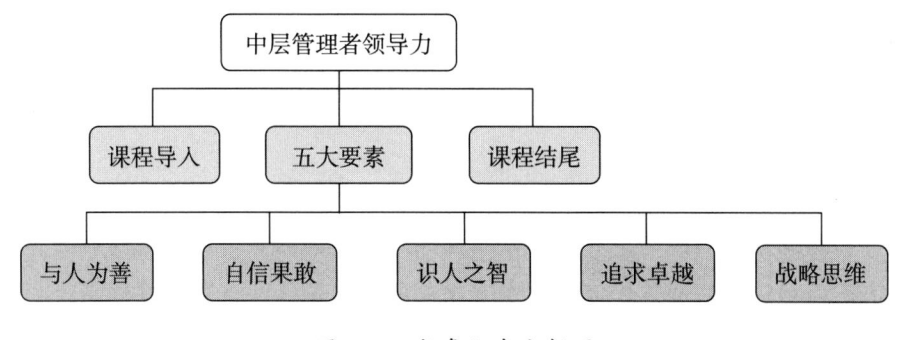

图 3-4　抽象任务分解图

（3）对于复杂的任务，有些内容需要按照流程顺序分解，有些内容需要按照模块结构分解，是一种综合性的课程结构设计。

例如，某教育系统集成公司开发面向销售人员的"大客户销售技能"培训课程，对于"大客户销售技能"这样的培训主题就是一个相对复杂的任务，单纯按照流程顺序或者模块结构无法科学地分解。首先，从销售人员应该具备的销售能力出发，按照模块结构可以划分为以下四个子任务：教育信息化行业培训、系统集成产品培训、大客户销售流程培训、商务谈判技巧培训等；其次对于大客户销售流程培训这样的子任务，可以按照流程顺序进一步划分为更具体的子任务：客户需求分析与引导、解决方案设计、销售合同签订、售后服务规范等，如图 3-5 所示。

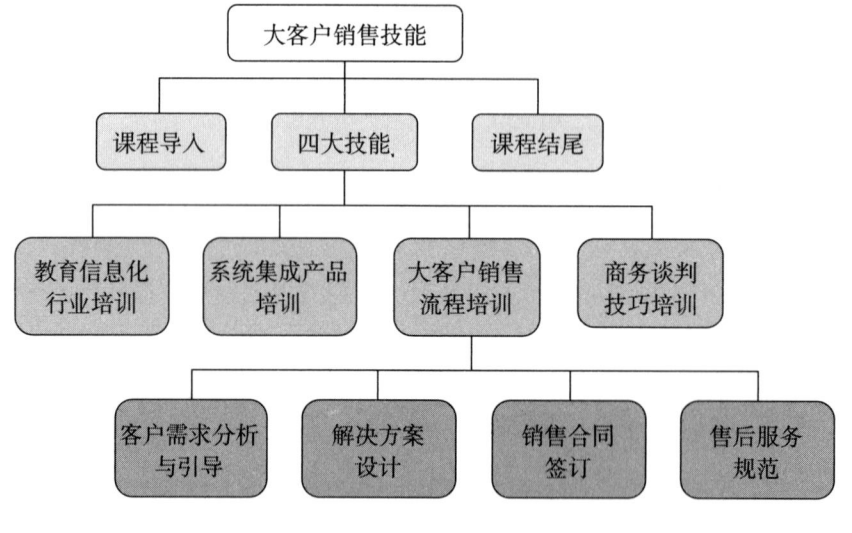

图 3-5 复杂任务分解图

1.4 最终子任务解决模式

对主要任务做层层分解之后，任务逐步由抽象趋于具体，直到成为一个个不能再被分解的独立小任务。对于这样的最终子任务，我们需要考虑子任务的解决模式。

常用的解决模式有两种：

1.4.1 ASK 模式

ASK 模式指态度（Attitude）、技能（Skill）、知识（Knowledge）模式，针对某个最终子任务，按照态度、技能、知识的思路来解决。当然，并不是所有的最终子任务都必须分解成态度、技能和知识三项，也可以分解成其中的一项或两项的组合，如图3-6所示。

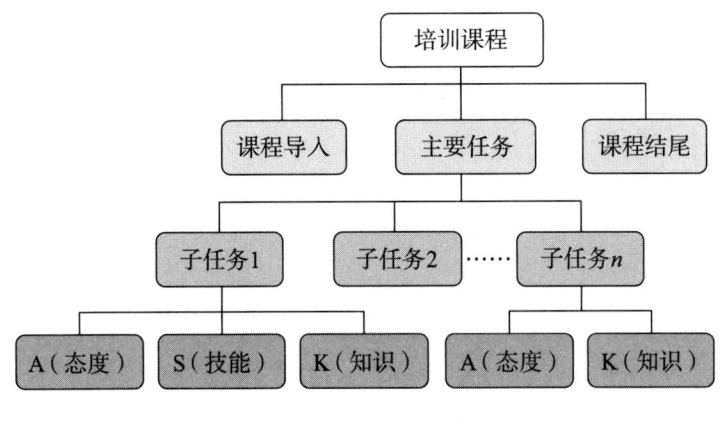

图3-6 ASK模式

1.4.2 PRM模式

PRM是"现象呈现"（Phenomenon）—"原因分析"（Reason）—"措施及解决方案"（Measures）的简称。PRM模式也称"咨询式培训模式"，针对某个最终子任务，直接从问题开始，关注的重点放在问题的解决上，如图3-7所示。

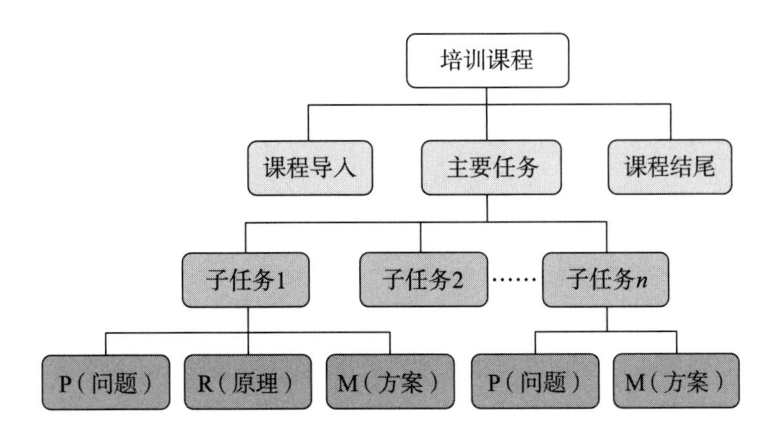

图3-7 PRM模式

经过以上几个步骤：明确课程任务、整体划分三个阶段、主要任务分解、最终子任务解决模式，生成了一个完整的课程结构设计图。下一步，就要基于课程结构图开发具体的课程内容了。

第二节 ▎课程开发过程

课程开发工作是将课程结构设计图转变为课程成果的过程，课程成果包括课件、案例、活动、手册等。课程开发主要包括案例开发、多媒体课件开发、学习活动开发、培训师手册开发、学员手册开发等方面。

2.1 案例开发

2.1.1 案例素材的收集

案例开发之前，首先要收集案例研究的相关素材，包括案例研究对象的真实事件和行为方面的数据。收集案例素材一般通过以下六种渠道：

- 文件资料，公司内部文件、会议记录、内部报刊、下发的一些材料，保存的音频和视频材料，等等。
- 档案记录，公共事业档案、服务记录、组织记录、地图与图表、调查资料等。
- 访谈，包括对公司管理者、业务专家、优秀员工的访谈等。
- 直接观察，包括正式的直接观察和非正式的直接观察。
- 参与性观察，观察者在案例情景中担当具体角色，可以实际参与所涉及的事件。
- 实物证据，技术装置、工具、仪器、艺术品，以及其他实物证据。

2.1.2 案例的编写

案例的编写一般经过三个阶段：编写案例、验证案例、案例的二次开发。

（1）编写案例。编写一个案例，必须写清楚案例标题、案例背景、案例正文和案例研讨问题。其中案例正文的编写尤其重要，正文撰写是为了达到学习目标而必备的内容信息，同时它要源于实际而又高于实际。在案例编写过程中，要特别注意以下三点：

- 案例要叙述故事而不是分析经验，如何分析思考是学员的任务，要留给他们去完成。
- 案例的可信度来自基本的事实，要尽量只写事实，不要过度改编，当然敏感的问题可以隐瞒。
- 撰写者保持中立是案例讨论的基础，正反两个方面的观点都要有，而且分量要相当。注意不要过度加入作者自身的观点。

（2）验证案例。在编写完案例后，一般会针对以下五个方面进行验证：

- 学习目标的表述是否完整，分别从学习者、行为、情景及评判标准四个关键组成部分进行评估。
- 案例的类型选择是否恰当。
- 案例场景的描述是否具体，满足学习目标实现的需要。
- 任务角色描写是否足够细致、具体。
- 案例研讨问题是否恰当。

（3）案例的二次开发。如果同一个案例需要用于不同主题的培训课程，或者用于不同的学员对象，为了确保案例使用的有效性，往往需要对案例进行二次开发。通过完成下列问题的回答可以提供案例二次开发的一些思路。

- 新的学习目标与原有案例中的学习目标是一样的吗？如果不是，此案例是否适合于应用到新的培训中？
- 此案例的类型（确认型、问题解决型、练习型、应用型、系列型）是否适合于新的学员群体？是否另外一种类型的案例更为适合？

- 案例场景的哪个部分需要重新设定？（学员的工作场所、工作汇报关系、案例所涉及的人员和事件范围、物理场景描述等）
- 案例中的人物角色需要进行怎样的重新设计？是否太过于接近现实？（人物职位头衔、年龄、性别、文化背景、姓名、所具备的知识、技能和态度）

通过一系列的问题可以进行案例的二次编写，甚至开发不同的案例。

2.1.3 案例教学过程设计

案例教学过程可以分为以下三步：

第一步，案例准备。

案例教学对于培训师和学员来说都是最难的教学形式之一，需要耗费大量的时间和精力为案例做有效的准备。学员不仅必须消化案例中的"事实"，还必须找出案例中的关键问题以及解决问题的方法和途径。

作为培训师，同样必须透彻地阅读、理解案例，并找出案例中的关键性问题、辅助信息及解决问题的多种途径。只有完成这些步骤后，才能真正开始为讲解案例做准备。

第二步，案例呈现。

案例教学是一个引导讨论的过程，培训师要引导案例的讨论而不是控制它。在课堂交流过程中，培训师需要同时关注案例讨论的过程和内容，这需要情感和知识的双重投入。此时的培训师将扮演一系列角色——策划者、主持人、调解人、唱反调的人、学员和裁判。

在案例教学中，学员们应该"拥有"课堂。学员对案例的评论表明了学员对案例材料的了解程度，在对其进行评价时培训师应当考虑学员解决问题方法的合理性。

第三步，案例反思。

学员反思：我们学到了什么？学到的知识如何应用到其他环境中？

培训师反思：哪些学员在课堂上发言了？参与质量如何？教学过程中是

否有效传递了关键概念？是否达到了教学目标？

2.1.4 案例库的建立与管理

实施案例教学的基础是案例的开发研制，因此，建设案例库是推广案例教学的前提条件。如果企业能够建立自己的案例库是非常有价值的，可以通过以下三个步骤建立案例库：

（1）案例收集：可以从企业的日常运营、项目管理、决策过程等方面收集实际案例。这些案例可以是成功的经验，也可以是失败的教训。详细记录案例的背景、问题、解决方案和结果等信息。也可以通过访谈、问卷调查、文档分析等方式收集相关数据。

（2）案例整理：收集到案例后，需要对其进行整理和编写，形成标准化的案例材料，清晰呈现案例的背景、问题和解决方案，同时引发读者的思考和讨论。在编写案例的过程中，需要注意保持案例的真实性，避免过度美化或者简化案例。

（3）案例分类和存储：编写好的案例需要进行分类和存储，以便于检索和使用。可以根据案例的主题、行业、功能等方面进行分类。如果能建立一个易于使用的案例库系统，方便查找和使用案例那就更好了。

◎标杆案例5　哈佛大学的案例教学[1]

一、哈佛大学的案例教学

哈佛商学院每年大概编写 350 个案例，涉及各种科目。案例覆盖了商业问题中很广的区域，并紧跟时代潮流。与课程中的问题相吻合是案例编写的一个重要参考因素。以下列举了案例编写最开始要考虑的四个要素：

（1）案例所体现的问题。

（2）学生使用该案例所需做的分析。

---

[1] 参见《哈佛商学院管理与 MBA 案例全书》编写组：《哈佛商学院管理与 MBA 案例全书》，中央编译出版社 2017 年版。

（3）案例具有足够的数据方便进行分析。

（4）数据从哪里能够获得。

哈佛案例的影响超出了校园。例如，哈佛商学院出版社为使用案例的教授们建立了一个专门的网站，超过2万名大学教师注册了会员，在网站上为他们自己的课程搜索案例。

二、案例教学对教师的要求

案例教学的效果取决于教师的水平，不同的教师，案例教学的效果也不同。

一个好的案例教学的教师，首先是一个激情飞扬的演员，他把课堂变为舞台，投注了全部的热情来讲课，这种热情也感染了每一位学生。

案例教学的教师还是控制课堂的导演。每一节课就如同一场电影，要在单位时间内完成教学任务，还要让尽量多的学生发言，就要严格控制课堂，热烈而不混乱，有序而不死板，对学生的提示如春风化雨，最后的总结如水到渠成。

三、案例教学法的精髓

1. 变被动式学习为主动式学习

案例教学把被动式学习变成主动式学习，通过案例分析，不仅使课堂气氛变得活跃，激发了学生的学习兴趣，而且促使学生主动学习，因为学生的成绩是教员根据其在课堂上对案例的破解能力、案例辩论技巧、发言次数、提纯原理能力以及案例综合分析过程等因素来确定的。其中，对学生的课堂发言打分分为四等，占该门功课成绩的25%~50%，任何人如果事先不认真阅读案例、不进行分析和思考，在课堂上就会"露馅"，想蒙混过关是不可能的。

2."集中轰炸式"培训

案例教学法是哈佛商学院的"传家宝"，每个案例都是工商企业遇到的真实问题。案例法的精髓不在于让学员强记内容，而是迫使学生开动脑筋思考。

哈佛大学的节奏是紧张的，把通常需要多年工作实践方能获得的经验浓缩到两年的课程中。除案例外，还发给学生与案例有关的背景知识、理论说明等参考资料。阅读分析一篇案例至少需要两个小时。

3."唯一"不受欢迎，学会"思想共享"

学生在交流看法、交换意见的过程中不断接触新的信息、新的结论和新的预测，形成了一个大家共同分享的"思想平台"。如果说"思想共享"是案例教学形成的一个必要的副产品，那么，在"思想共享"基础上，做到求同存异，达成共识，找出解决问题的思路和办法，则是案例教学生产出的正产品。

4.案例教学是最节约成本的"社会实践"

让学生接触大量案例，教师让每个学生扮演"法官""律师""医生""企业家""政府官员"等角色，设身处地地从自己扮演的角色出发，参与案例分析和讨论。在这个过程中，学生最忌讳说"不知道该怎么办"，或者"我辞职"，因为这会给教师提供一种学生作为旁观者的信息，这是案例教学所不容许的。唯有提出建设性意见，才能符合案例教学的要求。与亲自参加社会调查研究和身临其境的"体验式教学"相比，案例教学是最节约成本的"社会实践"。它以最小的消耗获得最大的成果。

2.2 多媒体课件开发

当今时代，多媒体课件在企业员工培训中的应用已经非常普遍了。多媒体课件利用多媒体技术，将文字、图像、声音、视频等多种媒体元素进行有机组合，形成富有交互性和趣味性的教学内容，使得信息的传递更加直观、生动，提高学习者的学习兴趣。同时，多媒体课件可以方便地进行复制、分发和更新，使得学习管理更加方便。

多媒体课件开发的一般流程如下：

2.2.1 目标分析

首先要明确课件的教学目标和学习者需求。这包括确定课件的主题、内容、教学方式以及预期效果等。目标分析是后续开发工作的基础，只有明确了目标，才能有效地进行后续的多媒体课件设计和制作。

2.2.2 脚本编写

脚本是多媒体课件的"蓝图"，它详细描述了课件的结构、内容、交互方式等信息。在准备脚本的过程中，需要考虑到教学内容的逻辑性和连贯性，以及学习者的认知特点和学习习惯。

2.2.3 素材准备

素材是构成多媒体课件的基本元素，包括文字、图像、声音、视频等。在收集素材的过程中，需要注意素材的质量和版权问题。同时，也需要根据脚本的要求，对素材进行适当的编辑和处理。

2.2.4 课件开发与测试

将准备好的脚本和素材通过专门的课件制作软件，制作成为可以运行的课件。在制作过程中，需要注意课件的交互性和用户体验。制作完成后，需要进行测试，检查课件的功能是否正常，用户体验是否良好。

2.2.5 打包发布

将制作好的课件进行打包，授课时使用，或者发布给学习者使用。在发布过程中，需要考虑课件的兼容性、安全性等问题。同时，也需要对课件进行后期的更新和维护，以保证课件的质量和效果。

> **管理之道**
>
> **多媒体课件开发工具**
>
> 多媒体课件从技术上使得教学需要的动态模拟、资料查询、讨论交流、实时练习、情境创设以及寓乐于教等功能得以实现。选择合适的课件开发工具是课件有效性的重要基础保证。以下是几种常用的课件制作软件，这些应用软件在课件制作中发挥了重要作用。
>
> 1. PowerPoint
>
> PowerPoint 是微软公司办公自动化软件 Office 家族中的一员，是专门用来制作演示文稿和幻灯片的工具软件。
>
> 2. Photoshop
>
> Photoshop 是专业的具有图形处理功能的平面设计工具。使用它可以针对自身需要对图片进行修改和处理，所以它更适合作为图片素材的制作软件。
>
> 同时，随着人工智能（Artificial Intelligence，AI）的不断发展，许多一键生成式的课件制作软件也如"雨后春笋"般出现在大众视野。选择变多的同时，使用者也需判断哪个软件更符合自己的需求。

2.3 学习活动开发

很多人在课程开发过程中，几乎把所有的精力都放在课程内容上，如内容的逻辑性、深度和广度等，却忽略了教学过程中的学习活动，忽略了学员的体验、感受和授课效果。

例如，在大客户销售课程中可以设计一个"初次拜访客户"的学习活动，通常采用角色扮演的方式，由培训师扮演客户，学员扮演销售人员，体验初次拜访客户的关键点，这种实操的方式会给学员留下深刻印象，取得非常好的授课效果。

高效的学习活动通常具备四大特征：有意义、好记忆、可激励、可衡量。

2.3.1　有意义：新旧知识有效结合

学员需具备两大清晰的认识：第一，现有技能在特定环境下的不足；第二，在学习活动中所获得的技能可以完成哪些任务？简言之，高效的学习活动不仅是简单的技能提升，更是强调学员将自身体验与知识技能的结合。

2.3.2　好记忆：学习内容印象深刻

很多参加过培训的人都遇到过这样的情况：开展某项工作时，想起该主题在之前参加的培训中出现过，但印象却不深。高效的学习活动一定是令人难忘的，它能借助新颖的学习内容、有效的辅助工具，不断集中学员的注意力，对所学内容印象深刻。

2.3.3　可激励：激发学员的积极性

学员的学习态度对学习效果有至关重要的影响，积极性高的人会寻找各种方法克服困难，积极投入学习；反之，缺少积极性的人也会寻找各种方法逃避。当然，学员积极性的程度高低受很多因素影响，就学习活动本身而言，高效的学习活动一定能够不断激发和提高学员的积极性。

2.3.4　可衡量：以结果为导向

高效的学习活动以结果为导向，学习效果经得起考验，同时强调可观察的行为，向学员提供充分的实践机会和绩效反馈。

2.4　培训师手册开发

培训师手册包含三部分内容：

2.4.1 授课指导

授课指导分为课程概述、课程规划、授课所需能力素质要求、教室布置、教学活动安排、时间管理、课程评估方法等内容。

2.4.2 授课流程

授课流程即针对课程引入、讲解、指导性观察、指导性演练、巩固、测评等各个阶段具体应该如何组织实施提供指导。以指导性演练的内容为例，培训师手册说明了该节内容学员需要达到的学习效果、演练过程应该如何组织、角色扮演活动中的分工等。总之，应该详细告知培训师每一步应该做什么、说什么、怎样指导学员。

2.4.3 课程相关附件

课程相关附件主要是一些辅助教学的材料和资源，例如课件、教案、习题、案例等。这些附件可以帮助培训师更好地进行教学，同时也可以提供给学员作为学习的参考资料。此外，还可能包括一些管理性的文件，例如学员名单、考勤表、评价表等。

2.5 学员手册开发

制作学员手册是培训管理工作的一项日常工作，培训课程学员手册编写的标准如下：

2.5.1 手册开发宗旨

帮助学员认知培训课程目标，了解课程内容结构及具体信息，为课堂学习及课后复习提供参考。

2.5.2 手册内容结构

- 封页：企业标识、课程编码、课程名称、著作者信息、保密要求；
- 目录：课堂公约、课程目标、课程大纲、前言、课程内容、课程知识点回顾。

2.5.3 手册编写原则

- 准确性：确保所有内容准确无误，与课堂教学保持一致；
- 针对性：手册内容紧密围绕学习目标来编写，在满足学习目标的基础上增强学习的趣味性；
- 难易适中：不同学员在文化程度和理解上可能存在差异，编写手册时充分考虑难易度适中。

2.5.4 手册编写注意要点

学员手册在编制时需注意以下四点：

- 体现 PPT（幻灯片演示文稿）内容同时注意在重点知识点或问题处留白，研讨案例等可在学员手册里体现；
- 除 PPT 内容外，可适当补充相关知识便于学员自学，拓展学习深度；
- 编写时使用启发性问题进行内容串联，避免全部叙述式表达，增强学员兴趣，注意字号、字体，便于学员学习；
- 结合课程目标，在重点知识点处设置一些思考题或课后复习题。

课程开发是一个不断开发、试用、评价、修改的过程。在此过程中，要管理好项目进度，制定严格的项目进展流程，确保与培训相关人员的及时沟通。

第三节 ▎培训实施环节

培训活动的实施过程包括若干个环节，如培训时间的确定、培训场所的选择、培训课程的设置、培训讲师的选择、培训设备的准备、培训评价表的收集等。培训实施过程中对每个环节的控制程度直接决定了培训组织的成功与否和培训效果的好坏。

3.1 培训时间的确定

员工培训一般选择在新员工入职、企业技术革新、销售业绩下滑、员工升职、引进新技术、开发新项目、推出新产品的时候。具体培训日期的确定，需要考虑以下三个原则：

（1）确定培训日期时一般会考虑销售淡季或生产淡季，以不影响正常的业务开展为前提。

（2）确定培训日期时，一定要提前与参训部门负责人、相关管理人员进行充分沟通，尽量考虑到方方面面的因素，选择参训部门最能接受的时间。

（3）适度把握培训频次，不能过于密集，影响正常的业务活动，也不能过于稀疏，以保证持续的影响力和作用。

3.2 培训场所的选择

对培训师和参训人员来说，培训场所是十分重要的，舒适的环境会令员工的学习效率提升。培训场所的选择要遵循一个原则，即保证培训实施的过程不受任何干扰。具体选择场地时应考虑以下三个方面的因素。

（1）培训场所的空间：空间要足够大，能够容纳全部学员并配有相关设施。一般来说，每个学员至少需要 2 平方米的活动空间，按照这个标准，一个 50 平方米的房间大约能容纳 25 名学员。

（2）培训场所的配套设施：培训场所的电子设备、音响、灯光等条件应当符合培训的要求。培训场所的座位能够按照培训的需求摆放，如果是课堂讲授式培训，座位按正常教室标准摆放即可；如果是讨论式培训，座位要以小组为单位，分组摆放；如果是角色扮演式培训，需要设置专门供角色扮演的场地，能够让其他参训人员方便地看清、听清。

（3）培训场所的整体环境：培训场所的室内环境和气氛会影响学员的情绪，进而影响培训效果。因此，在布置培训场所时，应尽量采用明亮的颜色。培训场所的温度、噪声、通风、光线等条件应良好。

3.3　培训课程的设置

培训课程的设置是一个全员参与的过程。培训课程要求内容精练、层次分明、通俗易懂，且能充分利用语音、动画等多媒体手段，做到图文并茂、生动有趣。

培训课程的设置流程如下：

3.3.1　明确培训目标

设置培训课程前，要明确培训的目标，即通过培训要解决什么问题，要达到什么效果。

3.3.2　明确培训课程要求

运用培训需求调查方法，从领导者、培训对象主管以及参训人员处获得课程的相关要求；对所有参训人员的培训需求进行分析，再用逻辑树的形式进行分解，直到需求不能再分解为止，从而对培训需求进行归类、整理；将分解后的最终培训需求制作成表格，分发给领导者、培训对象主管以及参训人员本人，让他们按重要程度给每一个事项打分，从而确定培训的重点并据此开发课程。

3.3.3 设计课程大纲

回收培训需求表格，统计各项分值，围绕分数最高的几项需求设计课程大纲，并收集详细的资料。按大纲制作培训教材、PPT 文件，整理课堂上可能用到的相关辅助资料。

3.3.4 试讲培训课程

设计好的课程要经过培训师的多次试讲，一方面可以让培训师尽量熟悉培训课程内容，整理培训思路；另一方面也可以帮助培训师发现培训课程存在的各种问题，在试讲过程中要注意认真记录发现的问题。

3.3.5 修改、完善课程设计

对于试讲过程中发现的培训课程问题，要不断地修改和完善，力求修正各种存在的问题，使培训课程尽量趋于完美。

3.3.6 评估培训课程

培训现场实施完成后，及时收集参训人员对培训课程的评估反馈意见，经过汇总、整理，分析其中合理的意见、建议，进一步修改、完善课程设计。

3.4 培训师的选择

培训师主要有外部聘请和内部开发两大来源，培训管理部门要根据实际情况选择合适的培训师，确定内部和外部培训师的恰当比例，做到内外搭配、相互学习，共同进步。

3.4.1　内部培训师

一般来说，内部培训师可以分为三类：

（1）临时培训师。一般由各级管理者担任，进行较高层次的管理培训。比如，由人力资源总监为中基层管理者讲授本部门人力资源管理的方法和技巧，由总经理或副总经理为各级管理者讲授管理者修养提升的内容，等等。由于他们管理经验丰富，见解独到，对企业情况了解深刻，并且有一定的威望，所以培训效果往往不错。当然他们当中也可能有一部分人需要强化一下培训技巧方面的知识和锻炼。

（2）兼职培训师。一般选拔企业内具有某方面专长的员工来担任，负责某一范畴的培训。比如，由企业文化专员负责每个季度的企业文化培训，由产品开发中心的市场专员负责全员的产品知识培训。与临时培训师相比，他们的培训比较密集且较有计划性。

（3）专职培训师。专门负责培训和与培训相关的工作，这就是其岗位的全部职责。因此专职培训师理应具有专业性。专职培训师除了做培训之外，还需要在培训经理指导下进行课程开发、编制培训计划、管理培训活动等工作。

内部培训师的优点是对所在组织和受训员工的情况都比较了解，容易准确把握要解决的问题，也便于根据学员情况来设计课程内容和授课技巧。不足之处就是往往不如外部培训师那么见多识广，在知识和能力更新方面积极性不高。

3.4.2　外部培训师

当培训课题超出内部培训师管理视野，或者企业需要谋求知识与能力更新的时候，我们就需要外聘培训师。从目前市场来看，培训师大致可以分为以下三类：

（1）职业经理人或兼职培训师。他们具有丰富的管理实践经验，对企业问题认识深刻，往往会有真知灼见，至少会提供可靠的管理实践经验。

（2）管理咨询师兼职培训师。管理咨询师在与企业合作中获得了大量实践经验，也因此拥有丰富而现实的案例。但他们最重要的优势在于对企业问题的诊断分析能力，不仅能找准问题还能提出有价值的解决方案。出于职业习惯，他们常常让培训带有咨询的特点，希望更加切合企业特点来解决具体问题。

（3）职业培训师。他们隶属于培训机构，在机构安排下完成培训任务。他们非常注重培训技巧的研究和应用，往往能带来很好的现场效果。他们专攻某一类或某一个培训课题，在这一领域成为培训专家。由于他们对培训技巧比较热衷，在内容研究和更新上往往欠缺。他们没有对企业的特殊情况深入研究的兴趣，到哪里都讲那一套。

上述培训师各有所长，也各有不足，实际上也并不存在优劣，只是适合与不适合的问题，是否具备解决问题的能力，是考察的核心要素。

第四节 ┃ 常用培训技术

要使培训产生明显的效果，首先就要让学员对整个培训内容产生兴趣，特别是针对成人的培训，培训技术的选择直接影响培训效果的好坏。

下面对常用的培训技术做简单介绍。

4.1 讲授法

讲授法是适用程度最高、使用范围最广的培训方法之一，以培训师讲、学员听为基本模式，适合知识传授类培训。

讲授法的实施要点如下：

4.1.1 选择合适的培训讲师

培训师应仪表、谈吐俱佳，不仅要具备与培训内容相关的丰富理论知识与实践经验，对讲授的内容了如指掌，还应掌握一定的培训方法和技巧，授课时条理清晰，语言简洁精练、形象生动，能充分调动学员的积极性，形成良性互动。

4.1.2 合理安排授课内容

在实施讲授前，要充分调查参训人员的基本情况，包括学历、职位等，进而设计出切合实际情况的授课计划，尽量避免参训人员因接受能力不同而导致学习效果的差异。同时要注意讲授内容的科学性和系统性，在讲授时条理清晰、重点突出。

4.1.3 充分贯彻启发式教学原则

讲授内容必须是教材内容的重点、难点和关键，讲中有导，讲中有练。培训师与参训人员要相互配合，用问答方式获取员工对讲授内容的反馈，这是取得良好的讲授效果的重要保证。

4.1.4 优化培训场所的环境与设施

授课的教室应挑选隔音效果好、远离办公区域的地方，以避免机器、电话的干扰。此外，教室应配备必要的多媒体设备，如投影仪、电子显示屏、音响设备等，以加强培训的效果。

4.1.5 准备辅助性材料

为使培训真正有效，必须让参训人员能够看清、听清，同时让他们参与到课程中。告诉参训人员他们需要知道的；尽可能多地演示给参训人员看；在培训过程中创造让参训人员能够参与的机会。

4.2 研讨法

研讨法是指指导教师有效地组织参训人员以团体的方式就某一专题或工

作中的问题进行讨论，并得出共同的结论，由此让受训人员在讨论过程中互相交流、启发，从而掌握有关知识和技能的一种培训方法。

研讨法有以下四种形式：

4.2.1 小组讨论式

小组讨论是指将参训人员分成若干小组，每个小组成员集中在一起就某个话题展开讨论，提出解决问题的方案。

4.2.2 沙龙式

沙龙式研讨，类似小组讨论的方式，只是话题较为自由，属非正式研讨。没有听众，也没有主持人，但有一个召集人。沙龙式研讨，并不指望解决问题，但可彼此交流信息，互相启发。

4.2.3 集体讨论式

一般由 5~20 人组成，在一个训练有素的主持人的带领下，就某一相互感兴趣的话题进行专门探讨。参与讨论的每个人都有发言机会，以便参与者更为广泛地交流彼此的思想和经验。

4.2.4 委员会研讨式

这里的委员会由任命或选举的一小群人组成，由他们合作完成一项工作。委员会就某一特殊问题进行研究，在此基础上得出结论，并在被授权的情况下选择如何开展工作。

4.3 师带徒培训法

师带徒的培训方法，强调的是一对一的现场个别指导，受训人员在有经验的老员工的指导下，一边看、一边问、一边做帮手，来学习工作程序。其基本任务是师傅向徒弟传授高超的岗位技能和良好的思想作风，通过"传帮带"培养出一批高技能的员工。

师带徒培训法的实施程序如下：

4.3.1　示范，即师傅做给徒弟看

首先，经验丰富的师傅通过询问或要求演示的方式来了解徒弟是否掌握某一技能，如果发现受训员工不太了解，师傅就先以口述的方式告诉其应该做什么以及怎么做。其次，师傅按照操作标准给徒弟亲自示范，在操作的同时详细地讲解标准动作和操作要领。

4.3.2　协同，即师傅徒弟一起做

师傅按照规定的工作标准示范给徒弟看之后，亲自和徒弟按照所示范的标准流程共同完成各项工作。

4.3.3　观察，即师傅看着徒弟做

师傅通过对徒弟工作的全过程进行观察，了解徒弟是否准确领会其所传授的内容。师傅应选取不影响徒弟工作的位置进行观察，并进行详细记录和适当批注。

4.3.4　纠正，即师傅指导徒弟做

师傅根据观察徒弟的工作结果，指出做得好和做得不足的地方，然后对不足的地方进行指正，耐心讲解，重复示范。

4.3.5　强化，即师傅逼着徒弟做

师傅必须要求徒弟按照操作标准不断坚持去做，而且要制定严格的考核标准，定期对徒弟的工作情况进行考核，奖罚分明。

4.4 工作轮换法

工作轮换法又称为轮岗，是组织内部有组织、有计划、定期进行的人员职位调整，目的在于避免员工长期从事同一工作所带来的厌倦感和发展停滞，在一定程度上提高人员的工作积极性，增强其对工作间、部门间相互依赖关系的认识。

工作轮换法的注意事项如下：

4.4.1 以岗为基，以人为本

在进行工作轮换时，应以岗位需求为基础，同时考虑员工的个人能力、兴趣和发展需求。每个岗位都有其特定的职责和要求，员工需要具备相应的技能和知识才能胜任。同时，每个员工也有自己的职业发展目标和兴趣，如果能够将员工的个人发展与组织的需求结合起来，那么工作轮换就更可能取得成功。

4.4.2 注意把握轮换的时间间隔

工作轮换的时间安排对于轮岗效果有重要影响。如果轮岗时间过短，员工可能无法适应新的工作，也无法从中学习到新的知识和技能；如果轮岗时间过长，员工可能会对新的工作产生厌倦感，失去学习的动力。因此，需要根据岗位的性质和员工的情况，合理安排轮岗的时间。

4.4.3 提供必要的培训和指导

当员工转到新的岗位时，需要新的技能和知识。因此，组织应该提供必要的培训，帮助员工快速适应新的工作。或者配备有经验的指导者，为轮岗者提供专业指导，并对其工作进行总结和评价。

4.5 案例研究法

案例研究法是一种常用的员工培训方法，通常会提供一个详细的案例，包括背景信息、问题描述、相关数据，受训员工通过分析和讨论真实或者模拟的业务场景，理解和掌握相关的知识和技能，同时锻炼他们的思考能力、判断能力和决策能力。

案例研究法的实施步骤如下。

4.5.1 案例介绍

培训师需要向员工介绍案例的背景信息、问题描述、相关数据等。这一步的目标是让员工对案例有一个全面的了解，明白案例的主要问题和挑战。

4.5.2 个人分析

在了解了案例后，员工需要进行个人分析，找出问题的原因，提出解决方案，并预测结果。在这个过程中，员工可以运用他们已经学习的知识和技能，同时也可以锻炼他们的思考能力和判断能力。

4.5.3 小组讨论

在完成个人分析后，员工可以进行小组讨论，分享他们的分析结果，听取其他人的观点和建议。通过小组讨论，员工不仅可以从中学习到其他人的经验和观点，也可以提高他们的沟通能力和团队协作能力。

4.5.4 分享总结

最后，每个小组可以向全体员工分享他们的分析结果和解决方案，进一步加深员工对案例的理解，让他们看到不同的观点和方法。

4.6　角色扮演法

角色扮演法是指为受训者提供一种模拟真实场景的具体情境，然后指派受训者扮演情境中的某一角色，借助扮演者的演练来增强其对角色的感受，进而培养和训练其解决问题、处理矛盾的能力的培训方法。

角色扮演法的实施步骤如下：

4.6.1　向受训者介绍角色扮演的内容和意义

在角色扮演之前，培训者必须向受训者阐明活动的目的与大致内容，以调动受训者的积极性，使其感到活动是非常有意义的，而且乐意去学习。

4.6.2　详细说明各种角色所处的情境、特点和制约条件

活动正式开始前，培训者还必须花费一定的时间让扮演者理解自己的角色，并向其讲清活动的时间限制、要求等制约条件，以便受训者做好充分准备。

4.6.3　观察受训者扮演各自角色的表现

这一阶段培训者安排受训者按照事先设定的情境开始表演。其间，培训者要认真观察并及时记录扮演者的行为表现，记录时要客观，内容要详细。

4.6.4　实行动态评估并进行总结

培训者根据受训者的表现，依据事先拟定的标准，对其表现做出客观中肯的评价，并将取得的经验和教训以书面形式记录下来，以便在下一次角色扮演培训中加以利用。

4.7　企业教练技术

企业教练由体育教练发展而来，对其核心的定义都离不开学习、发展和

绩效这三个概念。可以说，企业教练是一种一对一持续进行的、有针对性的互动干预过程；通过关注和倾听等技巧，企业教练会及时反馈和帮助被教练者发现问题、开发潜能，以促使其自觉优化意识、态度和行为，最终弥补现实状态与理想状态之间的差距，实现绩效提升与自我发展。

4.7.1 教练的必备技能

- 聆听：教练必须认真聆听，从被教练者的叙述中了解真实情况。聆听要求全神贯注，不能掺杂主观意识，纯粹是对方的本意、感受、情绪。
- 发问：教练通过发问发掘被教练者的心态，收集资料，厘清事实真相，帮助对方挖掘自我盲点，认清自己的目标与障碍，明确如何去选择行动。发问的态度应该是中立的、有方向的和建设性的。
- 区分：教练要对所听到的内容进行清理分类、判断，区分出真情和假象，了解对方的动机、态度，帮助对方还原成一个真实的自己。
- 回应：通过回应及时指出对方存在的问题。教练通过聆听、发问和区分等做法，了解到被教练者的真实态度和动机后，就要把他的真实状态反馈给他，让其清楚地看到自己的长处和弱点。回应应该是负责的、明确的、及时的。

4.7.2 实施步骤

- 厘清目标：目标是教练存在的基础，首先，教练要明确自己目标是帮助被教练者明确和实现目标，而不是将自己的目标强加在对方的身上。其次，教练应帮助对方去挖掘内在的需求，激励对方把这种需求转化为奋斗的目标。
- 反映真相：教练就是对方的一面镜子，把对方的行为、心态和情绪等真实地反映出来，使受训者从中了解自己的盲点所在，发现自己存在的问题，找到现状与目标之间的差距。教练应保持客观和中立的态度，与被教练者建立平等、互信的关系，这样才能反映真相。

- 调适心态：教练要引导被教练者采取正确的行为去实现预先设定的目标，首先应从帮助其改变信念和态度入手，心态调适好了，行为也就有所不同，进而创造出令人惊喜的成果。
- 行动计划：一份有效的计划需要包括目标、行动、成果三个最基本的元素。目标是一个方向，是行动的指南针；行动是有效实现目标的行为，是目标和成果之间的转换器；成果是行动所产生的结果，是检视目标的一个标志。

4.8　拓展训练法

拓展训练是一种户外体验式训练，运用独特的情境设计，通过创意独特的专业户外项目体验，帮助组织激发成员的潜力，增强团队活力、创造力和凝聚力，以达到提升团队生产力的目的。

拓展训练法的实施环节：

- 团队热身：在拓展训练的开始阶段，通过一些轻松的游戏或活动，让团队成员放松心情，增强团队的凝聚力和合作精神。
- 个人项目：在团队热身后，会进行一些个人项目，让每个团队成员有机会挑战自我，发掘自己的潜力，旨在提升个人的自信心和解决问题的能力。
- 团队项目：在完成个人项目后，会进行一些团队项目，团队成员共同合作，以达成某个目标，旨在提升团队的协作能力和创新思维。
- 分享总结：在完成所有项目后，会进行分享和总结。分享在训练中的体验和感受，讨论学到了什么，如何将这些学习应用到实际工作中，帮助团队成员深化他们的学习和理解。

第四章

培训效果评估
—— "以终为始"见成效

【本章导读】

◆ 培训评估三问

◆ 常用评估模型

◆ 柯氏模型新解

◆ KBPM（柯氏业务合作伙伴关系模型）

第一节 ▎培训评估三问

尽管公司决策者表示对员工培训和人才发展非常重视，还在一些场合说过"员工是公司最大的财富"，但在需要缩减公司预算的时候，他们往往会从培训下手。

企业决策者总会面对许多艰难的选择，如需要更多的资金投入新产品的开发，为公司未来的发展提供动力；招聘更多的销售人员，充实销售团队，提高销售额；为了减少成本，引进高新技术提高生产效率；等等。面对这么多的商业项目，企业决策者会考虑各个商业项目的战略价值、组织贡献度及成功达成率等，他们会经过多方面的权衡，再做出决策。所以，决策者需要有令人信服的相关数据，才会将资源优先分配给培训项目。

虽然有些企业决策者并没有要求培训部门计算培训投资回报率，但是，如果等到他们要求你出示培训有效性的证据，就已经太晚了！此时，这些管理者早已下定决心大幅削减在培训方面的预算，甚至将培训部门解散。

1.1　培训评估的意义何在

1.1.1　确认培训项目的业务价值

培训部门要遵循一定的指导原则，运用具有较高相关性的数据，以可信的、具有说服力的方式，记录培训过程，评估培训结果，通过比较培训效果与预先设定的培训目标之间的差距，判断组织的培训目标是否实现，从而为下一轮的培训工作提供信息参考和经验借鉴。企业也可以据此确定哪些培训项目需要终止，哪些培训项目需要调整，哪些培训项目需要进一步优化。

1.1.2 发现培训中的问题

对于培训部门而言，通过培训评估能够发现培训中存在的不足。例如，培训需求分析是否准确，培训目标设置是否合理，培训计划的拟订是否周全，培训内容是否充实，培训地点和设施如何，培训老师是否令学员满意等，从而对培训项目进行有针对性的调整和完善。

对于员工而言，通过培训评估，可以清楚地认识到自身在知识、能力和态度等方面存在哪些不足，该如何改进，从而为下一阶段培训以及今后的工作开展做好准备，促进自身素质的提升。

1.1.3 为经营决策提供依据

培训评估能为人才流动、人员配置、绩效考核等经营决策提供依据。在新员工招聘中，新员工的培训评估结果是检验招聘质量的重要参考；在人才提拔中，受训人员的培训成绩是晋升的主要依据之一；在绩效考核中，培训评估的结果可作为考核培训部门及相关培训人员的绩效指标。

1.2 何时开始做培训评估

作为培训管理者和培训工作者，一定要明白，企业培训是必须为培训利益相关方呈现培训价值的，而培训价值的呈现就是培训评估工作的重要部分。

那么，何时开始做培训评估工作呢？如果按照传统的培训思维和操作方式，你可能会毫不犹豫地回答，培训评估工作当然是在培训实施结束后开始。

真是这样吗？答案是否定的。事实上，培训评估工作不是从培训结束后开始的，而是前置到培训项目的需求分析阶段，甚至是在业务部门提出各种培训需求或抱怨的那一刻，你的培训评估工作就应该启动了：该培训项目为什么要开展，目的是什么？该培训项目要达到怎样的效果？需要解决什么问题？问题的解决能带来什么样的有形或无形价值？如何把培训项目的价值以严谨可靠的逻辑展现给培训利益相关方？

1.3　从何入手做培训评估

公司的高层管理者以及业务部门，无一例外地采用"以终为始"的方式思考企业绩效问题。他们思考问题是从公司的战略目标和业务结果出发，看这些业务结果的达成需要怎样的产品或服务才能支撑。至于员工在工作岗位上需要有什么样的工作行为，支撑这些行为的发生需要掌握哪些知识、技能和态度，他们认为那是培训部门应该考虑和解决的问题，高层管理者没有时间、精力思考到如此细致的环节。

当下的企业培训，把绝大多数的精力和资源放在了培训课程的设计与开发、培训过程的组织和实施环节。比如，挑选好的教师、安排好的培训场地、做好培训的组织和项目的运营实施等，从而提升员工的培训满意度，这些是培训管理者非常关注的，但却不见得是决策者看重的。决策者看重的是什么？他们看重的是员工能否学以致用，培训能否带来个人甚至所在团队业务价值的提升。

培训评估，要秉承"以终为始"的原则，从决策者关注的业务结果入手。

第二节　常用评估模型

在培训评估发展过程中，常用的培训评估模型主要有以下五个：
- 柯氏四级评估模型
- 考夫曼五层次评估模型
- 菲力普斯五级投资回报率模型
- CIRO 评估模型
- CIPP 评估模型

2.1 柯氏四级评估模型

柯氏四级评估模型由著名学者唐纳德·L.柯克帕特里克于1959年提出，是世界上应用最广泛的培训评估工具，在培训评估领域具有难以撼动的地位。

随着时代的进步和研究的深入，人们在柯克帕特里克提出的传统柯氏四级评估模型的基础上提出了一套全新的柯氏四级评估模型，这里先介绍传统的柯氏四级评估模型，在下一节将对全新的柯氏四级评估模型做详细的阐述。

传统的柯氏四级评估模型的四个级别分别如下：

2.1.1 级别1：学员反应评估（reaction）

评估被培训者的满意程度。反应评估是指受训人员对培训项目的印象如何，包括对讲师和培训科目、设施、方法、内容、自己收获的大小等方面的看法。学员反应评估主要是在培训项目结束时，通过问卷调查来收集受训人员对于培训项目的效果和可用性的反馈。这个层次的评估可以作为改进培训内容、培训方式、教学进度等方面的建议或综合评估的参考，但不能作为评估的结果。

2.1.2 级别2：学习评估（learning）

测定被培训者的学习获得程度。学习评估是目前最常见也是最常用到的一种评价方式。它是测量受训人员对原理、技能、态度等培训内容的理解和掌握程度。学习层评估可以采用笔试、实地操作和工作模拟等方法来考察。培训组织者可以通过书面考试、操作测试等方法来了解受训人员在培训前后，知识以及技能的掌握方面有多大程度的提高。

2.1.3 级别3：行为改变评估（behavior）

考察被培训者的知识运用程度。行为改变的评估指在培训结束后的一段时间里，由受训人员的上级、同事、下属或者客户观察他们的行为在培训前后是否发生变化，是否在工作中运用了培训中学到的知识。这个层次的评估可以包括受训人员的主观感觉、下属和同事对其培训前后行为变化的对比，以及受训人员的自评。行为层是考察培训效果的最重要的指标。

2.1.4 级别4：业务结果评估（result）

计算培训创造的经济效益。业务结果的评估即判断培训是否能给企业带来具体而直接的贡献，这一层次的评估上升到了组织的高度。业务结果评估可以通过一系列指标来衡量，如事故率、生产率、员工离职率、次品率、员工士气以及客户满意度等。通过对这些指标的分析，管理层能够了解培训所带来的收益。

2.2 考夫曼五层次评估模型

考夫曼五层次评估模型相较柯克帕特里克的四级评估模型：一是反应层的内涵更加丰富；二是增加了一个评估层级：社会效益。考夫曼五层次评估模型如表4-1所示。

表4-1 考夫曼五层次评估模型

评估层次	评估内容
5. 社会效益	社会和顾客的反映、结果和回报情况
4. 组织效益	对组织的贡献情况
3. 应用	组织中个人与小组应用的情况
2. 掌握	个人与小组的掌握情况
1b. 反应	方法、手段和程序的可接受情况和效用情况
1a. 培训可行性	人力、财力、物力的有效性、可用性和质量

考夫曼认为，培训评估的第一层次除包括学员反应内容外，还应包括培训的可行性。企业应该对培训所需的各种资源，如人力、财力和物力的可用性、可靠性和有效性等问题做出综合考量。

另外，考夫曼指出，企业不是孤立存在的，它与企业所处的社会紧密关联在一起。因此培训评估不仅要评价培训对企业所产生的价值，还应当评价培训对社会所产生的价值，这就是培训评估第五个层面"社会效益"层面所要解决的问题。考夫曼的五层次评估模型超越了单个企业的范畴，重视培训的正外部性，体现了企业对社会责任的关注。

2.3 菲利普斯五级投资回报率模型

菲利普斯认为，培训评估模型由五个层级构成，如表 4-2 所示。

表 4-2 菲利普斯五级投资回报率模型

评估层次	评估内容
5. 投资回报率	培训项目的成本与货币价值比率
4. 结果	培训对组织业绩的影响
3. 工作应用	工作行为的变化以及培训内容的应用情况
2. 学习	知识、技能或观念的变化
1. 反应	参训学员对培训的反应

菲利普斯提出了企业在开展培训评估时忽略的一个关键点，即培训的投资回报率（Return on Investment，ROI）。菲利普斯认为投资回报率的评估的确实是一项非常困难、复杂且需要精心策划的工作。但是，只有当这一层级的评估结束以后，整个培训评估过程才算真正完成。

投资回报率将培训项目的净收益与其成本加以比较，计算公式为：投资回报率＝培训的净收益/培训的成本

2.4 CIRO 评估模型

CIRO 培训效果评估模型由奥尔（Warr. P）、伯德（Bird. M）和莱克哈姆（Rackham）设计提出。CIRO 由该模型中四项评估活动的首个字母组成，这四项评估活动是：背景评估（Context evaluation）、输入评估（Input evaluation）、反应评估（Reaction evaluation）、输出评估（Output evaluation）。

2.4.1 背景评估

背景评估的主旨在于确认培训的必要性，主要有两个任务：第一，收集和分析有关人力资源开发的信息；第二，分析和确定培训需求与培训目标。

2.4.2 输入评估

输入评估主要确定培训的可能性，其主要任务：第一，收集和汇总可利用的培训资源信息；第二，评估和选择培训资源，对可利用的培训资源进行利弊分析；与此同时，确定人力资源培训的实施战略与方法。

2.4.3 反应评估

反应评估的主旨在于提高培训的有效性，其关键任务：第一，收集和分析学员的反馈信息；第二，改进人力资源培训的运作程序。

2.4.4 输出评估

输出评估的主旨在于检验培训的结果：第一，收集和分析与培训结果相关的信息；第二，评价并确认培训的结果。

相较柯氏四级培训评估模式，CIRO 模型不再把评估活动看成整个培训过程的最后一环，而是具有相当"独立"特点的一个专门步骤，并将其介入培训过程的其他相关环节。由此，评估的内涵和外延扩大了，其作用不仅体现在培训活动之后，还可以体现在整个培训活动过程的其他相关步骤之中。

2.5　CIPP 评估模型

美国学者斯塔弗尔比姆（Stufflebeam，D. L.）于 1967 年提出了 CIPP 模型。CIPP 评估模型由四项评估活动的首个字母组成：背景评估（Context evaluation）、输入评估（Input evaluation）、过程评估（Process evaluation）、成果评估（Product evaluation），简称 CIPP 评估模型。这四种评价为决策的不同方面提供信息，所以，CIPP 模型也称决策导向型评价模型。

2.5.1 背景评估

背景评估的任务是通过界定相关的环境来确定培训需求和设立培训目标。

2.5.2 输入评估

输入评估的任务是确定如何通过有效使用资源来成功实施培训。输入评估需要收集制度、预算、时间安排、建议书和程序等方面的培训资源信息，以便拟订培训项目计划和培训设计策略。

2.5.3 过程评估

过程评估指的是及时修正或改进培训项目的执行过程。过程评估可以通过以下方式实现：分析培训执行过程中导致失败的原因和潜在的不利因素，提出排除潜在的失败原因和克服不利因素的方案，分析培训执行过程中实际发生的事情和状况，并与培训目标相比较，找出差距。

2.5.4 成果评估

成果评估的任务是对达到培训目标的程序进行测量和解释。成果评估既包括对达到的预定目标的衡量和解释，也包括对非预定目标的衡量和解释。

CIPP 评估模型相对于 CIRO 评估模型而言，可以说是一次重大的补正，CIPP 评估模型一方面补正了 CIRO 评估模型的不足，另一方面又起到了对柯氏四级培训评估模型的完善作用。

第三节 ┃ 柯氏模型新解

最著名、最常用的培训评估模型是柯克帕特里克的四层次评估模型，柯氏四级评估模型在很多时候甚至被作为培训评估的代名词。以下将对照传统柯氏四级评估模型探讨全新柯氏四级评估模型的最新释义。

传统柯氏四级评估模型如图4-1所示。

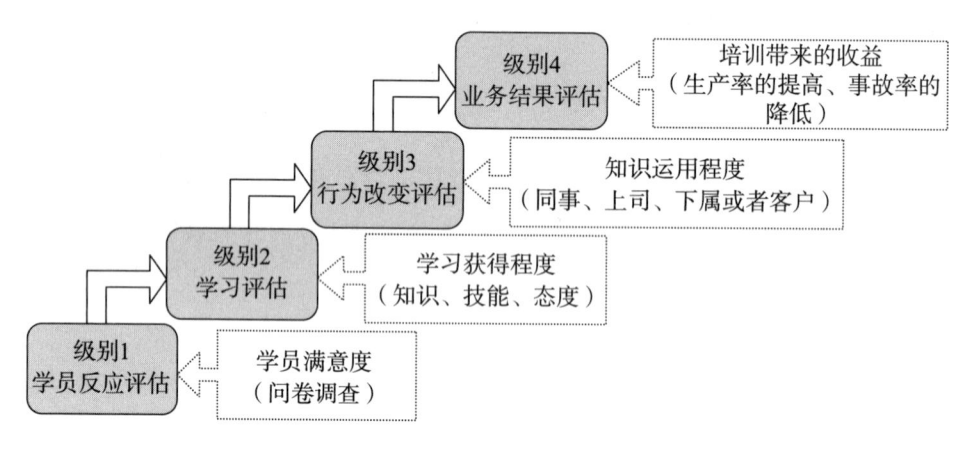

图4-1 传统柯氏四级评估模型

全新柯氏四级评估模型如图4-2所示。

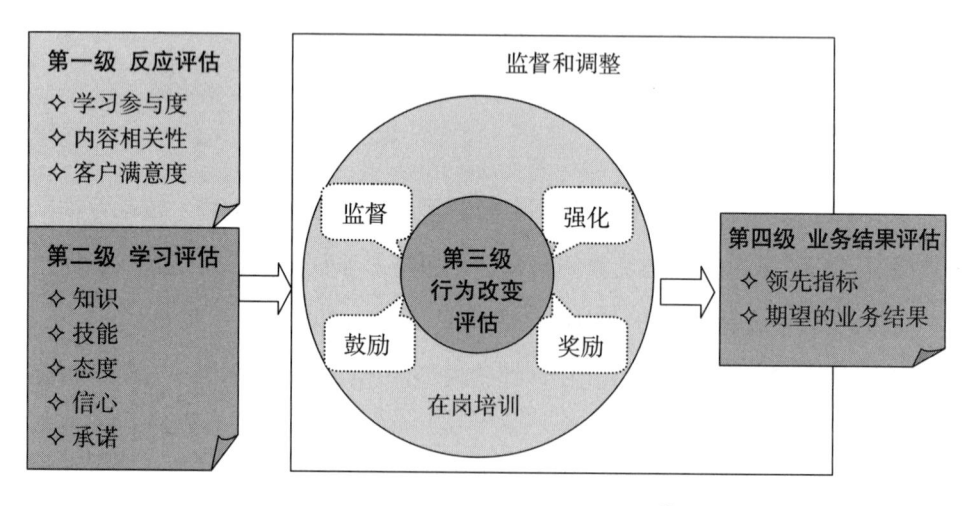

图4-2 全新柯氏四级评估模型[1]

全新柯氏四级评估模型通过一种简单的、可视化的方式来表述如何应用

---

[1] 参见［美］唐纳德.L.柯克帕特里克、［英］詹姆斯.D.柯克帕特里克：《如何做好培训评估：四级评估法》，吴卫华、林祝君译，机械工业出版社2007年版。

各级评估来强化培训效果。新模型将一级评估和二级评估结合在一起，这是因为学员对培训的反应和对学习的获取是同步发生的。一名优秀的培训师会非常敏锐地观察到学员是否积极投入培训中（一级评估），同时又学会了应当要学习的内容（二级评估），帮助学员有效地应用到实际工作（三级评估），并产生期望的业务结果（四级评估）。

全新柯氏四级评估模型引入一个新的机制——监督和调整。这个监督和调整的矩形覆盖了全部三级评估与一部分四级评估的流程，目的是对第三级和第四级评估过程进行适当监督和调整。这个矩形代表了培训给企业带来更大价值的机会区域。

3.1 级别1：学员反应评估

3.1.1 设计以学员为中心的反应评估表

设计优秀的反应评估表能够给我们提供一些很有价值的信息：一方面可以帮助我们改进培训项目，另一方面提供培训对企业盈利提升作用的初始证据。

传统的反应评估表通常会把关注点放在培训师身上，而不是参训的学员身上。面对以培训师为中心的反应评估表，参训学员往往不愿意花时间去填写，因为这些问题对参训学员来说没有多少价值。所以我们要尽量设计以学员为中心的反应评估表，评估表的设计出发点要尽可能展现对学员的价值，让学员有兴趣去填写它们。

3.1.2 除了满意度，还有内容相关性和学习参与度

传统的一级评估主要评估学员满意度，随着企业对培训的要求越来越高，人们意识到"学员满意度"这个指标已经不能完全覆盖培训利益相关方和学员对培训活动的反应评估，全新柯氏一级评估除要考虑客户满意度外，还要着重评价培训的"内容相关性"以及员工的"学习参与度"，确保培训

是围绕着学员，而不是培训师。

- 学习参与度：现在的教育和培训理念更加注重倡导"以学员为中心"，特别关注学习者的"学习体验"，越来越关注在培训过程中员工是否能"参与其中"并"乐在其中"。只有深度参与，员工才有可能有意愿学，也才有可能学得会，并为进入第二级评估——学习评估打下良好的基础。
- 内容相关性：培训组织方越来越关注员工培训的内容是否与他们的工作紧密相关，一个培训课程需要提供给学员什么内容不是凭经验或者想当然，而是要采用"以终为始"的方法由业务需求一步步反向推导出来，同时还必须确保学习内容能够正向推导回去支撑业务需求的实现，即学习内容支撑学习目标的实现，学习目标支撑关键行为的改变，行为改变支持业务结果的实现。如果在课程设计开发过程中以这样的思路去做培训需求分析、内容的架构设计、课程的开发以及培训的实施，那么就可以最大限度地保证"内容相关性"。

3.2 级别2：学习评估

二级评估很重要，因为只有二级学习评估做到位了，三级行为改变评估才具备一个必要条件，否则三级行为改变将无从谈起。

传统柯氏二级评估主要关注三个维度的评价，即知识（knowledge）、技能（Skill）、态度（attitude），简称为KSA。用公式表示如下：

$$传统柯氏二级评估 = 知识 + 技能 + 态度$$

作为培训管理者，你一定碰到过这样的情况：学员在培训中学得很好，但训后与训前相比没什么两样，没有相应的行为改变。导致这个问题的原因可能很多，但信心和承诺不足是其中很重要的两大原因。所以，全新柯氏二级评估增加了"信心"和"承诺"两个维度。

3.2.1 信心

信心的建立至少需要学员本人、上级主管以及培训管理者三方共同努力。学员将所学的新方法应用到工作中意味着一项变革，变革能否成功，学习者信心的建立以及意愿的强化就变得至关重要。

学员在培训课堂上所掌握的知识未能应用到实际工作中，常见的原因可能是：

- 对期望的工作绩效不清晰；
- 上级主管对于新知识的应用不提供支持；
- 高层管理者不能起到模范带头作用；
- 工作优先顺序的冲突与混乱；
- 缺乏相应的支持和资源。

为了增强学员将学习应用到工作中的信心，可以从以下两个方面着手：

- 引导学员展开讨论：将学习到的新知识、新技能应用到工作中，可能会遇到的障碍和问题是什么？共同讨论应对策略。
- 如果问题源自与岗位有关的文化或环境，那就需要深入学员的工作场所中，了解如何改善工作环境对应用新知识和新技能的制约。

3.2.2 承诺

承诺代表"我愿意尽力将培训中所学的知识和技能应用到工作中去"。

尽管学员有信心将所学知识应用到工作中，但有可能因为意愿不强而未付诸行动。造成这种现象的原因可能是：

- 发生新的行为、养成新的习惯需要更多的努力，相较以往的老习惯来说不那么顺手；
- 上级主管不能给予充分的支持；
- 即使不使用新的知识和技能，也不会有什么不良的后果和责任；
- 没有外力促使学员积极应用新学的知识和技能。

通过学习承诺，再加上外力驱使，要求学员将新的知识或技能应用到工作中，当熟练应用新知识和技能，并养成新的行为习惯，就为第二级学习评估上升到第三级行为改变评估铺平了道路。

如果用公式来表示全新柯氏二级评估的定义，即，

全新柯氏二级评估 = 知识 + 技能 + 态度 + 信心 + 承诺

3.3 级别3：行为改变评估

第三级评估比前两个级别的评估更加复杂和艰巨，首先，参训人员需要等待合适的机会应用学到的内容；其次，在终于等到机会应用学习内容时，参训人员的行为可能会随时发生改变，也可能永远不会发生改变；最后，参训人员的行为是否发生改变也取决于工作环境、上司、时间等各种因素，所以参训人员从培训项目回归工作岗位时，公司为他们提供帮助、鼓励和必要的回报是极为重要的。

3.3.1 全新三级评估的两个关键点

三级行为改变基本上不会自然而然发生，在不施加有针对性的干预手段的情况下，一般只有15%的学员能够产生关键行为改变。因此，全新三级评估需要建立和应用一套行为改变机制。这套机制里包括两个关键点：筛选"关键行为"，以及打造"驱动力系统"。

（1）关键行为。关键行为是指为了达到期望的业务结果，学员必须持续稳定地进行操作的、少数关键的行为。举个例子，某个培训项目期望的业务结果（四级评估）是将售后服务满意率提高10%，在培训项目的设计过程中，我们可以询问售后服务人员的上级主管，哪些关键行为会显著地提升客户的售后服务满意率，经过访谈与研讨，可以列出如下的关键行为：

- 售后服务电话高效畅通，能解决一些常规问题；
- 售后服务工程师在一个工作日内上门服务；

- 售后服务工程师能够专业、快捷地解决客户的问题。

（2）驱动力系统。驱动力系统是指监控、强化、鼓励和奖励学员在工作中进行关键行为改变的流程和系统。驱动力系统支持学员的关键行为改变，同时也赋予其行为改变的责任感。驱动力的类型有两种：提升责任感和提供支持。

提升责任感的驱动力包括：监控课后行动的计划、追踪个人关键绩效指标、课后分享、绩效考核与回顾、行动学习等。

提供支持的驱动力包括：工作辅助工具或信息咨询台、教练辅导、顾问指导、高管树立榜样、激励与认可等。

如果将提升责任感的驱动力和对应的提供支持的驱动力适当组合使用，建立起一个高效的绩效支持体系，将极大地增加学员在工作中进行关键行为转变的可能性。

3.3.2 全新三级评估的实施环节

（1）梳理"关键行为"。三级评估的第一步是梳理并确定需要学员改变的"关键行为"清单，可以通过访谈参训学员的上级主管来完成，或者从岗位胜任素质模型中提炼得出。

（2）选择"关键行为"。梳理阶段形成的关键行为清单通常比较长，根据培训项目需要达到的业务结果反向推导确定哪些行为是最关键的、是必须通过本培训项目得到改变的。

（3）设计"驱动力系统"。驱动力方法和措施包括向上的"动力"（鼓励和奖励）以及向下的"压力"（监督和强化）。例如，教练辅导属于鼓励措施，奖金属于奖励措施，访谈属于监督措施，转授他人属于强化措施。在确定了驱动方法之后，培训管理者需要开发出相应的评估工具。例如，如果选择了工作考核，就需要开发相应的绩效考核表，用于学员自检或者学员主管考核评分使用。

（4）开展评估工作。使用设计好的驱动方法和评估工具，学员主管及学员本人就可以开展三级评估工作了。培训管理者在这个阶段起到"穿针引线"的作用，只需要在相应的时间节点把相应的三级评估工具给到学员主管或学员手中，告诉他们需要在哪个环节做什么以及怎么做即可。

（5）监控评估过程。培训管理者在实施阶段给予学员及其主管需要的支持，同时监控三级评估是否在预期的计划轨道上。监控的方法和形式不拘一格，如访谈学员新技能应用过程中主管是否给予了应用机会，是否使用了相应的工作考核表进行评分和反馈，等等。

（6）优化评估过程。优化评估过程分为过程性优化和总结型优化。过程性优化是指在实施和监控过程中，如果发现偏差，及时寻找原因并且采取补救措施；如果发现好的成功经验，及时总结并补充完善到原有的评估计划中。总结型优化是指在三级评估结束后，对整个三级评估过程进行复盘，完善整个过程的操作流程，以及模板、表单等评估工具，以便今后复用到类似的培训项目评估中。

3.4 级别4：业务结果评估

第四级业务结果评估需要对培训项目的最终结果进行评估，业务结果通常设定在提高质量、提高效率、确保安全等方面。也可能设定在提高士气、团队合作等方面，而这些方面的提高有助于实现质量改进、产量提升、安全改善和利润增加等目标。

3.4.1 两类业务结果评估指标

从全新柯氏四级评估模型来看，第四级的业务结果评估包含两类指标：期望的业务结果和领先指标。

（1）期望的业务结果。期望的业务结果指标主要归类到三大类别：业务、人力资源、文化。其中，业务类别的结果指标主要有：销售额的提升、利润率的提高、成本的降低、客户满意度的提高、安全指标的达成等。

第四级评估的关键重点在于确定好培训利益相关方的期望值回报率（Return On Expectation，ROE）。期望值回报率是指培训所带来的价值在多大程度上满足了培训利益相关方对培训所持有的期望。

（2）领先指标。领先指标是一个短期的衡量指标，是支撑期望的业务结果指标而存在的过程性指标。常见的过程性指标有：运营、生产率、管理、财务、顾客、员工等。

很多时候，培训项目很难与销售额提升、成本下降等业务结果指标直接关联，但是，培训项目一定能够与领先指标直接关联。比如，对于一个销售培训项目，你很难去评估培训最终为销售额的提升或者利润率的提高带来多大贡献，但你一定可以找到直接关联的过程性指标，如客户电话量增加、单个合同标的额提高、客户拜访量提高等。

3.4.2　关于全新四级评估的观点

（1）并不是所有项目都要做到第四级评估。一方面，在企业实际操作中没有这么多资源（人、财、物、时间）把每一个项目都做到四级评估；另一方面，并不是所有的培训项目都值得做到第四级评估。一年当中挑选 1~2 个关键的项目做到四级评估，创建其价值证据链，最终向利益各方呈现培训价值就可以。

（2）确保四级评估数据收集的可行性。在做数据采集计划时一定要考虑到数据收集的可行性。比如，如果你希望从公司销售部门收集近几个月的销售数据，一定要确保销售部门愿意给你这些数据，同时也要确保你要的这些数据不能太占用业务部门的时间，否则，很难收集到所需要的第四级评估数据。

（3）以"讲故事"的方式呈现培训价值。对于管理层来说，培训是否有效果，培训价值如何，最有说服力的信息来自相关各方的证言证词以及成功案例。这些信息不见得用数字结果表述，而是以"故事"的形式传递。这也是为什么柯氏倡导最有效的培训价值证据的展现方式是采用"价值证据链"，通过"讲故事"的方式表达培训价值。

（4）避免成为业务替代伙伴。有些时候，培训管理者采用一系列复杂的统计学方法，非常认真、严谨地计算投资回报率。比如，计算出一个培训项目的培训投资回报率 ROI=120%，对此的解读必然是：公司花了 1 元钱培训费,为公司挣回来了 1.2 元。业务部门会觉得培训部在和他们抢功劳,这样就把培训部门置于业务部门的对立面,不仅不能成为业务部门的业务合作伙伴,反倒成为业务部门的替代者。

第四节 ｜ KBPM

自从唐纳德·L.柯克帕特里克在 20 世纪 50 年代提出柯氏四级评估模型以来,柯氏四级评估模型已经成为培训评估领域的行业标准。经过半个多世纪的理论研究和反复的实践验证,柯氏四级评估模型得到了突破性的延伸与改进,发展成为柯氏业务合作伙伴关系模型,即 KBPM(Kirkpatrick Business Partner Model)。

KBPM 在内涵上传承了传统柯氏四级评估模型的精髓,在外延上拓展了评估操作流程和步骤,可操作性更强,效果达到最大化。KBPM 是一种系统的方法,提供了一个柯氏四级评估的流程,用来创造培训价值,并向培训利益相关方呈现培训的价值。

柯氏业务合作伙伴关系模型如图 4-3 所示。

作为培训部门和培训相关人员,要重新定义作为培训专业人士的角色,把影响力从培训项目的开发和实施延伸至业务本身,竭力成为业务部门的战略业务合作伙伴,使自己拥有前所未有的机会,对企业产生重大的影响。

培训评估不是一个独立的工作行为,而是一个系统流程,除需要依靠培训人员的专业知识和满腔热情外,更需要跨部门的合作。培训评估不是培训之中和培训之后才需要做的事情,而是需要嵌入整个培训流程之中循环往复的工作。

KBPM 的七个步骤正好可以用 P、A、R、T、N、E、R 七个字母来代表,充分体现了 KBPM 的思想精髓,如表 4-3 所示。

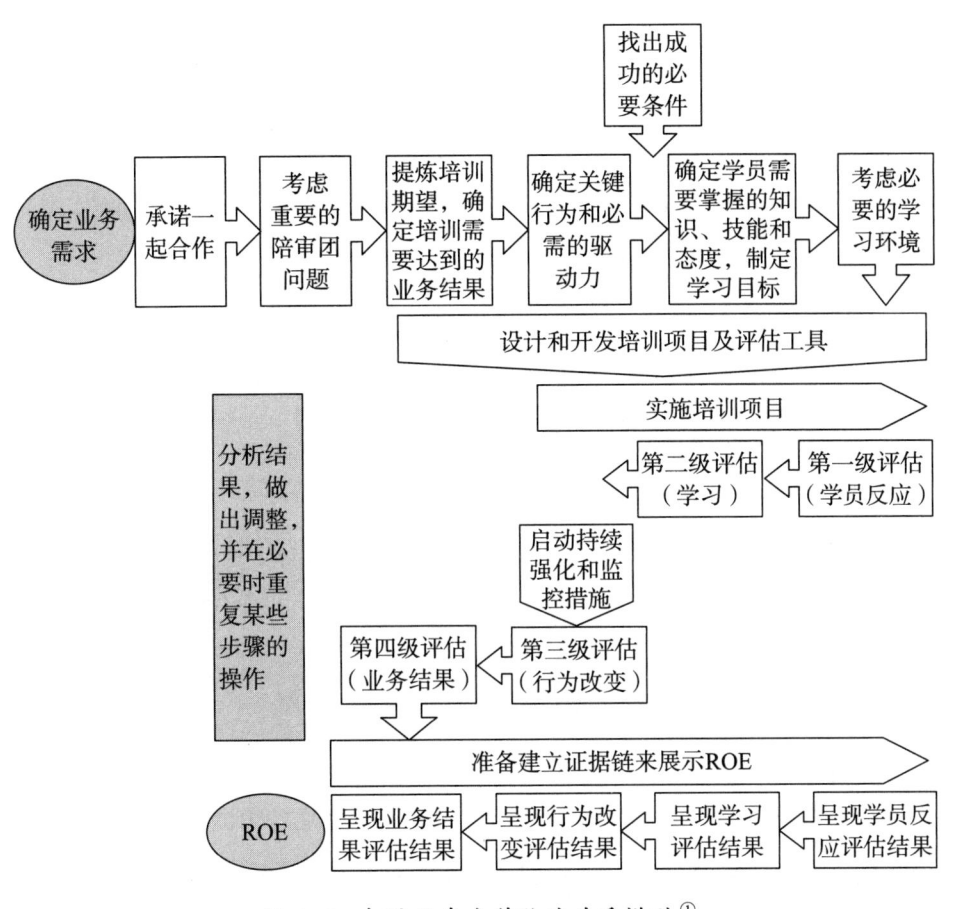

图 4-3　柯氏业务合作伙伴关系模型[①]

表 4-3　KBPM 的七个步骤

P	A	R	T	N	E	R
承诺一起合作	考虑重要的陪审团问题	提炼培训期望，确定培训要达到的业务结果	确定关键行为和必需的驱动力	成功的必要条件	实施培训项目	期望值回报率

---

① 参见［美］詹姆斯·唐纳德·柯克帕特里克、温迪·凯赛·柯克帕特里克：《培训审判》，崔连斌、胡丽译，江苏人民出版社 2012 年版。

4.1 承诺一起合作

柯氏业务合作伙伴关系模型（KBPM）从业务部门向培训部门提出培训需求开始。业务部门为什么会有培训需要呢？其实根本的原因是，业务部门负责人希望通过培训活动解决部门存在的业务问题或者实现业务目标。

培训人员首先要做的是，与业务部门负责人建立起联系，听取和理解业务部门的整体需求与方向，并从主管业务的管理者那里获得信任，了解业务部门真正需要哪些帮助。

你一定要明白，培训部门和培训人员的作用是协助关键业务活动的开展，明确自己的角色定位，与业务负责人进行交流，让他们接纳你成为业务团队中的一员，承诺一起合作。

4.2 考虑重要的陪审团问题

什么是陪审团？其实就是培训利益相关方，可能是培训需求提出者、业务负责人、公司管理层、培训管理者或者参训学员，你需要为他们呈现培训的价值。

在培训设计和实施之前，你必须与陪审团成员进行充分沟通并确认，他们期望的培训成果是什么，或者说，培训期望值回报率是什么，这个培训成果既是可操作、可实现的，又能满足陪审团成员的业务需求。

4.3 提炼培训期望，确定培训要达到的业务结果

在明确了陪审团的培训期望之后，下一步就是将其转化为目标性的、可观察的和可衡量的第四级业务结果。期望和目标性业务结果之间有什么区别？期望是指最先闪现在脑海中的、一时冲动的、笼统的目标；目标性业务结果则是指成功的衡量指标，是可观察和可衡量的。一般来说，需要经过多

次讨论才能确定一个培训项目所需要达成的可衡量的指标。

在这一步骤始终要记得"以终为始",所有的工作都必须聚焦于陪审团期望达到的业务结果。这些业务结果的实现往往需要具体的培训、辅导、支持、责任机制、激励措施,以及其他在培训项目中可能提供的系统或流程。

4.4 确定关键行为和必需的驱动力

确定了目标性业务结果后,需要同陪审团成员一起确定两个重要因素:关键行为以及必需的驱动力。

关键行为需要持续稳定地进行操作;否则,培训活动就不会带来期望的业务结果。

必需的驱动力是在培训活动结束后采用的流程和系统,以鼓励关键的行为改变,监控行为改变的实际状况,奖励在工作中成功完成行为改变的人员。驱动力可以包括工作观察、按流程规范操作的季度奖励,以及参训学员对其成长进步的自我监督等。

4.5 成功的必要条件

成功的必要条件是指为培训的成功奠定基础,或者在对培训造成负面影响的问题出现之前就帮助解决掉这些问题所需要的先决条件、活动,或者环境。

例如,培训部门将为业务部门举办业务新流程的培训,此项培训成功的必要条件包括为适应新流程的需要,安装相应的软件系统;将工作汇报流程及责任机制清晰化等。成功的必要条件通常是培训前相关的一些准备活动或者计划安排,这些活动和计划安排可能会涉及与各个部门之间的沟通、交流。

4.6 实施培训项目

实施培训项目这一步骤包含以下相关内容：
- 确定参训学员需要掌握的知识、技能、态度或者学习目标
- 考虑必需的学习环境
- 设计和开发培训课程和评估工具
- 讲授培训课程
- 实施学员反应评估
- 实施学习评估
- 启动持续的强化措施和监控机制
- 实施行为改变评估
- 实施业务结果评估
- 分析结果，根据需要重复或调整相应的步骤

在 KBPM 中，评估工具和培训课程是同时设计开发出来的，如此一来就可以确保两者的完全融合，使得所开发的评估工具能够真正衡量出培训课程的价值。

4.7 期望值回报率

期望值回报率是把柯氏四个评估层级中收集到的数据信息组成一条具有逻辑性的证据链，以令人信服的方式呈现给陪审团。这一步骤包括以下内容：
- 呈现第一级评估结果
- 呈现第二级评估结果
- 呈现第三级评估结果
- 呈现第四级评估结果

如果想让业务负责人视你为一名真正的业务合作伙伴，培训人员必须出色地完成这最后一项工作。这一步骤所做的工作，不仅可能极大地影响到你

作为一个培训专业人士的前途，也可能会影响到整个培训部门的命运。

◎标杆案例6　某集团——多维度全流程培训效果评估体系[①]

【案例背景】作为某集团最高规格培训机构的某集团管理学院，从成立之初就肩负起快速提升集团职业经理人的领导力、执行力，铸就企业新领袖群体和企业家团队的使命。

经过四年的探索，从理论研究到实践应用，在充分利用现有资源、保证效用最大化的前提下，提出了"以终为始"的评估理念，逐步建立起与学院发展目标相契合、行之有效的多维度全流程培训效果评估体系。

【案例解读】某集团管理学院结合企业中高层管理人员学习特点和实际情况，以CIPP模型为基础，添加层次模型加以改进，提出基于多维度全流程的培训效果评估体系的构建思路，开发出一套高效实用的培训效果评估路径图，如图4-4所示。

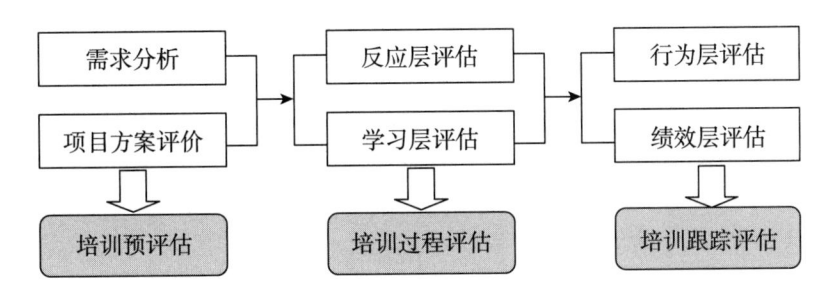

图4-4　培训效果评估路径

一、培训预评估

某集团管理学院的培训效果评估路径起点定位在培训前，称为"预评估阶段"。某集团管理学院提出一套具有自身特色的预评估方法：需求分析+项目方案评价两步法。

[①] 参见高杰、范新：《基于多维度全流程的培训效果评估体系研究——以某集团管理学院为案例》，载《中国人力资源开发》2014年第24期。

二、培训过程评估

培训过程评估阶段是抓住培训过程中的关键时间节点，及时了解培训的进展情况以及学员对于整个培训项目的感受和评价，根据学员的意见和建议，对后续培训项目进行修正，以不断完善培训工作。在这一阶段，某集团管理学院重点关注对学员的反应层和学习层的评估。

三、培训跟踪评估

培训跟踪评估阶段的主要任务是对培训结果进行实效检验，衡量培训所产生的影响和预期目标的契合度。借鉴柯氏模型，学院从行为层和绩效层两个层次进行跟踪评估。

如表4-4所示，就是某集团管理学院在解决培训评估的问题上所进行的有益探索，最终形成的某集团培训效果评估体系从培训的各个阶段、多个角度出发，形成了多维度、全流程的评估方案。

表4-4 多维度全流程培训效果评估体系

培训预评估		培训过程评估		培训跟踪评估	
需求分析	组织层	反应层评估	项目内容评估	行为层评估	学习目标设定
	任务层		授课教师评估		学习目标评估
	人员层		服务组织评估		行动计划制订
					行动计划实施评估
项目评价	明星项目	学习层评估	随笔评价	绩效层评估	学员自评回访问卷
	问号项目		论文评价		
	金牛项目		案例评价		上级评价回访问卷
	板凳项目				

【案例小结】某集团管理学院的多维度全流程培训效果评估体系不仅为学院更加深入地了解培训对象、掌握学习需求提供了载体，而且为优化培训方案、改善学习体验、提高成果转化率提供了依据。从长远来看，在总结经验的基础上，如何通过不断完善优化，更好地发挥该体系的价值是未来对学院培训效果评估工作提出的更高要求。

第五章
新员工入职培训
——以企业文化为核心

【本章导读】

◆ 从"局外人"到"企业人"

◆ 以企业文化为核心

◆ 入职培训管理实操

第一节 ｜ 从"局外人"到"企业人"

一些企业没有对新进员工进行有效的培训，就匆忙将其分配到岗位上去正式工作了。就算做了入职培训的企业，很多也不太重视，往往把它当作一个形式，草草而过，不细致、欠规范。

作为人力资源相关人员以及公司管理人员，必须意识到，新员工入职培训是一个良好的契机，使员工对企业产生自豪感和归属感，为员工与企业长远合作奠定基础。企业通过入职培训塑造员工的职业精神，打造一支优秀的队伍。

一名员工入职一家公司，绝不仅仅意味着一纸合同，合同的背后是员工青春年华的投入，是公司兴衰成败的肇因，是权利与责任的对等。你的企业是否像"迎娶新人"一样迎接新员工的到来？

1.1 新员工的心理特征

新员工是注入企业的新鲜血液，是新生力量和后备军。如何做好新员工培训工作，了解新员工的心理特征自然是培训工作的基础，从新员工需求入手设计的培训内容和形式才会真正起到应有的作用。新员工初入企业具有以下三个方面的心理特征：

1.1.1 新鲜，充满好奇

对于新员工来说，到了一个新环境，又刚刚接触新工作、新任务，同时还要接触新同事，总之一切都是新鲜的。新员工往往都有做好这项新工作的冲动，或者说有一种自我挑战的欲望。

面对新环境，新员工同时表现出来的是充满好奇。针对新员工的好奇心，需要让新员工了解企业的背景、发展历程、相关制度，在了解企业的同时，能够认同企业文化，产生归属感和荣誉感。

1.1.2 陌生，渴望融入

新员工刚进入企业，工作环境是第一次接触，工作任务是第一次接触，同事也是第一次接触，这些"第一次"，使新员工产生强烈的陌生感。进入这个完全陌生的环境，新员工会感到焦虑和不安，不知道工作该怎么做，不知道新的同事是否友善，不知道新的领导是否好相处。

面对陌生的一切，他们从心底里渴望能快速地融入组织，被同事接纳，被领导认可。为了让新员工尽快融入企业，需要让新员工了解团队运作模式、个人岗位职责、工作目标和要求等。

1.1.3 期待，关注发展

来到一个全新的工作环境和发展平台，新员工往往对未来充满憧憬，对工作充满期待，再次激发起强烈的工作热情。特别是知识型员工追求自我价值的实现，他们关心组织提供的发展平台，关注在组织中能否发挥自己的能力。针对新员工的自我实现需求，需要让他们了解企业需要什么样的人才，针对员工企业有什么样的培养和晋升计划。

1.2 从"局外人"到"企业人"

对于新员工来说，入职之际还只是个"局外人"，企业对于新员工是完全陌生的环境，新员工对企业的基本情况、组织结构、管理制度、企业文化等内容都不了解也不关心。新员工入职之后即成为企业组织的一员，企业对他们的定位是具有职业精神的"企业人"，他们在实现自身价值的同时，将为企业创造价值，将与企业的发展紧密相连，使企业的使命得到贯彻，使企业的品牌得到维持。新员工是否能顺利而快速地实现从"局外人"到"企业人"的角色转换，在很大程度上依赖于新员工入职培训的实施。

新员工刚进入企业，会面临全方位的"文化冲击"。即使是有多年工作经验的员工，也会有或长或短的震荡期。在这个时期，新员工既要熟悉工作环境，又要融入企业文化，更要发展自己的人际网络，面临非常大的压力。相比致力于提高员工工作绩效的在职培训，新员工入职培训更多的应该是一种适应性培训，其关注的重点应该是新员工从"局外人"到"企业人"的角色转换，适应企业环境，认同企业文化。

所以，新员工入职培训关注的重点是"角色转换"而非"提高绩效"。

1.3 入职培训，不可小视

入职培训是一种基础性培训，而非个性化培训。作为企业的一员，其必须具有与产品相关的知识，熟悉企业的规章制度。入职培训更多的是为了使新员工能够达到工作的基本要求，而较少考虑他们之间的具体差异。新员工入职培训的目标不是着眼于打造优秀员工，而是打造符合企业基本要求的合格员工。

新员工入职培训是帮助新员工顺利过渡到新工作环境的重要手段，对于提高新员工的工作满意度和留存率具有重要作用。

- 熟悉组织文化：帮助新员工了解和熟悉公司的历史、价值观、使命、愿景等组织文化，更好地融入组织。
- 了解工作职责：了解自己的工作职责和期望，明白自己在组织中的角色和定位。
- 掌握必要技能：通过一些基础的技能培训，例如软件系统、工作流程等，帮助新员工掌握必要的工作技能。
- 建立人际关系：通过入职培训认识其他新员工或者老员工，建立起工作网络和人际关系。
- 提升工作效率：让新员工尽快适应新的工作环境，提高工作效率，减少初期的错误和混乱。
- 增强员工归属感：让新员工感到被重视和欢迎，增强对公司的归属感和忠诚度。

入职培训作为企业招聘工作之后的"留人"策略，衡量其工作效果往往不会立竿见影。成功的新员工培训是将企业文化渗透到员工的行为和精神层面，在"局外人"转变为"企业人"的过程中，逐渐熟悉、适应企业环境并开始初步规划职业生涯，正确定位在企业中的工作角色，发挥自身才能，满足企业的需要。

◎标杆案例7　京东的企业文化轮训[①]

京东是中国知名的自营式电商企业，2022年全年净营收为10462亿元人民币，旗下设有京东商城、京东金融、拍拍网、京东智能、O2O及海外事业部等。

1998年，京东起步时仅有几名员工；截至2023年第二季度末，京东员工总数超过56万人。

企业员工数量的激增，势必带来企业文化稀释的问题，如何解决这个问题呢？京东提出的解决之道是，制定文化养成战略，让灵魂跟上发展的脚步。

2013年，京东组织了大规模的全员文化轮训，在五个月的时间内，从刘强东的首讲开始，京东完成了全国5000多场文化轮训，使得3.3万名京东新老员工全部接受了价值观的轮训，让员工对京东价值观的坚持和坚守从抽象走向具体——让京东的价值观不再是挂在墙上的一幅图，而是深入员工的心里，具化成了员工的一言一行，从而实现了企业价值观的全面落地。

[①] 参见鲁克德：《京东人力资源管理纲要》，华文出版社2019年版。

京东不仅希望员工清楚地认识到价值观的内容，还要带动员工践行价值观的要求。因此，2014年京东进一步推进企业价值观的落地，将2014年定义为"行为改变年"，通过推行"价值观行为积分计划"促进员工在行为上发生改变——变得符合京东的价值观。

当员工做出符合京东价值观的优秀行为时，有机会获得来自管理者在公开场合颁发的价值观卡，甚至有可能收到来自公司高管层级的价值观卡，并获得相应的积分。当积分累积到一定额度时，可以角逐京东内部的"季度文化之星"和"年度价值观之星"，甚至有机会登上京东年度盛会的舞台。

京东通过这样一系列正向、有趣的方式来向员工推广京东的价值观和理念，并鼓励员工在行为上做出改变，其实就是在用企业文化来管理企业。

第二节 | 以企业文化为核心

2.1　企业文化解析

企业文化是在企业内部形成的、具有独特性的、对企业成员行为产生指导作用的价值观念、行为规范、管理制度等。它是企业的灵魂，体现了企业的价值取向和经营理念，决定了企业的行为方式和发展方向。

一个优秀的企业文化，首先其核心理念应该是正确、清晰、卓越的，符合社会主流价值观，有利于企业的长期发展，能够被员工理解和接受，并具有一定的前瞻性和领导性；其次这种理念能够在企业贯彻落实下去，真正成为企业的行为规范。

企业文化与员工培训有着密切的关系。一方面，良好的企业文化可以为员工培训提供有利的环境和条件，帮助员工更好地理解和接受培训内容。另一方面，员工培训也可以帮助传播和弘扬企业文化，使员工更好地理解和接受企业文化，将企业文化深入到每一个员工的心中，使其成为企业发展的动力。

企业文化对于企业的经营和发展具有非常强大的影响力。

2.1.1 导向功能

导向功能包括经营哲学、价值观念和企业目标的指导。经营哲学决定了企业经营的思维方式和处理问题的法则；价值观念奠定了企业的共同价值取向；企业目标代表着企业发展的方向，没有正确的目标就等于迷失了方向。

2.1.2 约束功能

企业制度是企业文化的内容之一，是企业内部的法规，企业的领导者和员工必须遵守和执行，从而形成约束力。企业文化对每个企业成员的思想和行为都起着约束作用，这种约束是一种软约束，一种由内在心理约束而起作用的对行为的自我管制。

2.1.3 凝聚功能

企业文化以人为本，尊重人的感情，在企业中营造了一种团结友爱、相互信任的和睦气氛，强化了团体意识，使企业员工之间形成强大的凝聚力和向心力，整个企业步调一致，形成统一的整体，并具有一种强烈的认同感和归属感。

2.1.4 激励功能

共同的价值观念使每个员工都感到自己的价值，自我价值的实现是人的最高精神需求的满足，这种满足必将形成强大的激励。另外，企业精神和企业形象对员工有着极大的鼓舞作用，特别是企业文化建设取得成功，在社会上产生影响时，员工会产生强烈的荣誉感和自豪感，他们会加倍努力，用自己的实际行动去维护企业的荣誉和形象。

2.1.5 调适功能

企业各部门之间、员工之间，由于各种原因难免会产生一些矛盾，解决这些矛盾需要各自进行自我调节，企业哲学和企业道德规范使经营者和普通员工能科学地处理这些矛盾，自觉地约束自己。

◎标杆案例 8　海尔文化激活"休克鱼"

从 1991 年起海尔就在实施资产扩张战略，先后兼并了青岛空调器厂、青岛冰柜厂、武汉希岛制冷设备有限公司、红星电器公司等 18 家大中型企业，盘活存量资产达 15 亿元之多，成为中国第一家家电特大型企业。[①]

在兼并过程中，海尔始终把管理和文化放在核心地位。用张瑞敏的话说，就是"活的鱼不让吃，死的鱼不能吃，那么就吃休克的鱼"，即兼并那些硬件尚好，但管理不善，企业文化脆弱的处于休克状态的企业，用海尔的企业文化和管理经验去激活这些"休克鱼"。

"海尔文化激活休克鱼"作为哈佛大学商学院教学案例第一次进入课堂与 MBA 学员见面时，张瑞敏也应邀出席了。按照哈佛大学教授的安排，张瑞敏当场讲解了案例中的有关情况，并回答了研究生们的提问。有人认为，这件事所显示的意义，绝不亚于"中国企业进入世界 500 强"这个目标的实现。

2.2　围绕企业文化打造入职培训

企业的新员工来自不同的社会阶层，拥有不同的家庭背景、教育背景和社会背景，因此他们所秉持的价值观念、工作态度以及做事风格都会有很大差异。

如何让新员工尽快融入企业，接受企业的文化价值观，遵守企业的管理制度，按企业期望的要求开展工作呢？围绕企业文化打造入职培训，可以将企业目标和新员工个人目标尽可能地统一起来，增加他们对企业价值观的认

---

① 参见朱红鸿：《我国企业并购的成功经验——关于我国企业并购行为的案例分析》，载《企业经济》1999 年第 11 期。

同,增强新员工的工作动力。

围绕企业文化打造入职培训有哪些关键要点呢?

2.2.1 从企业文化到培训目标

打造以企业文化为核心的入职培训,首先要按照"以企业文化为基础的培训需求分析模型",从梳理企业文化入手,明确企业目标,进而明确入职培训的目标,这其实是培训需求分析的过程。

2.2.2 围绕企业文化设计培训内容

根据企业文化,设计相关的入职培训内容。例如,如果企业强调创新,那么培训内容可以包括创新思维、创新方法等;如果企业强调团队合作,那么培训内容可以包括团队建设、沟通技巧等。

2.2.3 选择合适的培训方法

选择合适的培训方法是以企业文化为核心的入职培训的关键。不同的培训方法有各自的优点,应根据新员工的特点和需求,以及企业的实际情况,选择最合适的培训方法。

常用的培训方法有课堂讲授法、工作座谈法、工作指导法、角色扮演法、拓展训练法以及行动学习等方法,在本章的下一节里会做详细的介绍。

第三节 | 入职培训管理实操

围绕企业文化打造入职培训,要从梳理企业文化入手,明确企业目标,进而明确入职培训目标。入职培训管理实操包括以下七个步骤:制订入职培训计划,做好入职培训准备,设计入职培训课程,选定入职培训讲师,选择入职培训方法,组织入职培训实施,评估入职培训效果,如图5-1所示。

```
                    ┌──────────┐
                    │  企业文化 │
                    └────┬─────┘
┌──────────┐             ↓
│ 远期目标 │        ┌──────────┐
│ 中期目标 │───→    │  企业目标 │
│ 近期目标 │        └────┬─────┘
└──────────┘             ↓
     ↑              ┌──────────┐
     └──────────    │  培训目标 │←──┐
                    └────┬─────┘   │
                         ↓         │
                ┌────────────────┐ │
                │ 制订入职培训计划│ │
                └────────┬───────┘ │
                         ↓         │
                ┌────────────────┐ │
                │ 做好入职培训准备│ │
                └────────┬───────┘ │
                         ↓         │
                ┌────────────────┐ │
                │ 设计入职培训课程│ │
                └────────┬───────┘ │
                         ↓         │
                ┌────────────────┐ │
                │ 选定入职培训讲师│ │
                └────────┬───────┘ │
                         ↓         │
                ┌────────────────┐ │
                │ 选择入职培训方法│ │
                └────────┬───────┘ │
                         ↓         │
                ┌────────────────┐ │
                │ 组织入职培训实施│ │
                └────────┬───────┘ │
                         ↓         │
                ┌────────────────┐ │
                │ 评估入职培训效果├─┘
                └────────────────┘
```

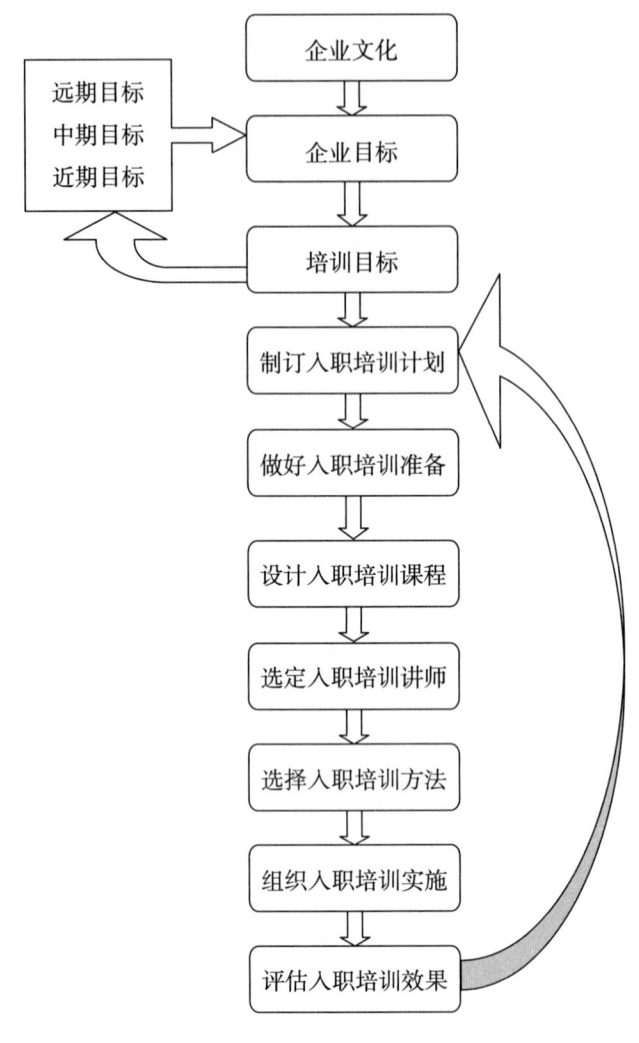

图 5-1　入职培训流程

3.1　制订入职培训计划

依据公司《培训管理制度》，结合新员工入职情况，经与用人部门负责人充分沟通，人力资源部要制定出入职培训日程安排表，其中包括入职培训时间、地点的安排，培训课程的设计，培训讲师的选择，培训预算的确定，培训评估方法的设计等事项。

3.2 设计入职培训课程

3.2.1 入职培训的四大内容

一是融入性培训。

融入性培训包括文化融入、团队融入和工作环境融入等方面，目标是将新员工由"局外人"尽快转换为"企业人"。

文化融入方面的培训，可以通过组织讲座、座谈讨论、观看宣传片等方式，让新员工深入了解、切身感受并逐步接纳公司的企业文化。

团队融入方面的培训，更多的是通过部门内部组织活动、师带徒、户外拓展活动等形式，让新员工与团队内其他人员互相熟悉，感受到团队的温暖，迅速成为团队的一员。

环境融入方面的培训，通常的做法是由人力资源部门相关人员在新员工入职之初，带领新员工参观公司、介绍部门、认识同事；另外，可以安排部门内部人员带领新员工熟悉工作环境、工作要求，使新员工尽快进入工作状态。

二是职业化培训。

公司希望新员工能够从"普通人"尽快转化为"职业人"，以适应公司的人才发展需求。入职培训中一般会包含职业化培训的环节。

职业化培训主要是指作为一名职业人，对待工作的态度，对待工作的责任感，职场中的规则等职业态度、职业意识的培训。

何为职业人？首先，同时也是最重要的一条，是否拥有一个良好的职业心态；其次，要具备职场要求的基本职业素养；最后，当然要有满足岗位要求的基本职业技能。

如何成为一名职业人？关于职业心态，需要审视自己的内心，你在为谁工作，只有抱着"为自己工作"的良好心态，才有可能心平气和地把手头的工作做好。关于职业素养，多数公司对人员职业素养的要求是相通的，如正直、诚信、尊重、包容、合作、创新。而关于职业技能，针对某个具体岗位，需要特定的相关知识和技能。

三是职业发展培训。

初入企业，新员工往往对未来充满憧憬，对工作充满期待，这就需要在入职培训时适时地加入公司人才职业发展培训的内容，以更好地激发新员工的工作热情，使新员工的职业发展规划和公司对人才的要求方向相互契合，尽量减少新员工流失，保证人员稳定。

职业发展培训主要是向新员工展示公司的发展愿景，公司对人才的定义和要求，公司对人才的培养方向，各岗位人员的职业发展通道，对新员工进行职业发展规划方面的培训。

四是岗位技能培训。

岗位技能培训主要针对具体的工作岗位，包括岗位职责说明、岗位使命介绍、岗位上下级关系、岗位基础知识、岗位技能要求等，为新员工上岗做技能方面的准备。

一般来说，招聘人员在面试时就经过了考核，新员工应该能满足基本的岗位技能要求。进一步的岗位技能培训，往往需要人力资源部、用人部门共同配合，经过一个长期、持续、有规划的培训过程，才能得以不断提升。

3.2.2 入职培训的三大模块

从入职培训内容的相关性角度出发，可以把入职培训分为以下三大模块：

（1）与工作环境有关的内容。包括组织宏观环境和工作环境与设施两个部分。

- 组织宏观环境：包括组织的历史，组织的现状，行业地位，发展趋势，发展目标，组织优势及面临的问题，组织机构，部门职能，产品和服务，市场战略，质量方针，企业文化和传统，公司经营理念，等等。
- 工作环境与设施：包括办公设备、生产设备、办公场所等，人力资源部人员可根据本组织的具体情况选择要参观介绍的地点。

（2）与工作制度有关的内容。公司的工作制度涉及的范围比较广，并且与员工的切身利益紧密相关，常用的工作制度如表 5-1 所示。

表 5-1　公司常用工作制度

行政人事制度	财务管理制度	岗位管理制度	其他制度
员工行为规范 考勤管理制度 福利待遇制度 人事管理流程 绩效考核制度 培训管理制度 招聘管理制度	报销管理制度 预算管理制度 财务核算制度 出入库管理制度 资产管理制度 现金管理制度	销售管理制度 市场推广制度 安全生产制度 研发管理制度 售后服务管理制度	信息系统管理制度 保密制度 质量管理制度

（3）与工作岗位有关的内容。与工作岗位有关的内容包括岗位职责培训、技术培训和行为规范培训三个方面。

- 岗位职责培训：根据《员工岗位说明书》的要求，向新员工介绍其所在岗位的主要职责、新员工的主要任务和责任、岗位人员绩效考核的具体规定等内容。
- 技术培训：对于技术性特别强的岗位，企业可安排新员工到新的工作岗位上进行实地训练，由一位资深员工指导，向其说明操作规范，协助新员工完成工作，并指出其应改进的地方。
- 行为规范培训：行为规范方面主要是针对员工行为标准、着装、工作场所行为规范、工作休息制度、组织礼仪等方面进行培训。

3.3　做好入职培训准备

在入职培训正式开始之前，培训组织者要做好如下事项的准备：

3.3.1　准备入职培训相关资料

（1）培训课件。入职培训主讲培训师要提前设计、制作培训课件，如培训 PPT、培训视频、培训文档等，人力资源部或相关管理人员要提前安排试讲，保证课件的质量和效果。

（2）培训教材及资料。如果入职培训过程中需要给新员工发放培训教材，要提前打印并装订，注意确认参训人员的人数，保证材料人手一份。培训资料指公司宣传彩页、产品介绍图册、员工手册、岗位说明书等相关资料。

（3）音视频文件。音频文件主要指入场音乐及课间休息音乐，或者培训师在课程培训过程中需要使用的音频资料；视频文件主要指企业宣传片、产品演示视频、安全操作示范等视频资料。这些音视频文件也要在培训场所做预演，保证在培训当日能正常播放。

（4）培训签到表。按照入职培训人员名单，提前打印好培训签到表。培训签到表范例如表5-2所示。

表 5-2　入职培训签到表范例

入职培训地点		入职培训时间		年　月　日
序号	所在部门	职务/职称	签名	签到时间

（5）培训师满意度评估表。培训师在培训过程中是否主题突出、内容实用、方法得当？在培训结束时发放培训师满意度评估表，收集参训人员的反馈意见，以方便培训师不断改善并持续优化培训课程。

（6）培训组织评估表。入职培训由人力资源部的培训专员组织实施，或者由专门的培训部门负责。培训组织工作是否成功？培训服务工作是否到位？需要发放培训组织评估表，收集参训人员的反馈意见，汇总、分析并持续优化培训组织工作。

（7）培训考试试卷。企业规章制度、公司产品等入职培训项目，适合采用笔试的形式对新员工的培训效果做出评估；企业文化、团队合作等入职培训项目适合采用讨论组、行为观察法、提交总结或论文的方式进行评估；而岗位职责、岗位技能等培训往往只能通过实战法、任务完成法来进行评估。

（8）培训成绩汇总表。培训组织者要提前准备好培训成绩汇总表，在入职培训过程中实时记录每位参训人员的培训成绩，方便最后的汇总、统计、分析。培训成绩汇总表范例如表 5-3 所示。

表 5-3　入职培训成绩汇总表范例

入职培训成绩汇总表								
姓名	职位	入职日期	序号	1	2	3	4	5	参训次数合计
			课程名						
			参训时间						
			考核成绩						
			课程名						
			参训时间						
			考核成绩						
			课程名						
			参训时间						
			考核成绩						

3.3.2　准备培训所用物料

- 根据新员工参训名单，提前制作水牌，放置到每个培训座位上，方便参训人员依据水牌有序入座，也方便培训过程中培训师与学员、学员与学员之间的交流和互动。
- 在每个座位上放置纸和笔，方便参训人员做笔记。
- 如果条件允许，培训组织者可以提前准备一些茶水、咖啡、水果、点心等茶歇物品，营造温馨和谐的培训环境。
- 根据需要，培训组织者要提前统一安排好参训人员的食宿问题，如果有外地新员工前来培训或者培训场所安排在了外地，培训组织者要提前安排好交通工具和行程。

3.3.3 准备培训场所和设施

新员工培训要选择安静、相对封闭的场所，要保证培训过程不被打扰，以保证培训的效果。根据培训方式的不同，培训地点的选择也会有所不同。

- 以理论性和知识性为主的授课式培训一般在安静的室内进行，务必要保证室内干净整洁，温度湿度适宜，光线明亮舒适，使培训在最佳环境下进行。另外，培训组织者要提前准备好投影仪、幻灯机、白板、黑板、麦克风等培训设施，并逐一检查试用，保证设备的使用效果。
- 以体验式和实操性为主的拓展式培训一般在室外或专门的拓展训练场地进行，这时候需要有专业的教练全程安排，使用专业的设施和器材，务必保证拓展训练过程的安全性。

3.3.4 主讲培训师试讲培训课程

对于新开发的入职培训课程，由主讲培训师制作培训课件，准备课程相关资料。在正式培训之前，要安排课程试讲环节，由培训负责人组织，人力资源部经理、相关管理层人员参与试听，根据试听人员的意见和建议，主讲培训师经过修改和完善培训课件，从而保证入职培训质量。

3.3.5 发布入职培训通知

一般来说，入职培训的时间，需要至少提前一周发布入职培训通知，以方便新员工提前做好准备，也方便新员工所在部门提前做好工作安排。

入职培训通知一般包含以下五个要素：
- 入职培训时间
- 入职培训地点
- 入职培训日程安排
- 入职培训纪律要求
- 培训课程相关附件

3.4 选定入职培训讲师

入职培训讲师一般由公司内部人员，即内部培训师来承担。公司总经理、公司高层管理人员、行政部经理、人力资源部经理、培训部经理、新员工所在部门负责人、优秀员工代表、技术部门骨干人员等都可以作为入职培训师的人选。

- 企业文化、企业介绍等融入性课程培训：一般由总经理、公司高层管理人员、人力资源部经理或优秀员工代表负责。
- 公司规章制度培训：一般由人力资源部经理、行政部经理或培训经理负责。
- 职业化及职业发展培训：一般由高层管理人员、人力资源部经理或培训经理负责。
- 岗位职责培训：一般由人力资源部经理、培训经理或部门经理负责。
- 岗位技能培训：一般由部门经理、技术部门骨干人员负责。

3.5 选择入职培训方法

培训方法多种多样，根据不同的入职培训内容，要选择最合适的培训方法，以保证培训的最佳效果。当然，在选择培训方法的时候，还要考虑企业的实际情况，保证培训方法的可操作性。

常用的入职培训方法有如下六种：

- 课堂讲授法：培训师通过课堂讲授的形式对新员工进行培训，如企业介绍、规章制度、岗位职责等方面的培训。
- 工作座谈法：管理层人员、优秀员工代表、技术骨干等人员与新员工以座谈的形式进行培训，如职业素质、职业发展、企业文化的培训。
- 工作指导法：由技术骨干或指定代训人在实际工作中对新员工进行一对一的指导，如岗位技能、操作技能、流程方法等方面的培训。

- 角色扮演法：在专业培训师指导下，新员工在模拟环境下扮演特定的角色，如操作流程、工作方法、工作技巧等培训。
- 拓展训练法：通过开展户外体验式活动，锻炼和培养新员工，如团队融入、合作沟通方面的培训。
- 行动学习法：在促动师的带领下，学习相关知识，领悟企业文化，加快员工从"局外人"到"企业人"的转变。

3.6 组织入职培训实施

制订了入职培训计划，做好了入职培训的各项准备，接下来进入正式的入职培训环节。

入职培训实施是否成功，一方面取决于前期准备工作是否到位，另一方面取决于现场培训效果。培训师全力负责培训课程质量，而培训组织者负责现场组织、质量监控、预案处理、后勤保证等一系列事项。

- 组织参训新员工签到
- 协助培训师操作设备，播放音视频文件
- 发放培训教材和资料
- 做好参训人员食、宿、行等一系列后勤保障安排
- 培训过程摄像、照相的安排，做好培训过程影像资料的收集整理工作
- 组织参训新员工完成各项评估表格的填写
- 组织参训新员工进行入职培训各科目的考试
- 处理可能出现的计划外情况，协调各方资源沟通解决

3.7 评估入职培训效果

在入职培训结束之时以及结束之后的一段时间内，培训组织者需要协同部门负责人和各级管理人员，对新员工入职培训的实施效果进行各项评估，撰写

培训总结和评估报告，发布培训结果，并与相关各方进行培训效果的有效沟通。

3.7.1 入职培训评估指标的确定

入职培训评估指标，对入职培训的课程设计、过程实施都具有指导作用，正所谓"以终为始"，由入职培训最终希望得到的结果和目标来制订入职培训的计划，指导入职培训的课程设计。

只有确定了入职培训的评估指标，才能确定需要收集哪些入职培训评估数据，并据此设计出相应的评估数据收集表格，确定评估数据的分析方法。

入职培训常用的评估指标主要有以下四个方面：

（1）入职培训组织评估。对于培训组织者来说，培训组织安排合理，后勤保障服务到位，培训质量监督有效，培训纪律井然有序。

（2）培训师满意度评估。对于培训师来说，培训内容丰富实用，授课方法新颖活泼，教学态度积极认真。

（3）入职培训掌握程度评估。对于参训新员工来说，培训内容实时掌握，准确理解，并应用到实际工作中。

（4）入职培训后期转化跟踪。对于参训新员工来说，培训结束以后，培训学习的内容能最大限度地转化为行为改变。

3.7.2 入职培训评估数据的收集

针对以上入职培训评估指标，需要在培训之前设计好评估数据收集方式，并在培训过程中收集相应的评估数据。

（1）培训组织评估数据的收集。培训部门的入职培训组织工作是否有效、服务是否到位？在入职培训结束之时，要发放培训组织评估表，要求参加培训的新员工对培训部门的培训组织工作进行评估。一方面，培训组织评估分数可以作为考核培训部门的数据；另一方面，通过收集新员工的意见和建议，可以不断改进和优化培训部门的入职培训组织工作。表5-4是一个通用的培训组织评估表范例，既可以用于入职培训，也可以用于其他培训。

表5-4 培训组织评估表范例

培训名称				培训组织者		
培训讲师				培训日期		
参训人员评估意见							
序号	评估分项	权重	得分	评分标准	评分说明
1	培训及时性	20		严格按培训通知准时开始,拖延十分钟内扣5分,拖延十分钟以上扣10分	
2	培训会场秩序	20		培训过程有条不紊,如培训会场混乱无序扣10分	
3	培训服务满意度	40		1)提前3天下发培训通知,保证通知到位,未及时下发扣5分 2)提前准备培训签到表、评估表,未提前准备扣5分 3)提前准备培训会场,未提前准备扣5分 4)提前准备培训用具,未提前准备扣5分	
4	培训内容价值性	20		1)培训内容对后续工作有所帮助,没有任何帮助扣10分 2)培训内容对个人能力提升有所帮助,没有任何提升扣10分	
5	加分项	20		根据以下三点,由参训人员酌情加分: 1)培训形式新颖活泼,寓教于乐 2)培训组织非常完美 3)培训内容价值非凡	
总分:		120			
		参训人员签字:			
备注:1. 此表是对人力资源部等部门和人员培训组织的评估,将影响部门及个人的绩效考核; 2. 评估得分为各项得分总和; 3. 如对本次打分有异议,可向相关部门的上一级领导申诉。					

(2)培训师满意度评估数据的收集。一般来说,入职培训由若干门培训课程组成。每门培训课程结束后,都应对主讲培训师做课程满意度评估。一方面,激励培训师认真对待入职培训,保证培训质量;另一方面,通过满意

度评估表可以收集新员工的意见和建议，了解新员工的心声，并得以不断改进和优化入职培训效果。表 5-5 是一个通用的培训师满意度评估表范例，既可以用于入职培训，也可以用于其他培训。

表 5-5 培训师满意度评估表范例

培训师满意度评估表

课程名称：_____　　培训时间：_____

组织部门：_____　　培训师姓名：_____

说明：

- 请在你认可的选项上打"√"
- 请你给予真实的反映批评，以帮助我们对将来的培训计划进行改进

序号	评估项目	差　中　好 2　4　6　8　10
1	培训内容是否丰富，吸引人？	□□□□□
2	培训内容对自身全面发展是否有启发？	□□□□□
3	培训内容是否紧密结合实际？	□□□□□
4	培训内容是否能应用到工作岗位上？	□□□□□
5	语言表述是否简练、清晰、重点突出？	□□□□□
6	是否鼓励学员参与课堂教学？	□□□□□
7	是否很好地回答学员的提问？	□□□□□
8	授课时间的掌控度如何？	□□□□□
9	培训目标是否已达到？	□□□□□
10	整体上，您对这次课程的满意程度是？	□□□□□

（注：满分 100 分，汇总后填入"讲师总得分"）

讲师总得分：_____

其他建议事项：_____

_____

谢谢合作！　　　　　　　　评估者姓名：_____

（3）入职培训掌握程度的数据收集。如何考察参训新员工对入职培训各个模块掌握程度呢？不同的培训模块可以采用不同的考核方式。

- 以知识传授为主、理论性较强的授课培训内容，可以采用笔试的方式考察参训人员的掌握情况。
- 以体验式、感受型为主的拓展培训、可操作性培训内容，可以采用观察法，由培训师或培训组织者实时记录参训人员的表现。
- 以座谈、讨论形式进行的培训内容，可以采用提交心得报告、论文、总结的形式考核参训人员的掌握情况。

（4）入职培训后期转化跟踪的收集。在入职培训完成后的一段时间内，人力资源部经理、新员工所在部门负责人可以对新员工在此期间的培训效果和工作表现做出考核与评估，以判断培训的效果。表5-6是一份入职培训效果跟踪表范例。

表5-6　入职培训效果跟踪表范例

姓名		所属部门		职位	
岗位类别		入职时间		培训时间	
跟踪项目	主要培训内容	评价方式	评价标准		评价人
公司概况介绍	公司介绍 企业文化 组织机构 部门职责 规章制度	笔试说明	□优，熟练掌握90%以上 □良，较好掌握80%以上 □较好，掌握70%以上 □一般，掌握60%以上 □差，尚未达到基本要求		
专业技能培训		实际操作演练	□优，技术熟练达90%以上 □良，技术熟练达80%以上 □较好，技术熟练达70%以上 □一般，技术熟练达60%以上 □差，尚未达到基本要求		
工作方法培训		操作演练	□优，按标准优质完成 □良，按标准基本完成 □较好，操作中存在小失误 □一般，操作中存在三处失误 □差，操作中存在很多失误		
总体评价					
部门经理签字					

3.7.3 入职培训评估报告的撰写

经过以上的统计分析,获得了入职培训的评估结果之后,培训组织者有义务将该结果汇报给相关人员,包括参训新员工本人、培训负责人、人力资源部经理、受训新员工所在部门负责人、公司相关管理层人员以及公司总经理。

- 对于参训新员工本人,主要反馈培训成绩评定、成绩分析结果、个人成长建议以及入职培训成绩对试用期转正的影响。
- 对于培训负责人和人力资源部经理,主要报告入职培训组织评估、课程评估、新员工整体分析,重点在于提出入职培训不断优化的方案。
- 对于受训新员工所在部门负责人,主要报告新员工的个人情况评估、个人成长规划、管理方式建议。
- 对于公司相关管理层人员及公司总经理,主要报告新员工的整体统计情况以及入职培训的价值和意义。

花费了时间、金钱和精力运作入职培训项目,培训部门有义务向培训相关方汇报他们获得了什么样的回报。公司管理层需要看到入职培训价值所在的关键分析,以证明入职培训工作的必要性,让管理层一如既往地支持入职培训工作;另外,公司管理层也需要看到入职培训存在的不足,以及入职培训不断发展和优化的具体建议与方案。表5-7为一份入职培训评估报告范例。

表5-7 入职培训评估报告范例

入职培训需求说明		新员工类型	
		受训总人数	
项 目	内 容		
入职培训目标分析			
培训实施过程说明			
入职培训一般性反馈信息			
培训评估数据			
培训评估分析			
培训评估结果			
评估结果与预期目标的比较			
存在的问题分析			
培训建议			

3.7.4　入职培训的持续改善与优化

入职培训评估流程的最后一步，也是很重要的一步是持续改善与优化。无论评估结果看起来多么完美，也无论培训转化多么有效，入职培训项目总有提升的空间。

- 改善入职培训计划的制订；
- 改善入职培训组织的实施；
- 改善入职培训课程的内容；
- 改善入职培训评估的设计。

第六章

管理人员培训
―― 以胜任素质模型为基础

【本章导读】

- 管理培训构建学习型组织
- 基于胜任素质模型的管理培训
- 管理人员领导力模型构建
- 搭建领导力管理培训体系

第一节 管理培训构建学习型组织

1.1 管理培训，造就核心力量

人是企业最重要的资产，而管理人员更是这类资产中最为贵重的。管理人员是企业的领航者，在应对变革的过程中起着举足轻重的作用。管理人员的综合素质，决定着一个企业的成败，在很大程度上决定着企业未来发展的方向。对企业管理人员的培训可以说是一本万利的投资，通过培训使管理人员成为全才、通才，是企业在激烈竞争中获胜的关键。

令 GE（通用电气公司）人最引以为豪的就是对企业领导人的培养，领导人与对领导人的培养是 GE 成功的重要原因之一。GE 单靠经营管理方法的改进和提高就使生产能力提高了 50%，经营和管理人员的技能会直接影响到企业的生产能力，使企业获得较高的工作效率和竞争能力，进而为企业的生存和发展提供物质基础。

1.2 管理培训，构建学习型组织

1.2.1 学习型组织理论

任何一个有机体要想生存下来，其学习（L）的速度必须等于或大于其环境变化（C）的速度，借用生态学的一个公式，即 L>C。因此学习型组织就是

能积极主动地持续进行组织学习，且组织学习的速度高于环境变化的速度。

在新的经济背景下，企业要持续发展，必须增强企业的整体能力，提高整体素质。未来真正出色的企业将是能够使各阶层人员全心投入、不断学习的组织——学习型组织。学习型组织的核心在于拥有强大的组织学习能力，通过组织快速学习成长，完善组织的运作方式，从而取得组织的成功。

管理之道

彼得·圣吉的学习型组织理论

麻省理工学院的彼得·圣吉提出了学习型组织理论，其于1990年出版了《第五项修炼》(*The Fifth Discipline*)。《第五项修炼》是理论与实践相配套的管理技术方法，是继"全面质量管理""生产流程重组""团队战略"之后出现的又一管理新模式。

彼得·圣吉认为，学习型组织是这样一种组织，组织成员有着共同认可的愿景，能够不断学习，培养系统思考能力，不断突破员工个体和组织的能力上限，全力追求实现共同的愿景，从而创造出真心向往的结果。

学习型组织的战略目标就是提高组织学习的速度和能力，改进组织的思维模式，完善组织的行为，最终实现共同愿景。他从系统动力学角度提出建立学习型组织必须进行五项修炼，即自我超越、改善心智模式、建立共同愿景、团队学习、系统思考。

彼得·圣吉认为虽然构建学习型组织的这五项修炼都是从抽象的角度来谈的，但却不能脱离组织结构、管理模式和组织文化而孤立存在，需要作为一个整体来考虑。只有通过整合这五项修炼，使融合的整体得到大于部分总和的效力，才能促进学习型组织的发展。

1.2.2　学习型组织与人力资源培训开发

人力资源培训开发是推动组织成为学习型组织的重要手段，同时，学习型组织也为人力资源培训开发提供了广阔的空间和无限的可能。

人力资源培训开发在学习型组织中起着至关重要的作用：

首先，人力资源部门通过设计和实施各种培训和开发项目，为员工提供了学习新知识和技能的机会，从而推动组织的学习和发展。

其次，人力资源部门通过推广学习的价值，鼓励员工持续学习，从而建立和维护学习型组织的文化。

再次，人力资源部门可以通过建立知识管理系统，鼓励员工分享他们的知识和经验，从而促进组织内的知识流动。

最后，当组织需要进行变革时，人力资源部门可以通过培训和开发活动，帮助员工适应新的工作方式和环境，从而支持组织变革。

1.2.3　管理培训构建学习型组织

彼得·圣吉在其著作《第五项修炼》中提出，学习型组织的建立必须基于五种技能的培养：系统思考、团队学习、建立共同愿景、自我超越、改善心智模式，此即五项修炼。只有经常进行这五项修炼，组织才能真正成长为学习型组织。

第一，培养企业系统思考的能力。

在彼得·圣吉的五项修炼中，系统思考是其中最核心的部分。所谓系统思考，是通过用系统、整体、动态的思维模式来代替人们过去机械、片段、静态的思维方式。在一个企业当中，无论是领导者还是一线员工经常会犯片面性的错误。如何使企业领导者增强系统思考的能力是企业面临的一个重要课题。

通过加强企业管理人员的相关培训，促使其具备系统思考的能力是企业整体具有系统思考能力的前提。实际上，企业中不同层次的人员具有不同性质的要求。作为高层领导者，应具备战略性眼光，认清形势，把握全局，带领企业员工向前发展。作为中层领导者，既要具有较强的上下协调能力，还要具备横向的沟通能力。而基层的员工，按照企业战略方向分解后的小目标，确定明确的方向，提高执行力，完成自己的任务即可。

第二，培养团队学习力。

随着知识经济时代的到来，人力资本将加速陈旧，知识的折旧率会越来越高。而未来唯一持久的优势，是有能力比你的竞争对手学习得更快。组织学习能力的主体是整个组织，组织的信息、知识不能只停留在个体头脑中，而要转化为组织的知识。组织成员的学习能力具有互补性，整合得当就能达到组织学习能力大于个体学习能力之和的效果。

一个团队学习的成果，特别是管理人员的团队学习成果，可以推广和扩散到其他团队中，并且通过传播团队学习的方法、技巧、成果，不断培养出更多的学习型团队，进而建立整个组织共同学习的氛围，提高整个组织的学习能力。

第三，建立共同愿景。

建立共同愿景是增强组织学习能力、激发组织活力的重要途径。共同愿景就如同企业的灵魂，唤起人们的希望，令人欢欣鼓舞，是企业的凝聚力所在。一个没有共同愿景的企业，组织学习能力不会很强。

共同愿景可以源自企业最高决策者的个人愿景，但是由企业的决策者和中层管理人员共同探讨、共建愿景会更好些，有利于共同愿景在企业中的传播推广、落地生根。因为一方面企业管理人员直接向企业高层领导者负责，对其思想学习掌握得较透彻；另一方面，企业中层管理人员比决策者更了解企业实际，更容易看到现实的变化及方向，能够提出合理的建设性意见。

第四，自我超越。

对企业来说，自我超越指的是积极培养企业的创新能力。当今社会的发展使得市场竞争愈演愈烈，一个企业要想在这激烈的市场竞争中占得一席之地，靠的就是企业的不断创新与完善，而企业的创新必须依赖管理人员以及一线员工的创新。

通过管理人员培训与开发，建立企业创新战略，不断积累新的核心知识、应用核心知识从而获得企业竞争优势。企业的核心知识决定企业新产品开发的能力，新产品能够帮助企业占领和保持市场份额，并使企业从中获利。企业的核心知识就是企业创造竞争优势的关键所在。

第五，改善心智模式。

通过企业人力资源培训与开发，尤其是针对管理人员的培训与开发，可以改善管理人员的心智模式，在企业内部建立"以人为本"的管理理念。只有管理人员的思想不断更新，持续改善心智模式，才能带领企业在纷繁复杂的环境变化中不断突破和创新，使企业具有前瞻性，科学地预测未来，更好地把握未来。

所以说，针对企业管理人员的培训工作关系到组织的命运与前途，对企业管理人员的培训是培训工作的重中之重，也是构建学习型组织的关键所在。

第二节 ▎基于胜任素质模型的管理培训

管理培训对于企业如此重要，那么究竟应该如何设计、实施、开展管理培训工作呢？根据企业的实际情况和管理者的需求，每个企业都有自己独特的实施思路和方法。

2.1　跟风炫酷型管理培训

可以说，这类公司基本没有建立起一套科学合理的培训管理体系，不会花时间认真负责地深入分析管理人员的真实培训需求，不会制订符合公司战略发展的培训目标和培训计划，往往是领导想起什么就培训什么，或者市面上流行什么课程就跟风式地盲目引入，听起来很炫酷，看起来很时尚，但是实际上会不会产生希望达到的效果就不确定了。

2.2 分层分类型管理培训

基于组织分析、工作分析、人员分析的管理人员分层分类培训法是比较传统、普遍的管理人员培训方法。

2.2.1 组织分析

通过对组织的目标、资源、特质、环境等因素的分析，找出组织存在的管理问题以及问题产生的根源，寻找可能解决问题的办法，为管理人员培训提供参考。

2.2.2 工作分析

管理人员工作分析的目的在于了解与绩效问题有关的工作的详细内容、标准和完成工作所应具备的知识和技能，是设计和编制管理人员培训课程的重要资料来源。工作分析以管理人员工作说明书和工作规范表为依据，确定管理岗位的工作条件、职责及管理人员素质，界定管理培训的内涵。

2.2.3 人员分析

人员分析主要是通过分析管理人员个体现有状况与应有状况之间的差距，来确定谁需要接受培训以及应该接受培训的内容。人员分析的重点是评价管理人员实际工作绩效以及工作能力。

基于组织分析、工作分析和人员分析的分层分类型管理培训方法只是大体上对管理人员做了分层和分类。例如，把管理人员分为高层管理人员、中层管理人员和基层管理人员，实际上各公司最后应用的管理培训课程大同小异，没有从根本上满足不同管理人员的培训需求，当然也不会真正地实现管理人员的培养目标，可谓照本宣科，不过是隔靴搔痒。

2.3　基于胜任素质模型的管理模型培训

笔者比较推崇基于胜任素质模型的管理人员培训体系。

基于胜任素质模型的管理人员培训体系是以管理人员的关键胜任素质为出发点，将胜任素质模型作为培训的重点内容。什么是管理人员关键胜任素质呢？其实就是高绩效管理人员比普通绩效管理人员表现突出的特征。管理培训的目的是增强管理人员取得高绩效的能力、适应未来环境的能力和胜任素质发展潜能。

（1）基于胜任素质模型的管理人员培训体系能够量身定做培训计划，按照管理人员胜任素质要求设置各种培训课程，帮助管理人员弥补自身的"短板"。

（2）基于胜任素质模型的管理人员培训体系能够有的放矢地突出关键内容，杜绝不合理的培训开支，提高培训的效果，增强管理人员适应未来环境的能力，为企业创造更多的效益。

（3）基于胜任素质模型的管理人员培训体系能够增强人力资源培训的有效性，可以帮助企业从自身发展需要出发，通过学习、训练等手段提高管理人员的管理能力、知识水平和发展潜力，有效地改善企业经营业绩。

构建基于胜任素质模型的管理人员培训体系是一个系统的、有序的过程，按照逻辑顺序分为管理人员领导力模型构建、基于胜任素质模型搭建领导力管理培训体系两个重要环节，后一个环节以前一个环节为基础，形成一般性的、可分解的流程。

第三节 ▎管理人员领导力模型构建

胜任素质模型是整个人力资源管理框架中的关键环节，作为人力资源管理的一种有效工具，可以应用于人力资源管理几乎所有的模块中，如员工招聘、员工培训、员工发展、绩效考核等。

3.1 胜任素质与胜任素质模型

胜任素质模型，是为了胜任某项工作，达到某一绩效目标所要求的一系列不同能力素质的组合。

正如著名的冰山模型所示（图6-1），人的能力结构就像浮在大海上的一座冰山，露出海面的部分是一个人的行为、知识、技能等一些外在的、可观察的特征，处于海面以下的是能力的另一部分，包括自我认知、个性特质、动机和内驱力等，而真正决定一个人能否在工作中做出突出绩效的，往往是海面以下的潜在的个人特征。个体的知识是更为表层、易学习的部分，而自我认知、个性特质、动机和内驱力则是更为潜在、难学习的部分。

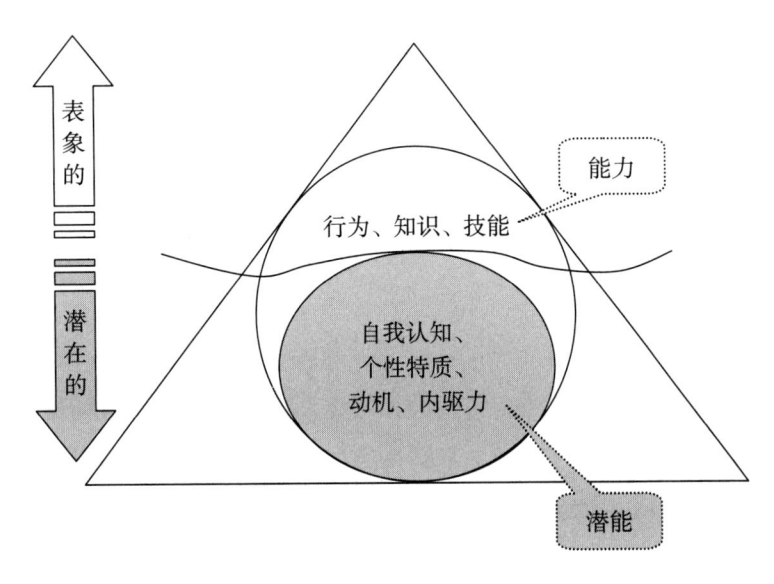

图6-1 冰山模型

如果把员工在工作中所需要的各种知识、技能、能力、胜任素质都统称为"素质"，那么任职资格针对的就是能基本从事某岗位的"门槛素质"，而胜任素质模型针对的是能胜任该岗位的"差异素质"。

对于管理人员来说，最重要的胜任素质能力是领导力。领导力模型是专门针对中高层管理人员的胜任素质模型。领导力模型是对管理人员胜任要素的综合，是素质、能力、态度和行为的统一体。

3.2 领导力模型构成

领导力模型通常是通过一个严格的程序建立起来的，运用观察法、行为事件访谈法、座谈会等方式收集卓越领导人的知识、技能、行为和个性特点等资料，对这些资料进行有效的归纳和整理，建立起一套领导力模型。

一般来说，管理人员的领导力胜任素质包括三个部分：通用素质、业务素质和管理素质。

3.2.1 通用素质

通用素质由企业文化、价值理念和发展战略推导而来，适用于企业的所有员工。例如，通过对公司的发展目标、企业精神、核心理念、价值理念、服务宗旨和竞争优势的分析，推导出一系列通用能力：爱岗敬业、诚实正直、学习创新、理解尊重、团队合作、国际视野。

3.2.2 业务素质

业务素质是与分管业务有关的胜任能力，不同的公司、不同的部门，甚至不同的层级所需的业务素质都是独特的。

以人力资源管理序列为例，专业知识技能包括人力资源计划、招聘、培训、薪酬、考核等，一般知识技能包括劳动法、企业制度和组织架构等内容。专业知识技能占整个专业技能的70%，一般知识技能占30%。

3.2.3 管理素质

管理素质是管理者应具备的管理方面的基本知识、基本能力以及良好的品性，根据行业的不同，以及具体的运营情况不同，每个公司的领导力模型都不完全一样。

例如，运用上文所述的领导力建模流程，并采用适当的建模方法，某公司提炼出了一套适合于本公司发展战略和企业文化的领导力模型，具体如表6-1所示。

表6-1　某公司管理人员领导力模型

要素	维度	定义
知识	经营管理知识	所有企业管理中必备的工商管理知识，如战略管理等。
	政策法规知识	与行业相关的政策法规知识等。
	专业技术知识	与所处的岗位密切相关的行业知识和岗位知识。
能力	学习能力	通过快捷、简便、有效的方式增加学识，提高技能，吸取经验教训，并转化为实际的工作能力。
	计划组织	有大局观，能找到部门目标与公司战略相匹配的实现方式和落实方法。
	贯彻执行	理解组织意图，针对工作目标调配资源、落实计划、达到目标。
	表率作用	以身作则，向团队成员示范组织所期望的行为，使团队成员达到工作目标。
	问题解决	面对突发问题，充分了解问题现状，采用正确的方法分析问题，努力寻求解决问题的有效方法，并使问题得到圆满解决。
	团队管理	激励团队成员，鼓励团队协作，营造团队良好的合作氛围，推动团队目标达到。
	人际沟通	准确倾听，把握他人话语背后的想法和情感，清晰地表达自己的想法和意见，促进人与人之间相互理解。
	指导下属	关心下属的成长和发展意愿，能够给予必要的指导和帮助，提升下属绩效，在组织内部形成良好的职业发展氛围。
品性	责任心	具有使命感，把自己的工作职责与企业发展结合起来，全身心投入工作中，并勇于承担工作后果。
	进取心	不断设定具有挑战性的工作目标，努力追求工作成功。

◎标杆案例9　腾讯帝企鹅领导力模型的进化[①]

腾讯于2018年9月30日进行了史上第三次大规模组织变革，这一变革被

---

① 参见曾双喜：《胜任力：识别关键人才、打造高绩效团队》，人民邮电出版社2022年版。

称为"930变革"。这次组织变革的最大变化是：整合原来散落在OMG（Online Media Group，网络媒体事业群）、IEG（Interactive Entertainment Group，互动娱乐事业群）、SNG（Social Network Group，社交网络事业群）、MIG（Mobile Internet Group，移动互联网事业群）多个事业群的ToC业务（Transaction Oriented to Consumer，面向消费者的业务）成立PCG事业群（Platform and Content Group，平台与内容事业群），聚焦于消费互联网；成立CSIG事业群（CSIG，即Cloud and Smart Industries Group，云与智慧产业事业群），聚焦于产业互联网，从而代表腾讯全面进入互联网下半场。

组织变革中最难的不是技术升级和组织调整，最难的是人的接纳和同步进化，其中包括人的意识、人的行为、人才结构等的相应调整。腾讯帝企鹅领导力模型在这次变革中的进化尤其引人注目。

旧版的帝企鹅领导力模型融合了价值观和能力的要求，素质项可以分为四类：

价值观类：正直——这是帝企鹅模型的基础要求；

个人能力特质类：激情、好学、开放——这三个素质项同时体现了很强的价值观导向，涵盖了态度和行为要求；

团队建设类：人才——强调凝聚人才，打造高效团队；

业务类：用户——体现了腾讯对用户的重视，强调打造精品。

旧版的腾讯帝企鹅领导力模型如图6-2所示。

图6-2 旧版腾讯帝企鹅领导力模型

2019年，随着变革的推进，腾讯同步升级了新帝企鹅领导力模型。升级后的帝企鹅领导力模型涵盖能力项和价值观部分，三大能力项分别是洞察（Insight）、点燃（Inspire）和突破（Win），能力项和价值观项组合成腾讯新帝企鹅领导力模型。

新版的腾讯帝企鹅领导力模型如图6-3所示。

【洞察Insight】
洞悉用户，看准方向是第一要务
抓主要矛盾，科学决策

【点燃Inspire】
不先问利益，主动以高效的方式
协作使命感召，打造最佳战队

【突破Win】
果敢坚韧，驾驭胜局
追求极致，实现卓越

能力

正直、进取、协作、创造　价值观

图6-3　新版腾讯帝企鹅领导力模型

无论是国内的企业还是国外的企业，它们对人才的要求都经历了由繁到简的过程。这也说明随着外部环境和企业战略的调整，企业对人才的要求必须顺势而为。

3.3　领导力模型构建方式

领导力模型通过严格的程序建立，构建领导力模型一般有以下三种方式：

3.3.1　成熟模型法

这种方式直接借鉴现有的成熟模型，相对简单，综合成本最低，但构建出来的领导力模型往往针对性不强，不能很好地符合公司的实际情况。

3.3.2　自主搭建法

这种方式完全依据公司的实际情况来构建，往往需要动用大量的人力、物力和财力，进行问卷、访谈调查，做数据收集与分析，综合成本是最高的。

3.3.3 半自主搭建法

一方面借鉴现有成熟模型，另一方面结合企业实际情况来构建模型，相对自主搭建法花费比较低，相对成熟模型法更能符合公司的实际情况。

3.4 领导力模型构建流程

领导力模型的构建一般分为三个阶段：信息收集、模型设计以及模型验证。

3.4.1 信息收集阶段

通过访谈、问卷调查等各种方法收集与领导力相关的信息，包括外部行业信息、企业内部信息、领导力访谈结果、领导力调研数据等，收集的数据是领导力模型设计的重要依据。

3.4.2 模型设计阶段

对收集到的调研数据做统计分析，确定领导力模型要素，并使用合适的工具进行领导力模型设计，确定领导力模型框架。

3.4.3 模型验证阶段

对初步建立的领导力模型进行高管验证访谈，通过问题调研等方式进行领导力模型验证，根据验证结果对领导力模型进行修正，最终确定本组织的领导力模型，发布并提交领导力模型手册。

领导力模型构建流程如图 6-4 所示：

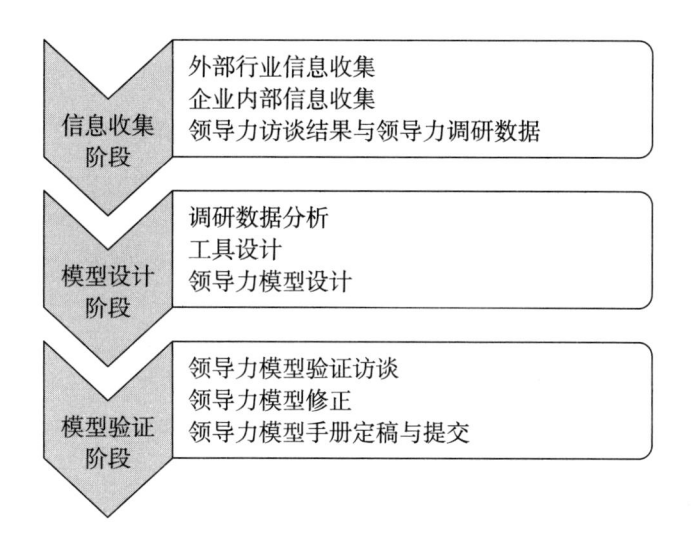

```
信息收集      外部行业信息收集
  阶段        企业内部信息收集
              领导力访谈结果与领导力调研数据

模型设计      调研数据分析
  阶段        工具设计
              领导力模型设计

模型验证      领导力模型验证访谈
  阶段        领导力模型修正
              领导力模型手册定稿与提交
```

图 6-4　领导力模型构建流程

第四节 ┃ 搭建领导力管理培训体系

领导力培训体系和传统的培训体系在构成上基本一致，也是由管理培训需求分析、管理培训课程设计、培训效果评估以及培训保障体系四大部分构成，不同点在于领导力管理培训体系是建立在胜任素质模型的基础之上的。

4.1　管理培训需求分析

基于领导力模型的培训需求分析，以管理者的胜任素质为基础。用管理者现在的技能、知识、态度以及价值观、个性、动机等与胜任素质相对照，它们之间的差距就是管理培训的需求。

培训需求的具体分析，可以先做传统的培训需求调查，根据各管理人员提交的培训需求调查表，结合企业的人力资源人才发展战略，初步确定培训需求。然后，利用提前构建的企业管理人员领导力模型，同时参考绩效考评结果以及人员测评表，可以再次印证需求，微调需求。表 6-2 是一份基于领导力模型的培训需求调查表。

表 6-2　基于领导力模型的培训需求调查表

姓名		部门		岗位				
具备的领导力类型	需要发展的领导力类型	领导力发展目标	领导力发展的衡量标准	发展计划				计划完成时间
				培训课程	上级辅导	其他		
培训计划确认情况		培训参与人： 上级主管：						
培训计划执行情况		培训参与人： 上级主管：						

基于领导力模型的管理人员培训需求分析总体上分三个步骤进行：

（1）收集管理人员目前胜任素质数据，对领导力现状进行评估，对照领导力胜任素质模型，找出差距。

（2）找出产生差距的原因，导致差距产生的原因有很多，并不是所有的原因都可以通过培训的手段加以解决。

（3）确定培训需求，就能判断是否能够通过培训来消除差距，那些能够通过培训消除的差距就是培训需求的重要组成部分。

4.2　管理培训课程设计

基于领导力模型的管理培训课程设计，要从组织与人员两个角度进行。组织方面主要是针对企业未来的发展方向和战略进行分析，确定为了满足组织目标，迫切需要进行哪些内容的培训。人员方面主要是对管理人员的领导力评价结果进行分析，找出在工作中存在的问题。

基于领导力模型进行管理培训规划和设计的过程要遵循以下六条指导思想：

（1）干什么学什么。根据领导力模型的素质要求设计培训课程。

（2）差什么补什么。根据领导力模型差距分析，以管理人员普遍存在的"短板"为重点设计培训课程体系。

（3）急用先学。根据企业战略发展需要，迫切需要管理人员快速提升哪些方面的能力，将之体现在课程体系的设计之中。

（4）学以致用。培训不仅仅是为了让管理人员获得新知识、新技能和转变态度，更重要的是通过学习逐渐改变行为，提高工作绩效。

（5）先管理，后专业。先解决普遍问题，再解决个性化问题。首先开展地基式的通用管理能力课程，再充实管理人员应具备的专业管理知识和技能。

（6）先总后分。由对管理者普适的通用管理课程过渡到针对具体岗位管理人员的个性化课程，相互结合，循序渐进。

4.3 管理培训课程体系

领导力培训课程旨在系统解决管理人员，尤其是中层管理人员的思想意识、理论知识以及管理技能等方面的问题，同时要结合企业所在的行业、企业战略和管理人员特点等进行有针对性的调整和优化。

例如，某公司依据构建的领导力模型，经过系统的管理人员培训需求分析，梳理出了管理人员领导力提升的四阶段培训课程体系：

第一阶段：管理思想

分析管理人员的企业定位和角色认识，明确管理人员应具备的思想意识、态度理念和知识技能，探讨如何成为一名优秀的管理人员。

第二阶段：管理理论

明确"管理学"的基本理论和管理的含义，管理职能在实际工作中的体现，以及如何在实际工作中开展各项管理工作。

第三阶段：管理技能

（1）人员管理：培养下属的原则和方法，有效指导下属的技巧，激励下属积极性的方法，改进下属的不良行为，人际关系与冲突管理，如何建立高效团队。

（2）事务管理：部门工作目标的设定与管理，部门工作计划制订，工作授权的技巧和方法，有效执行与业务指示，控制与协议的方法，工作改善和问题解决。

（3）自我管理：拥有积极的心态，培养最佳的职业习惯，塑造良好的职业形象，协助上司共同发展，提升自我领导能力。

第四阶段：职业技巧

自我展示及演讲，会议主持，沟通技巧，时间管理，绩效面谈等。

领导力四阶段课程体系列表 6-3 所示。

表 6-3　领导力四阶段课程体系列表[1]

阶　　段	课程方向	课程体系
第一阶段：管理思想	分析管理人员的企业定位和角色认识，明确管理人员应具备的思想意识、态度理念和知识技能，探讨如何成为一名优秀的管理人员	• 管理风格的自我认知 • 管理的权变领导方式 • 中层管理者的角色定位 • 中层管理者的职责界定
第二阶段：管理理论	明确"管理学"的基本理论和管理的含义，管理职能在实际工作中的体现，重点在于如何在实际工作中开展各项管理工作	• 什么是管理 • 管理学的作用与价值 • 管理学理论体系 • 管理的要素 • 管理者的四项基本技能：计划、组织、协调与控制 • 管理意识与管理实践 • 管理者需要具备的习惯

---

[1] 参见曹亚男：《基于胜任素质模型的 GENSCI 药业中层管理人员培训体系设计研究》，吉林大学 2010 年硕士学位论文。

续表

阶　段	课程方向	课程体系
第三阶段：管理技能	培养下属的原则和方法	• 培养下属的时机 • 培养下属的常用方式 • 培养下属的原则 • 管理者对培养下属的职责
	有效指导下属的技巧	• 员工绩效不佳的原因 • 提高下属学习技能的兴趣 • 指导下属的流程 • 好教练的特点 • 有效教导10步法
	激励下属积极性的方法	• 内在激励模式 • 激励员工的基本理论 • 企业常用的激励方法 • 激发下属工作动机的要点 • 哪些行为不可取 • 优秀案例共享
	改进下属的不良行为	• 习惯的养成过程 • 改善习惯的7个步骤 • 管理者承担的责任 • 课堂演练：实施面谈 • 批评和表扬下属的技巧 • 优秀案例共享
	有效处理人际冲突	• 为什么产生人际矛盾和冲突 • 管理不同性格的员工 • 建立良好工作关系的基本原则 • 建立人际关系的情感账户 • 与人相处之道 • 优秀案例共享
	建立高效的团队	• 团队的构成要素 • 建立团队的好处 • 高效团队的特征 • 团队领导的作用 • 老化团队的五个突破口 • 优秀案例共享
第四阶段：职业技巧	以沟通技巧为例	• 表达的技巧 • 倾听的艺术 • 如何赞美 • 沟通指南 • 沟通原则 • 推进技巧

需要说明的是，以上只是通用领导力课程培训模板，具体到每位管理人员，还需要根据其自身特点和实际需求，定制相应的配套课程体系。

4.4 管理培训效果评估

基于领导力模型的管理培训效果评估通常从两个层次入手实施，第一个是反应层次评估，通过培训课程满意度调查来实施；第一个是行为层次的评估，通过领导力素质培训前后差异调查来实施。

4.4.1 管理培训满意度调查

满意度调查问卷主要涉及对课程本身、对教授老师两方面的评价，学员根据自身学习的经历对培训课程做出客观的评价，一般为非记名调查。通过培训课程满意度调查，一方面可以看到课程本身对于学员的帮助程度，也就是说参训管理人员认为培训课程对于改善自己的管理工作是否有利；另一方面能够比较客观地显示出培训设计和实施过程中存在的问题，为管理培训的优化提供更好的借鉴。

4.4.2 领导力素质培训前后差异调查

通过邀请上级领导、同级同事和下级员工共同打分以及自评打分的方式，来考评培训前后领导力的差异情况，评估领导力培训的最终效果。领导力素质变化调查表如表6-4所示。

表6-4 领导力素质变化调查表

部门			姓名		岗位	
测评要素	强度、程度		影响范围		主动性	
	培训前	培训后	培训前	培训后	培训前	培训后
责任意识						
成就驱动						

续表

沟通协调						
决策能力						
指导与监控						
计划执行力						
团队领导力						
服务意识						
协同发展意识						
品牌意识						

第七章

销售人员培训
——以职业生涯为导向

【本章导读】

◆ 无培训,不销售

◆ 激励式销售培训体系

◆ 销售人员的职业生涯

◆ 销售培训的管理实操

第一节 ┃ 无培训，不销售

销售活动是企业实现经营目标的基本活动，销售人员是企业实现经营目标的一线承载者。销售人员俨然是企业发展最关键的核心人员之一。

这就使企业赋予销售人员更多的责任，要求销售人员接受更多的教育和培训，以便在当今竞争激烈的市场上更有效地参与竞争。销售人员也可以通过不断地提高绩效获得更高的报酬、更好的就业保障和更多的发展机会。

1.1 销售人员的特质

销售人员与企业内其他工作人员相比，特质非常突出。

（1）销售是个人色彩浓厚的工作。销售人员的个人作用直接影响工作的最终结果，销售人员很难把自己在工作中的过错推给他人，别人也很难去抢功。尽管现代企业管理中强调团队销售，但是销售工作仍然无法回避个人色彩突出的特征。

（2）销售是强烈结果导向的工作。衡量销售工作结果的标准是最终的数据，数据化的标准客观明确，没有丝毫可以模糊的空间。

（3）销售是高度自觉性的工作。销售工作对自觉性有很高的要求，业绩衡量标准的客观性和不可妥协性又给个人造成很大的压力。优秀的销售人员不是靠外力压出来的，而需要极强的自驱力。

（4）销售是情感体验丰富的工作。从某种角度来说，销售人员的具体工作就是管理由各种因素造成的客户和自己的情绪变化。销售人员要做的工作就是采取各种措施把客户的情绪调整到有利于做出购买决定的状态。

1.2 无培训，不销售

在激烈的市场竞争中，销售人员好比是在前线拼杀的"士兵"，直接影响到企业的安危。未经专业培训的销售人员投入销售战场，就如同未经训练的士兵去打仗一样可怕。

许多企业存在"跟单难、谈判难、签单难、回款难、终端控制难"的现象，其根本原因在于销售人员缺乏专业的训练，不懂得如何运用专业销售技巧去有效提升销售绩效。完善的销售培训能够提高销售人员的整体素质，提升销售技能，培养长远的企业认同感。

第二节 ┃ 激励式销售培训体系

销售培训是企业人力资源管理的重中之重，那么应该从哪个角度入手来构建针对销售人员的销售培训体系呢？根据所在行业的不同，企业所处发展阶段的不同，以及企业的人力资源战略发展目标的不同，企业会采用不同的销售培训体系。

2.1 常见的销售培训体系介绍

比较常见的、传统的销售培训体系有以下五种：

2.1.1 基于岗位职责的销售培训体系

由人力资源培训中心和销售部门对公司目前的销售部门和销售关键岗位

做工作分析，从岗位职责说明书入手，通过分析岗位职责，明确销售人员的工作性质，清楚需要哪些能力与之相匹配，并且根据企业的发展而更新。在进行销售培训方案设计前，先给出岗位的职责与其工作的关系，所需的知识和技能以及完成岗位工作所需的工作条件，进而设计针对岗位职责的销售培训课程体系。

2.1.2 基于业务流程的销售培训体系

销售业务流程指的是销售人员针对销售机会进行销售活动并产生结果的过程，是企业整体业务流程的一个部分。

例如，某IT终端产品销售商的销售业务流程由以下10个步骤构成：①约见客户→②访客前准备→③建立信赖感→④客户需求分析→⑤介绍产品→⑥竞争对手分析→⑦异议的处理→⑧合同签订→⑨客户服务→⑩客户转介绍。

培训部门可以从销售业务流程的各个环节入手，抓住关键环节，开展有针对性的销售培训。

2.1.3 基于绩效提升的销售培训体系

销售绩效是企业对销售人员的工作行为过程和业绩贡献情况的量化考核，直接反映出一线销售人员为企业创造的价值和贡献。

销售行为绩效，是销售人员在完成工作的过程中所产生的一系列行为动作，如遵守企业的规章制度、与同事之间保持良好合作、认真对待工作等行为。销售行为绩效是销售人员的工作行为要求，并不直接对企业效益产生影响。

销售结果绩效，是销售人员销售企业产品的最终结果，如成功销售公司产品、完成企业下发的销售目标等。销售结果绩效不同于销售行为绩效，它对企业效益的提升起到直接作用。

基于绩效提升的销售培训体系关注销售人员的销售行为，通过培训提高销售人员的工作效率，同化销售人员的个人价值观，促进销售人员绩效的提高，最终提高企业的整体业务绩效。

2.1.4 基于企业战略目标的销售培训体系

基于企业战略目标的销售培训体系会根据企业整体战略目标分解出企业营销战略目标，由人力资源部、市场部、销售中心同时参与培训需求的确定。根据企业未来在技术、市场、经营领域、组织结构上的可能变化分析企业的长期目标、短期目标、销售目标，来确定企业对销售人员知识和技能的需求，判断将来人才的需求状况。结合公司目前人力资源配置状况，把现有销售人员的知识和技能水平与企业近期和远期的需求相较，还要结合销售人员绩效考评记录，分析影响绩效的内、外部因素，进而根据这些因素来确定销售培训需求，制订销售培训计划，组织销售培训实施，进行销售培训效果评估。

2.1.5 体验式销售培训体系

体验式培训强调"做中学"，学员与培训师之间充分互动，通过学习活动体验，将培训变成学员的乐趣而不是压力，能有效地促进学员高级认知能力的发展，使学员能够实时运用所学知识，达到学用结合的效果。

体验式培训方法非常适合用于销售培训，体验式销售培训的目的不仅仅是让销售人员提高知识、增强技能、改变态度，它的最终目的是让销售人员将培训所得应用于日常的销售工作当中，来提高销售绩效。与传统培训以知识的掌握为目的不同，体验式销售培训是以应用为导向的。

2.2 激励式销售培训体系

不论是基于岗位职责、业务流程的销售培训，还是基于绩效提升、企业战略的销售培训，更多的是以企业需求为主体，从企业的角度出发来规划、设计销售培训，围绕企业的战略目标，考虑企业需要什么样的销售人员，对销售人员的具体要求是什么，通过培训如何使销售人员符合企业战略目标、绩效目标、工作任务以及业务流程的要求。因为是从企业利益出发，培训的成效多是短期的销售业绩，这就有可能造成销售人员对企业忠诚度不高，也有可能因为没有很好地顾及员工利益而导致销售人员的大量流失。

而激励式销售培训体系创新性地从销售人员的职业生涯发展需求出发，关注销售人员的个人追求、个人意愿和个人感受，针对销售人员的培训不仅仅局限在知识和技能的培训，更有心态的治疗、行为习惯的培养、潜能的开发和激励。激励式销售培训体系更多地从员工的角度出发，从团队互助、家庭式关系、职业素质规划出发，基于销售人员的职业生涯发展建立科学的培训体系。在这样的销售培训模式下，销售团队的稳定性会大大增强，销售效果成为个人追求的意愿，销售人员的心理挫折将会得到及时治疗，销售人员从内心感受到"快乐工作，快乐生活"，个人成长和企业绩效均获得大踏步前进，实现双赢。

具体来说，激励式销售培训体系，以职业规划管理和员工情绪管理为基础，以培训评估监督激励为关键控制点，实施培训内容和培训方式的个性化，实现员工管理与企业管理的一体化，不断提高销售人员的素质。

搭建激励式销售培训体系分两步走，首先要为销售人员做职业生涯发展规划，其次立足职业生涯发展规划构建销售培训体系，前一个步骤是后一个步骤的基础。

第三节 ┃ 销售人员的职业生涯

3.1 职业生涯发展理论

广义上，职业生涯是指一个人一生中所有与工作相联系的行为与活动，以及相关的态度、价值观、愿望等。狭义上，职业生涯仅指直接从事职业工作的这段时间，即就职的这段时间。

唐纳德·E.舒伯是一位有代表性的职业管理学家，他把人的职业生涯分为五个主要阶段：成长阶段、探索阶段、确立阶段、维持阶段和衰退阶段，如表 7-1 所示。

表 7-1　舒伯职业生涯五阶段理论

阶段	主要任务
成长阶段（0~14 岁）	逐渐建立起自我概念，形成对自己兴趣和能力的基本看法，逐步有意识地培养职业能力。
探索阶段（15~24 岁）	认真探索各种可能的职业选择，完成对自己能力和天资的现实性评价，并尽可能地了解各种职业信息。
确立阶段（25~44 岁）	这一阶段是大多数职业生涯周期中的核心部分。人们希望尽快找到合适的职业，并全力以赴地投入职业中以求长久发展。
维持阶段（45~64 岁）	人们一般都已经在某工作领域中占据一席之地。开发新的技能，希望保持这一位置。维持家庭和工作这两者之间的和谐关系。
衰退阶段（65 岁以上）	逐步退出职业和结束职业，面临权利和责任减少的现实，学会接受一种新的角色，成为年轻人的良师益友。

职业生涯发展阶段理论认为，虽然每个人所拥有的职业经历都不相同，具有相当程度的独特性，但在一定阶段所面临的问题却具有很大的共同性，职业生涯发展阶段理论反映了不同年龄阶段的员工在职业生涯中所面对的问题。

管理之道

"职业锚"理论

美国学者 E.H. 施恩在职业生涯发展中提出了"职业锚"理论。所谓"职业锚"，是指员工在早期工作中逐渐认识自我，发展出更加清晰全面的职业自我观，包括自身的才华与能力、自身的动机与需要、自身的态度与价值观。它是职业生涯的主导价值方向，也就是当一个人不得不做出选择时无论如何也不会放弃的原则性，是职业选择和发展所围绕的中心。[①]

---

① 参见徐晶：《论职业生涯发展理论及其对企业培训的启示》，载《现代企业教育》2008 年第 6 期。

对于"职业锚"这一概念我们需要了解以下三个方面的问题：

- 职业锚不是企业招聘过程中对能力、才干、价值观所做的各种测试结果，而是员工在工作实践中依据自身已被证明的才干、动机、需要、价值观，所做的现实的选择和准确的职业定位。
- 职业锚一定是员工自身去实现动机、需要、价值观、能力后，通过相互作用和整合之后的结果。
- 虽然职业锚是个人稳定的职业选择和职业定位，但是这并不意味着个人将停止变化和发展。员工以其职业作为稳定源，可以获得该职业工作的进一步发展。施恩提出了他认为能涵盖所有职业类型的八种基本职业锚，如表7-2所示。[①]

表7-2 施恩的八种职业锚

职业锚	表现
技术/职能型	主要关注工作的实际内容，希望能一直在自己擅长的技术或者职能领域。
管理能力型	从事直线管理工作，而不是在某个职能部门。关注点主要是如何把其他人的努力整合起来，衡量的是总体效果。
自主型	主要考虑自身如何才能不受组织各种规章制度的限制，自行决定工作内容、形式和强度，为了这种自主权甚至宁可得不到提拔。
安全型	基本出发点是希望得到长期保持稳定、可预测的工作。
服务型	主要关注的是追求实现某些有意义的结果，如从事帮助性职业来改善他人的生活水平。
挑战型	主要工作需求是解决那些看起来无法解决的难题或不可逾越的困难和障碍，强烈追求工作的新鲜感、多变性和挑战性。
创业型	主要目标是追求创新，包括克服某些障碍、敢于冒险和突出个人成就，追求的是拥有按照自己方式创办组织的自由。
生活型	主旨在于实现自身生活各主要方面的平衡，追求家庭生活和工作之间的协调一致。

---

① 张羽晴：《基于职业生涯发展的企业内部营销人员培训体系研究》，东北师范大学2009年硕士学位论文。

根据职业发展理论和职业锚理论，员工职业发展的目标与其所处的职业发展阶段和个人的职业锚紧密相关。

比如，对于刚进入企业的大学毕业生，不同职业锚类型所对应的培训内容也会有所不同。技术/功能型职业锚类员工更倾向于专业技能的提升，培训内容可以侧重于专业技能的提升，如编程技能、数据分析技能等。管理型职业锚类员工有强烈的领导欲望，培训内容可以侧重于领导力和管理能力的培养，如团队管理、决策制定等。安全/稳定型职业锚类员工重视工作的稳定性和安全性，培训内容可以侧重于企业文化和规章制度的介绍，以帮助他们更好地适应企业环境。

一般而言，人们更愿意为那些能够帮助其实现职业发展目标的企业效力，对于销售人员来说更是如此。

3.2 销售人员的职业生涯规划

我们可以采用调查问卷或当面访谈等形式，了解销售人员的职业生涯发展需求，根据个人职业生涯发展规划结合素质要求，经归纳整理形成销售人员的职业生涯发展结论和培训需求表。通过这种方式能够保证销售培训的内容最大限度地结合企业的实际情况和销售人员的职业生涯需求。

根据职业生涯发展理论，销售人员的职业发展方向主要分为四种类型：技术型、管理型、独立型、创造型，如图7-1所示。

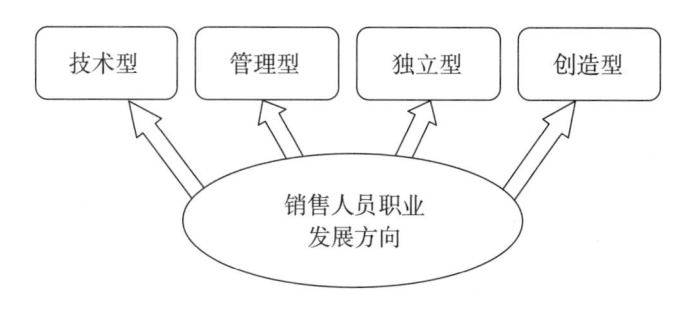

图7-1 销售人员职业发展方向

3.2.1 技术型：成长为高级销售经理

这类销售人员定位于一直从事销售工作，目标是成为高级的销售人才。实现这一目标可以通过不断改进和提升工作方法与能力，从低级的非专业化的销售人员成长为职业销售高手。

3.2.2 管理型：转向管理岗位

如果销售人员的职业锚是管理型，那么他们在职业发展上更倾向于担任领导和管理的角色。以下是一些可能的职业发展路径：

（1）销售团队领导：销售人员可以晋升为销售团队的领导，如销售主管或销售经理。在这个角色中，他们需要管理销售团队的日常工作，制定销售目标和策略，以及对团队成员的表现进行评估和反馈。

（2）区域销售经理：销售人员也可以成为区域销售经理，负责管理特定地区的销售活动。这个角色需要对市场趋势有深入的理解，能够制定有效的销售策略，并领导团队实现销售目标。

（3）销售总监：对于有更高领导才能的销售人员，他们可以晋升为销售总监。在这个角色中，他们需要制定整体的销售策略，管理所有的销售团队，并与公司的其他部门协调，以实现公司的业务目标。

（4）商务发展或战略规划：销售人员还可以转向商务发展或战略规划的角色。这些角色需要对市场和业务有深入的理解，能够识别新的商业机会，并制定长期的战略计划。

3.2.3 独立型：转做管理咨询和培训

有些销售人员做到一定阶段，如果销售人员的职业锚是独立型，他们可能更倾向于自主工作，享受自由和灵活，这样的话转做管理咨询和培训是一个很好的选择。

销售人员可以利用他们在销售领域的经验和专业知识，成为独立的管理咨询顾问。他们可以为企业提供销售策略、客户关系管理、市场分析等方面的咨询服务。

销售人员也可以成为销售培训师，利用他们的销售经验和技能，为其他销售人员或者企业提供销售培训。他们可以设计和实施各种销售培训课程，如销售技巧、客户服务、谈判技巧等。

3.2.4 创造型：个人创业

销售人员具有丰富的销售经验和专业知识，他们了解销售的各个环节，知道如何与客户建立良好的关系，如何有效地推销产品或服务，具有强大的人际交往能力，擅长与人沟通，善于发现新的商业机会，愿意尝试新的事物。

总之，如果销售人员的职业锚是创造型，完全可以考虑个人创业，利用他们的销售经验和专业知识，以及创新思维，开启自己的创业之路。

3.3 销售人员的职业生涯与情绪表现

经过调查研究发现，销售人员的职业生涯周期与情绪存在着密切的对应关系，并且在工作中时时处处得到体现。如果从销售人员的情绪角度考虑，销售人员的职业生涯周期可以分为兴奋期、稳定期、抱怨期和游离期。

3.3.1 兴奋期

兴奋期是销售人员职业生涯的进入和探索阶段，典型代表是刚加入公司的新员工。兴奋期销售人员的特征包括：

- 对工作及周围的人和事充满了憧憬和期望；
- 工作热情、积极，主动性强；
- 主动承担工作中的困难，往往会有创造性的工作举动；
- 需要加深对行业和企业的了解，加深对公司业务和政策的熟悉程度；
- 销售技术和销售能力有待进一步提高。

3.3.2 稳定期

稳定期是销售人员职业生涯的成长和确立阶段，典型代表是加入公司 1~2 年的员工。稳定期销售人员的特征包括：

- 积累了一定的工作经验，比较熟悉企业的实际情况和产品情况；
- 建立并维护了自己的一批客户群，多次接触客户，并进行过多次沟通；
- 销售量和销售收入相对平稳；
- 情绪比较稳定，少了一些热情，不再充满幻想；
- 思维逐渐成熟，开始步入惯性思维。

3.3.3 抱怨期

抱怨期是销售人员职业生涯的维持阶段，典型代表是加入公司 3 年以上的员工。抱怨期销售人员的特征包括：

- 非常熟悉公司的各种业务和产品；
- 开始负面思考，经常会抱怨公司在产品及服务中存在的问题；
- 越来越喜欢比较，总能够给工作和生活中的困难找到借口；
- 业绩下滑，工作积极性降低；
- 开始向企业内外散发负面信息。

3.3.4 游离期

游离期是销售人员职业生涯的衰退阶段，抱怨期的销售人员在条件适宜的情况下随时会步入游离期。游离期销售人员的特征包括：

- 业务知识非常丰富；
- 部分人员开始向企业外部寻求发展机会；
- 会散布企业产品的不利信息；
- 感觉到自己努力工作也无法得到心理平衡；
- 消极怠工，缺乏工作热情，甚至不遵守工作纪律。

销售人员在企业中的流动性比较强，企业除在考核机制、绩效管理、物质奖励等方面给予明确的指导外，更要引导销售人员主动对自己的职业生涯做出规划、管理，找到对应的情绪面，有的放矢地开展销售人员的职业生涯与情绪管理，从而使销售人员始终保持一个好的情绪状态，增强销售人员的归属感。

3.4 销售人员的职业规划与情绪管理

在了解了销售人员的职业生涯与情绪表现之后，如何通过销售培训更好地对销售人员进行职业生涯和情绪规划管理呢？

3.4.1 在不同的情绪周期采取不同的培训策略引导员工

销售人员的情绪周期可能会影响他们的工作表现和学习效果，因此在不同的情绪周期，可以采取不同的培训策略来引导和发展销售人员。

（1）对于兴奋期的销售人员：在这个阶段，销售人员通常充满热情和动力，对新的知识和技能有很高的接受度。因此，这是一个很好的机会进行技能培训和知识更新。可以组织一些具有挑战性的培训活动，如角色扮演、案例分析等，以激发他们的学习兴趣和积极性。

（2）对于稳定期的销售人员：在这个阶段，销售人员的情绪和工作表现相对稳定，适合进行深度学习和反思。可以组织一些专业讲座、研讨会或者导师制度，帮助他们深化理解，提升专业技能。同时，也可以鼓励他们进行自我反思，找出工作中的问题和改进点。

（3）对于抱怨期的销售人员：在这个阶段，销售人员可能会对工作产生抱怨和不满，需要进行情绪管理和心理辅导。可以通过一对一的辅导、团队建设活动等方式，帮助他们调整情绪，解决问题。同时，也可以提供一些关于压力管理、情绪调节的培训，帮助他们更好地应对工作中的压力和挑战。

3.4.2　帮助销售人员不断反省、调整自己的情绪状态

企业要通过销售培训、管理访谈等方式积极帮助销售人员主动反思、自省，时常对自己的心态情绪进行调整，释放压力，为自己的成长加油。在不断自我挑战、自我突破的同时，保持健康、快乐的心态。在不同情绪阶段销售人员要自省的重点有所不同。

（1）兴奋期，不断冲刺。兴奋期的销售人员要拟定短期目标，快速展开销售行动，放大自己积极、正面、乐观的情绪，在日常工作中注意技巧与方法的积累。每达到一个短期目标，就要进行自我激励。

（2）稳定期，自我激励。稳定期的销售人员要不断自我挑战，找到自己的情绪热键。试着制定具有挑战性的阶段目标，不断突破自我。思考自己的职业方向，制定长期目标。每实现一个阶段性目标，便采用各种方式进行自我激励。企业也可以通过各种方式激励达到目标的销售人员，给予物质和精神层面的鼓励。

（3）抱怨期，换位思考。抱怨期的销售人员最容易看到的是竞争对手的优势，如果发现自己一直在这种思维模式中，可以找个时间静下来，试想自己是竞争对手的销售人员，现在正在面对客户进行销售，客户不断拒绝挑剔，情况又会是怎样，再试着用这种眼光来观察现在这家企业的产品与服务。企业可以组织产品战略、产品新功能等方面的培训，让销售人员重新发现自己企业的产品和服务的优势。

（4）游离期，从头再来。游离期的销售人员不妨先暂停一下自己目前的工作，想一想自己当初为什么选择这个职业，想创造什么样的价值，取得什么样的成就，现在都有哪些目标是达到了的，哪些还没有达到，没有达到的目标中哪些是目前的工作可以实现的，哪些不能促进个人产生前进的动力。企业要不断地向销售人员传递公司的战略目标和阶段性工作安排，对销售人员进行职业生涯设计的引导。

第四节 ｜ 销售培训的管理实操

4.1 销售培训流程

构建基于职业生涯发展的销售培训体系，要以职业生涯规划为指导，以丰富的课程模块为内容，以多样化的培训方式为途径，以完善的培训制度为保证。

销售培训流程包括以下五个部分：销售培训的需求分析，销售培训的计划制订，销售培训的组织与实施，销售培训的效果评估，销售培训的优化与提高。

基于职业生涯发展的销售培训流程图如图 7-2 所示。

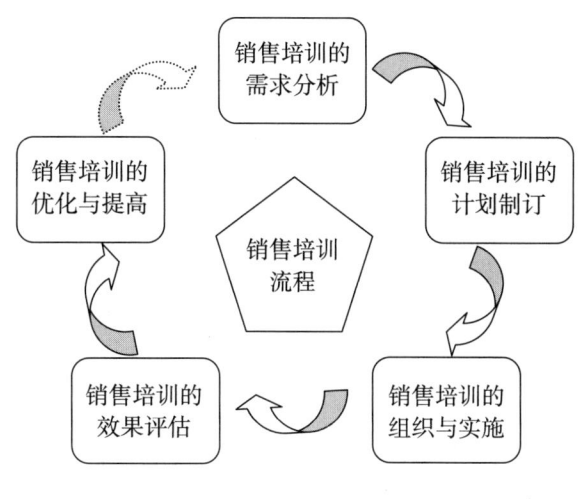

图 7-2 销售培训流程图

4.2 销售培训课程设计

销售培训的课程体系是整个培训体系中的软件部分，根据公司的企业文化、发展战略及销售人员职业生涯发展规划和职业锚的改变，设计符合公司需要的销售培训课程。

销售培训课程设计的原则：

4.2.1 挖掘动机

研究表明，如果在培训前学员有强烈的学习愿望，要求改变行为或获得知识，就会在培训过程中保持学习的热情。如果学员有某方面的个人需求，而培训能满足其需求的时候，学习热情会容易被激发。因此，在培训的初期让销售人员意识到培训能带给他的收益，并且与他的职业生涯发展规划相符时，销售人员就能够更为主动地投入学习过程中。

4.2.2 因材施教

在培训开始前，对销售人员做全方位的了解，最好能够深入销售工作一线，共同总结在实际过程中遇到的问题，在培训期间能够针对销售人员的个体差异、不同的职业发展阶段进行有针对性的培训内容设计，能够在更大限度上满足培训期望。

4.2.3 强化原则

人们往往更倾向于保持那些得到奖励的行为，而避免那些受到惩罚的行为。在培训中，给予销售人员积极正向的反馈，反复强调和强化那些鼓励的行为，能够在更大限度上保证销售人员在培训结束回到工作岗位后重复那些得到鼓励的行为，从而达到培训的目标。

4.2.4 实践原则

理论和实践相结合的方式在成人学习中被得到广泛的验证，通过角色演练、经验分享等方式，加深销售人员对理论知识的理解，激发学习的兴趣。

4.2.5 分层培训

不同级别、不同岗位的销售人员，公司的要求不尽相同，人员的需求也不尽相同，因此不加区分地"一刀切"是行不通的。应针对不同岗位、不同级别的销售人员设计分层培训课程。只有这样，培训才更有目的性和针对性，培训的效果才能实现最大化。

4.3 销售培训课程内容

从销售培训的不同模块角度来看，销售培训包括以下五个方面的内容：新员工培训、产品知识培训、管理知识培训、销售技能培训、沟通技能培训，如图 7-3 所示。

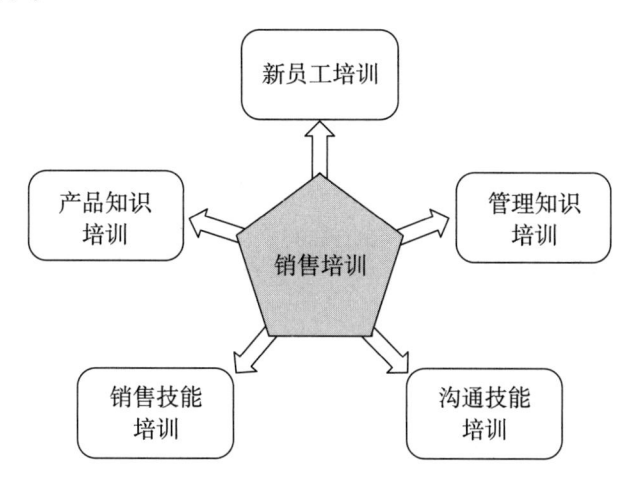

图 7-3　销售培训的五个模块

从培训目标的要求和销售人员所需要提升的知识、能力需求来看，销售培训包括以下三个层次的内容：基本知识培训、技能培训、素质培训，如图 7-4 所示。

图 7-4 销售培训的三个层次

4.4 销售培训方法

关于销售培训的方法有很多，合适的培训方法意味着培训效果的事半功倍。销售工作具有实操性较强的特点，所以销售培训最好采用互动式培训，如体验式培训、角色演练、案例研讨、行动学习等方式，如表 7-3 所示。

表 7-3 常用的销售培训方法

培训方法	方法简介	培训内容
课堂教学	由培训师讲授相关知识； 应用范围较广泛，费用低； 以单向沟通为主，互动为辅。	产品知识 企业文化
案例研讨	以工作中的实际案例为基础； 学员分组讨论，针对问题提供解决方案； 培训师和学员一起总结出一般的规律指导实践工作。	销售技巧 销售心态
角色演练	由培训师或者学员扮演客户，根据实际场景检测学员对所学知识的运用能力； 类似于测试，可以对学员进行客观评估。	销售技能培训
体验式培训	通过个人在活动中的充分参与来获得个人的体验，然后在培训师的指导下，团队成员共同交流，分享个人体验，提升认识，强调在做中学。	销售技能培训
行动学习	将销售人员组成学习团队，分享知识和经验，解决实际工作中遇到的棘手难题，是理论与实践相结合的有效学习方法。	销售问题解决

续表

培训方法	方法简介	培训内容
参观学习	现场体验产品的生产工艺及流程。	工厂参观
移动互联培训	不受时间、地点限制，学习成本较低。	公司政策、业务流程 销售技巧分享 销售问题解决

管理之道

销售培训风险及防范

企业中的销售人员通常是流动性最大的一个群体，经过培训的销售人员每年都会有人才流失现象。防范销售人员培训风险和人才流失需要企业从多个角度出发，包括提供持续的职业发展机会、建立公平的激励制度、建立有效的人才储备机制以及分担部分培训费用和签署培训协议等策略。

1. 提供持续的职业发展机会

销售人员通常渴望有更多的职业发展机会。企业可以通过设立明确的晋升路径，提供定期的技能培训和职业发展咨询，帮助销售人员看到他们在公司的长期发展前景。

2. 建立公平的激励制度

销售人员的工作压力通常较大，如果他们觉得自己的付出得不到相应的回报，可能会产生离职的想法。因此，企业需要建立一个公平、透明的激励制度，确保销售人员的努力得到合理的回报。

3. 建立有效的人才储备机制

企业可以通过校园招聘、社会招聘等方式，建立一套有效的人才储备机制，以防止因为销售人员的离职导致的人才短缺。

4. 分担部分培训费用

对于重要的培训项目，可以要求参加培训的销售人员分担部分培训费用，这样既能使他们更认真地对待培训，增强培训效果，又有利于减少培训资金的投入压力。在培训结束后，销售人员拿到证书或考核合格后可以报销部分费用。

5.签订培训合同

在培训合同中，明确列出培训的内容、期限、费用以及完成培训后的工作承诺，设定一定的服务期，即销售人员在接受培训后需要在公司服务一定的时间。这样可以确保销售人员了解并同意他们在接受培训后需要履行的职责，防止销售人员在接受培训后立即离职。

◎标杆案例10　某跨国商业公司的销售培训[1]

某跨国商业公司是一家拥有40万名中层干部的大型企业。该公司追求卓越，特别是在人才培训、造就销售人才方面获得了成功的经验。具体地说，公司绝不让一名未经培训或者未经全面培训的人到销售第一线去。销售人员们说些什么、做些什么以及怎样说和怎样做，都对公司的形象和信用影响极大。如果准备不足就仓促上阵，会使一个很有潜力的销售人员夭折。因此该公司用于培训的资金充足、计划严密、结构合理，培训结束，学员就可以有足够的技能，满怀信心地同用户打交道，不合格的培训几乎总是导致频繁地更换销售人员，其费用远远超过了高质量培训过程所需要的费用。

公司的销售人员要接受为期12个月的初步培训，主要采用现场实习和课堂讲授相结合的教学方法。其中75%的时间是在各地分公司中度过的，20%的时间在公司的教育中心学习。

销售培训的第一期课程包括公司经营方针的很多内容，如销售政策、市场营销实践以及公司的产品介绍。第二期课程主要是学习如何销售。在课堂上，学员了解了公司有关后勤系统以及怎样应用这个系统，他们研究竞争和发展一般业务的技能。学员在逐渐成为一个合格的销售代表的过程中，始终

---

[1] 参见樊庆年：《企业培训——让员工与公司一同成长》，载《科技创新导报》2005年第9期。

坚持理论联系实际的学习方法。

现场实习之后，再进行一段长时间的理论学习，这是一段令人"心力交瘁"的课程，紧张的学习每天从早上8点到晚上6点，而附加的课外作业经常要使学员熬到半夜。

课程开始之前，像在学校那样，要对学员分班，分班时的考试是根据他们的知识水平决定的。经过一段时间的学习之后，考试便增加了主观因素，学员还要进行销售演习，这是一项具有很高价值和收益的活动。一个用户在判断一个销售人员的能力时，只能从他如何表达自己的知识来鉴别其能力的高低，商业界就是一个自我表现的世界，销售人员必须做好准备去适应这个世界。学员在艰苦的培训过程中，在长时间的激烈竞争中迅速成长。

市场营销培训的一个基本组成部分是模拟销售角色。在公司第一年的全部培训课程中，没有一天不涉及这个问题，并始终强调要保证演习或介绍的客观性，包括为什么要到某处推销和希望达到的目的。

同时，对产品的特点、性能以及可能带来的效益要进行清楚的说明和演习。学员要学习问和听的技巧，以及如何达到目标和寻求订单等。假如用户认为产品的价格太高，就必须先看看是不是一个有意义的项目，如果其他因素并不适合这个项目，单靠合理价格的建议并不能使销售人员得到订单。

公司采取的模拟销售角色的方法是，学员在课堂上经常扮演销售角色，教员扮演用户，向学员提出各种问题，以检查他们接受问题的能力。这种上课接近于一种测验，可以对每个学员的优点和缺点两个方面进行评判。

关心和积极帮助员工的个人成长，并把员工自身价值的实现与企业的发展有机地结合起来，让员工与公司一起成长，这应该是该公司成功的真正奥秘。

第八章

研发人员培训
——以创新发展为驱动

【本章导读】

◆ 研发人员四大工作特征

◆ 研发培训驱动企业创新

◆ 研发人员培养"五力模型"

第一节 ▍研发人员四大工作特征

1.1 研发人员是企业动力之源

管理学家彼得·德鲁克认为，知识型员工属于那种"掌握和运用符号和概念，利用知识或信息工作的人"。而研发人员属于典型的知识型员工。

不同于传统意义上的按规定程序操作的员工，研发人员具备了专门的知识和技能，是某一领域的专家，因此他们更注重工作上的自主性和创新性、工作中的个性化和多样化，更重视自己的尊严和自我价值的实现，在个性、工作、需求、价值观等方面都有自己的独特性。

1.1.1 研发人员是企业的动力之源

研发人员是企业中利用知识进行创新活动的员工，是企业技术变革的主体。他们是企业最活跃的核心资源，是创新的源泉和发展的动力。通过研发人员的创新，使企业不断占领技术的制高点，以较低的成本制造出科技含量更高、更符合社会需要的产品，从而赢得市场，不断发展和壮大。因此，从某种程度上讲，拥有了具有创新能力的研发人员，就拥有了企业发展的动力之源。

1.1.2 研发人员是企业的发展之基

企业创新对于企业发展，特别是可持续发展来说具有决定性的作用。也正是因为如此，所以研发人员必须以市场为指导，通过技术创新来不断满足顾客的要求，使企业持续稳定地发展。可以说，研发人员及其创新活动为企业的可持续发展奠定了坚实的基础。

1.1.3 研发人员是企业的价值之本

企业的价值不仅体现在企业物质资本的价值上，还体现在企业人力资本的价值上，人力资本是企业员工的知识、能力和健康等，其增长是经济增长的源泉之一，是企业经济增长的发动机。作为典型知识型员工的研发人员，其创新活动不仅提高了物质资本的技术含量，而且提升了人力资本的价值增值能力，从而提高了企业的竞争力。所以说，研发人员是企业价值增值的根本。

1.2 研发人员四大工作特征

研发人员一般具有四大工作特征，即创新性、复杂性、专业性和协同性。

1.2.1 创新性

创新是知识型员工最重要的特征，敢于创新的力量来自知识型员工深厚的理论功底、丰富的实践经验、敏锐的洞察力、缜密的分析和过人的胆略，他们不愿因循守旧，不愿意受制于物，强调工作中的自我引导，依靠自身的专业知识和技能进行脑力劳动，充分发挥个人的智慧和灵感，创造出具有高价值的产品和成果，推动技术的进步和产品的更新。因此，研发人员的工作是创新性和挑战性并存的岗位。

1.2.2 复杂性

（1）劳动过程复杂。研发人员从事的工作是复杂的大脑思维过程，较少受时间和空间的限制，工作过程没有确定的流程和步骤，呈现相对的随意性和自主性，很难根据员工的行为识别出他们所付出的努力，工作说明书和劳动规则并没有实际的作用，对研发人员劳动过程的监控既没意义，也不可能。

（2）劳动考核复杂。研发人员的工作一般并不独立，经常出现跨团队、跨专业、跨职能、跨部门合作，通过跨越组织界限以便获得综合优势。产品价值体现周期长，难以准确度量。一些科技含量高的产品，往往是众多研发人员集体智慧和努力的结晶，难以进行分割，无法采用一般的经济效益指标加以衡量，因此在考核个人绩效时比较困难，导致薪酬价值分配困难。

（3）劳动成果复杂。研发劳动成果本身也是很难度量的，知识型劳动往往以团队为单位进行，个体离不开团队，又要发挥个体的能动性，所以难以确定个体与团队的劳动成果、报酬与绩效具有明确的相关性，这就需要企业建立科学的价值评价体系。

1.2.3　专业性

作为典型的知识型员工，研发人员的工作依靠的是自身精深的专业知识和专业技能。对于研发人员，不仅要求有较高的学历，接受过系统完整的专业知识的学习，而且需要接受过企业正规的、有针对性的技术培训，另外还需要在工作中不断地积累经验并领悟提升。唯有如此，研发人员才能凭借特定的技术和经验担当起艰巨的研究开发工作。

1.2.4　协同性

研发人员大多是某一领域的专家，受其专业知识的限制，仅凭一己之力无法完成任务，他们必须形成相互协作、技能互补的工作团队，完成研发的技术创新工作。所以说，研发工作最本质的属性就是协同性。研发工作是以研发团队的方式进行的创新工作，是一种高级的脑力劳动，更加需要思维上的协作和互助，而思维上的协作才是根本的协作。

第二节 ▎研发培训驱动企业创新

2.1 研发人员流失分析

研发人员是典型的知识型员工，他们通常可以独立于组织之外而获得聘用，建立个人声誉，实现个人价值。因此，研发人员对企业的忠诚度相对较低，而更多地忠诚于他们的专业。出于对自己职业的感觉和发展前景的强烈追求，导致研发人员在企业间的流动比较频繁。

企业每年有一定比例的人员流动有利于企业造血，一般而言，15%以内的离职率是正常的。但是有调查显示，北京、上海、广州等一线城市的高科技企业中，研发人员的离职率在25%以上，有的甚至达到了40%。

研发人员的频繁流动对企业的持续发展会造成巨大的冲击。如何让掌握核心技术的研发人员留在企业、忠诚于企业，是所有企业管理层都在深入思考和密切关注的问题。

研发人员流失对公司的消极影响，主要体现在以下四个方面：

2.1.1 降低了公司的信誉度

研发人员流失率过高，对公司的信誉会造成很大的影响。研发人员的频繁流失会造成公司外部顾客对企业稳定性的怀疑，甚至失去对企业的信任，长此以往，必然会使企业失去客户的认可。

2.1.2 阻碍了公司的发展

首先，研发人员的流失会使项目的研发进度延误，甚至会使一些项目中途夭折。其次，一旦客户信任的研发人员离职，尤其是客户信赖的项目负责人离职，客户的合作关系会随之中断，给公司带来沉重打击。最后，有些项目会因为研发人员的流失而转移到竞争对手的公司，不仅削减了公司的发展实力，还增加了竞争对手的发展机会，使公司处于竞争劣势。

2.1.3 打击了研发人员的工作积极性

研发人员流失的消息在研发部门内部快速传播，必然会对研发部的同事造成一定的心理冲击，导致工作效率下降、人心不稳，甚至会引起研发人员对领导管理能力的怀疑，激起对公司不满情绪的爆发，进而引发"多米诺骨牌效应"，演变为大面积的人员流失。这种消极影响会使公司人心涣散，凝聚力减弱，给公司带来的损失是无法估量的。

2.1.4 增加了企业的人力资源重置成本

研发人员的流失会导致工作岗位的空缺，公司必须通过各种渠道去选拔能够胜任空缺岗位的研发人员。但无论是从公司内部现有研发人员中提拔，还是对外招聘，都会产生巨大的人力成本。尤其是在对外招聘中，产生的重置成本一般会远远大于流失研发人员的薪水，流失的研发人员越优秀，重置的成本越高。

影响研发人员流失的因素有很多，包括社会层面、行业层面、公司层面和个人层面，常见的原因可能是薪酬待遇低、个人发展空间小等，而缺乏培训、学习机会也是导致科技公司研发人员流失的主要原因。

企业需要的就是上进好学的员工，尤其是研发人员，更需要不断学习，提高自身的专业技能，更新个人的专业知识。只有当研发人员学习的意愿得到满足时，才能更好地推动企业的进步。因此，科技公司必须给研发人员创建学习的平台，提供培训的机会。

2.2 研发培训的作用

2.2.1 提高研发人员的职业能力和综合素质

培训最直接的作用是提高研发人员的专业技术能力，激发其创新意识和创新精神，改善研发人员的工作状态，使他们可以更高效率、更高质量地完成自己的工作任务，适应企业的快速发展。

2.2.2 增加研发团队的稳定性，降低研发人才的流失率

研发人员的离职对企业来说损失是巨大的，尤其是掌握核心技术的成熟人才如果离开，造成的影响难以用金钱来衡量。而技术研发人员在工作5~10年后，大部分人会面临一个业务水平提高和自身职业发展难以突破的"瓶颈"，如果企业不能很好地协调和解决这个矛盾，就会造成技术研发成熟人才的大量流失。通过培训，可以帮助员工更好地规划职业生涯，为员工收入的提高和职位的晋升提供更多的机会与平台，增加员工的忠诚度和满足感，使员工队伍更加稳定。

2.2.3 增强企业的创新能力和竞争力

企业的竞争最终要落到人才的竞争，研发人员是企业最核心的竞争力。哪一家企业的技术创新了，哪一家企业就能提前引领市场，获得市场的话语权，取得更多的超额利润。通过培训，提高研发人员的创新精神和创新能力，才能真正提高企业的创新力和竞争力，使企业在市场竞争中保持相对优势。

第三节 ┃ 研发人员培养"五力模型"

甲公司一直以来都非常重视研究与创新。2022年年底，研发员工约11.4万名，

占总员工数量的 55.4%；研发费用支出人民币约 1615 亿元，占全年收入的 25.1%，近十年累计投入的研发费用超过人民币 9773 亿元。

截至 2022 年年底，甲公司在全球共持有有效授权专利超过 12 万件，在移动通信、短距通信、编解码等多个主流标准专利领域居于领先地位，已经有数百家企业通过双边协议或专利池付费获得了甲公司的专利许可。

综观甲公司研发人员的管理模式，一流的组织结构模式打造了一流的研发学习平台，研发人员的胜任素质模型为企业挑选了最优秀的研发人才，完善的任职资格体系疏通了研发人员的职业发展道路，科学合理的考核方法保证了研发队伍中既团结又竞争的公平评价，高效的激励政策保持了研发人员不断创新的斗志。

深入研究甲公司的研发人员培养体系，可以提炼出研发人员培养的"五力模型"。"五力模型"是研发人员培养过程中的五种决定因素，依次为学习力、激励力、发展力、资格力和胜任力，如图 8-1 所示。

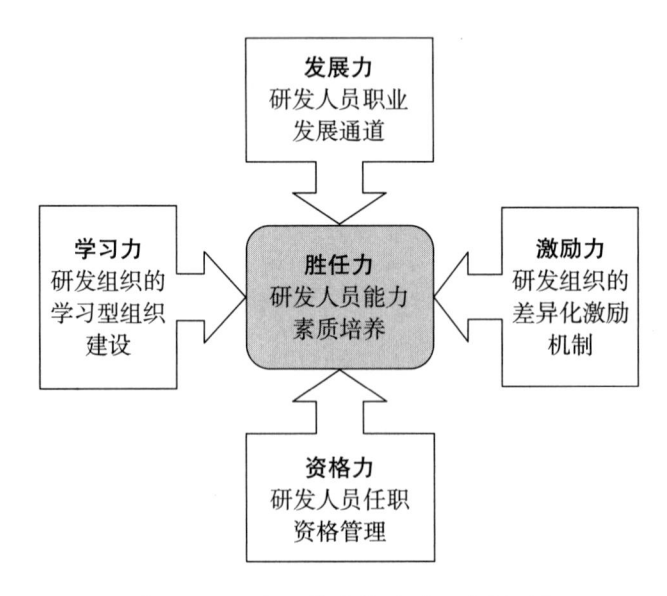

图 8-1 研发人员培养的"五力模型"

下面将结合甲公司研发人员的培养案例，分别论述研发人员培养的学习力、激励力、发展力、资格力和胜任力。

3.1 学习力

研发组织是由研发人员构成的集合体,在研发组织中,研发人员具有开阔的视野、广泛的知识面、强烈的求知欲和较强的学习能力。为了不断提升自身的能力和价值,研发人员需要不断地学习,不断地与他人交流和共享知识,这就要求研发组织为研发人员创造一个良好的学习环境。研发组织的学习型组织建设就是为研发人员搭建一个学习平台,构建组织学习氛围,提升组织学习力。

◎标杆案例11　甲公司研发人员的学习力[①]

甲公司在研发人员内部推行职业训练与职业牵引,使得研发人员能够迅速成长起来。通过设计专门针对研发人员的培训体系,牵引其系统全面地提高技术能力;通过外请技术专家进行技术培训,帮助技术研发人员了解相关领域最新技术知识,开阔眼界;通过内部培训机制,组织同事定期演讲,交流知识与经验,加强内部交流;同时建立导师制度,并将新人成长的成果纳入对导师的考核指标中,加强其传、帮、带意识。

1. 研发组织能力目标的确定

通过对组织研发能力的分析,确定提升研发组织能力目标,引导研发人员参与组织培训活动。对于以开发为主的组织而言,组织的研发能力是非常重要的核心,一个有研发能力的组织可以让组织在多变而复杂的环境中,快速应变与创新,具备竞争的优势。甲公司研发团队重视对需要具备的专业知识技能、基础知识技能的分析、总结、确认,使每位团队成员能够清楚认识自己已经具备的技能以及欠缺的技能,据此进行相应的提升。

2. 研发培训课程体系设计

培训课程包括适应性培训与提高性培训两大类。适应性培训促进每一个

---

① 参见孔飞燕:《甲公司研发人员管理模式研究》,兰州大学2009年硕士学位论文。

角色适应现有的岗位,课程体系主要包括角色意识、岗位职责与关键行为、工作方法与技能三个部分。提高性培训为需要向更高层次发展的员工提供素质技能提升的机会,课程包括更高级别的套餐培训、相关领域的套餐培训等。研发培训系统站在全流程培养的高度,对每一种角色从任职要求与职业发展两个方面进行规划,并提供系统化的培训培养措施,使人才成长与公司发展相互促进,培养职业化的工程师。

3. 研发人员的培训管理

研发人员拥有自己的培训档案,记录在不同阶段所接受的不同培训。进行岗前培训时档案中记录培训内容、考试结果、教官评语和培训状态,到岗时其主管首先看到的就是其岗前培训成绩。在岗培训时档案中会记录其在实际业务操作中的各类应用能力,试用期结束时主管会参考其记录和表现决定是否给予转正。

4. 研发人员的思想导师制

新进入公司的研发人员采用新员工导师制,部门负责人指定一个技术能力强的老员工作为导师,一对一地负责新员工的技能提升及文化、制度、流程上的适应,导师负责制订新员工试用期的工作计划、学习计划,并定期与新员工交流、沟通。通过该制度,导师不仅从技能上对新员工进行辅导,同时也会宣讲公司的文化、流程。

5. 研发平台

为了给广大研发人员创造一个技术学习和交流的网络平台,甲公司成立了互动学习的借力机制:研发支撑体系的求助网,以满足各部门员工学习的需要。该网络平台一方面鼓励大家把自己工作中的"宝贵经验"贡献出来,使得一个人的经验变成大家的经验,同时对员工提出的问题进行讨论及解答;另一方面研发专家小组还定期下载有用的技术文章供员工参考,这样,员工可以充分地利用公司资源进行自我学习,使个人能力得以快速提升。

3.2 激励力

研发人员属于典型的知识型员工，比起其他员工，他们更关注工作的自主性和创新性，以及需求的个性化和多样性，尤其重视自我价值能否得以实现。这就需要建立研发组织的多元化激励机制，对研发人员实行多样化激励，形成巨大的吸引力，构筑强大的凝聚力。

◎标杆案例 12　甲公司研发人员的激励力[1]

甲公司根据研发人员所在的职业生涯的阶段不同，对研发人员的激励方式也各不相同。

1. 第一阶段（实习期）的激励策略

甲公司在研发人员实习期采用的首选激励策略是薪酬激励，次选策略是个人成长与发展，备选策略按重要程度由高到低分别为环境激励、决策参与、产权激励。甲公司处于实习期的研发人员绝大多数是刚毕业的大学生，他们往往偏重以货币性薪酬的高低来衡量自身的价值与实力，并以此作为与其他同学比较的唯一标尺。甲公司曾提出"高薪聘用优秀应届毕业生"的激励策略，计算机、通信等专业类本科毕业生进入甲公司在整个行业中处于90%以上的薪酬位。除了薪酬激励作为首选激励策略之外，甲公司还为处在实习期的研发人员提供了有助于个人成长与发展的培训计划，提前为他们潜力的发挥做好铺垫。

2. 第二阶段（过渡期）的激励策略

甲公司在研发人员过渡期采用的激励策略按重要程度和被采用的频次由高到低依次是个人成长与发展、薪酬激励、环境激励、决策参与激励、产权激励。处于过渡期的研发人员一般都会考虑自身未来的发展方向，对于今后几年究竟是从事代码编写、安全测试、结构分析工作，还是从事系

---

[1] 参见封智勇、余来文：《甲公司是怎样培养研发人员的》，载《现代企业文化（上旬）》2008年期。

统设计、公司行政管理或市场开发与售后技术服务等工作，必须做出一个明确的选择，并且接受相应的专业培训与指导。鉴于此，甲公司首选能够大力推动员工个人快速成长与发展的培训激励策略，派驻研发人员在美国硅谷、达拉斯、印度班加罗尔、瑞典斯德哥尔摩等地进行学习和培训。另外建立了完善的甲公司认证培训体系，包括甲公司认证网络工程师、甲公司认证高级网络工程师、甲公司认证网络互联专家等。与此同时，甲公司采用带薪学习的激励策略，极大地调动了处于过渡期研发人员的工作积极性和学习动力。

3. 第三阶段（发展期）的激励策略

甲公司在研发人员发展期采用的激励策略按重要程度和被采用的频次由高到低依次为环境激励、个人成长与发展、决策参与策略、薪酬激励、产权激励。甲公司处在发展期的研发人员基本上已经接受了相当完善的职业技术培训，他们具备完善的知识结构，掌握着企业的前沿性技术，渴望公司能够鼓励他们开展风险型研发工作，并能容忍他们的失败，他们也希望通过职位晋升谋求更大的个人成长与发展空间。鉴于此，甲公司首选能够快速孵化创新成果的环境设施激励策略，成立了"甲公司科技基金"，大力鼓励和引导发展期的研发人员开展创业活动。另外还成立了技术等级晋升制度，保证处于"发展期"的研发人员随着自身经验的增加，不断地获得地位提升，并增配和优化工作设施与条件，从而不断拓展处于发展期研发人员的个人成长与发展空间。

4. 第四阶段（稳定期）的激励策略

甲公司在研发人员稳定期采用的激励策略按重要程度和被采用的频次由高到低依次为决策参与、环境激励、薪酬激励、个人成长与发展、产权激励。甲公司处在稳定期的绝大多数研发人员已经晋升到自己理想的岗位，基本上都承担着研发管理任务，如担任着研发部门经理、项目总监、技术总监、区域总裁、副总裁、首席指导师等职务。他们希望获得公司的尊重，同时他们不想受到过多的约束，而是凭一种原有的工作惯性去工作，喜欢弹性工作制以及工作自主性。鉴于此，甲公司创造条件积极引导这些研发人员参与公司决策。

3.3 发展力

"发展力"指的是研发人员的职业发展能力，也就是他们规划和管理自己职业生涯的能力。对于高知类型的研发人员来说，他们更看重组织与自身职业发展的统一协调，企业需要为研发人员提供清晰的职业发展路径，让他们了解在公司内部有哪些晋升机会，需要具备哪些技能和经验。比如，企业可以建立管理和技术并重的双通道职业发展路径，塑造研发人员的发展力，激励其长期与企业共同发展。

◎标杆案例13　甲公司研发人员的发展力[①]

1. 建立针对研发人员要求的发展空间环境支持系统

根据研发人员的特点，要使研发人员满意，必须给他们一套完整的个人发展空间计划。要具备这种环境和氛围，就需要部门有一套针对研发人员的发展空间环境的支持系统。这种环境支持系统能够了解每个研发人员的真实想法、发展诉求，并且能够结合部门的实际情况，针对每个研发人员的发展规划提出相应的建议或者意见，帮助他们成长。研发人员的特点，决定了环境支持系统是部门针对研发人员的内部营销所必不可少的，甲公司的员工可以根据其自身特点，结合业务发展，为自己设计切实可行的职业发展通道，逐步实现职业发展规划。

2. 双重资格晋升制度确保个人职业发展通道畅通

甲公司研发人员的发展通道是多通道晋升模式，员工至少可以选择两条职业发展通道，如图8-2所示。

[①] 参见汪霞：《知识型员工的有效激励——以甲公司某研所为代表的研发体系为例》，东南大学2009年硕士学位论文。

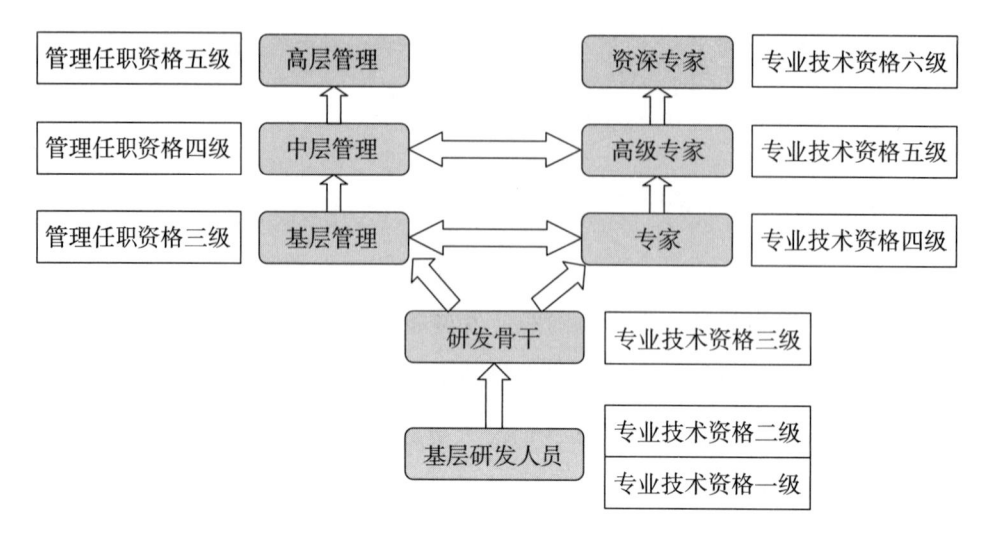

图 9-2　甲公司研发人员任职资格晋升通道

从上图中可以看出，当研发人员具备专业技术级别三级资格之后可以选择管理通道发展，也可以继续选择技术通道发展。管理三级对应专业技术四级，同时，"管理者"和"技术专家"之间设置岗位互动通道，以保证优秀的研发人员随时尝试新的角色、新的挑战来实现自己的价值。因此，除个别外聘的"特殊人才"外，甲公司的管理者一般都是从优秀的专业骨干中选拔产生的。另外，如果成长为资深专家级别，即使不担任管理职位也可以享受公司副总裁级别的薪酬与职业地位。这样通过设计管理和技术的职业发展双通道，突破研发人员的晋升"瓶颈"；设计薪资的双通道，确保技术专家的收入高过部门管理者。同时在观念上，倡导向专业领域发展，鼓励研发人员安心做好技术研发工作，而甲公司也得以充分保留一批具有丰富经验的技术人才。

3.4　资格力

研发人员任职资格的有效管理，有助于企业搭建研发人员的资格力，在相应的职位上找到符合上岗资格的人员，并且对其进行相应的任职资格评价。针对研发岗位资格要求，企业千方百计去吸引并挑选那些具有任职资格的人员，这就是对研发人员的招聘；对那些低于任职资格要求的研发人员，企业要对他们进行训练与开发，这就是对研发人员的培训；对于那些高于任职资格要求的人员，企业要对他们进行提拔与开发，这就是对研发人员的晋升。

◎标杆案例14　甲公司研发人员的资格力[①]

甲公司研发人员的任职资格标准中有详细的任职说明，使得研发人员了解每个级别工作的具体要求、需要学习的内容以及绩效改进的方法。同时通过自己与自己比，激发自我发展的动力，为达到个人职业发展目标而不断努力。在达标的过程中不断规范自己的操作，提高自己的技能，形成规范标准。研发人员技术通道的每个级别标准如表8-1所示。

表8-1　甲公司研发人员技术通道级别标准

职位	级别	标　准
基层研发人员	技术一级	具有本专业的一些基本知识或单一领域的某些知识点；在适当指导下能够完成单项或局部的业务
基层研发人员	技术二级	具有本专业基础的和必要的知识、技能，这些知识和技能已经在工作中多次得以实践；在适当指导的情况下，能够完成多项复杂的业务，在例行情况下能够独立运作
研发骨干	技术三级	具有本专业某一领域全面的良好的知识和技能，在某一方面是精通的；能够独立、成功、熟练地完成本领域一个子系统的工作任务，并能有效指导他人
研发核心骨干	技术四级	精通本专业某一领域的知识和技能，熟悉其他领域的知识；能够指导本领域内的一个子系统有效地运行，对于本子系统内重大的、复杂的问题，能够通过改革现有的程序、方法来解决，熟悉其他子系统的运作
研发专家	技术五级	精通本专业多个领域的知识和技能，能够准确把握本领域的发展趋势，指导整个体系的有效运作，能够指导本领域内重大、复杂问题的解决
研发资深专家	技术六级	能够洞悉本领域的发展方向，并提出具有战略性的指导思想

---

① 参见吴义林：《H公司任职资格管理设计与应用研究》，西南交通大学2007年硕士学位论文。

甲公司任职资格管理体系将公司的目标使命化，建立了以责任、员工能力、贡献为核心的任职资格标准，完善了相应的评价手段和价值分配机制，通过将公司的目标与员工的个人需求捆绑在一起，将公司的整体目标内化为员工个人的使命和责任，员工自然会积极努力。

3.5　胜任力

对于研发人员，由于其工作的特殊性，对胜任工作的能力素质要求更为严格。通过建立研发人员胜任素质模型，一方面，可以用来判断和发现优秀研发人员；另一方面，也为以后的研发工作，特别是自主研发工作做好必要的准备。研发人员的能力素质培养，可以打造出研发人员强大的胜任力。在对研发人员培养过程中，研发人员自身的能力素质培养作为其内在的要素，也是最为核心的要素，是研发人员培养五大决定性因素中最关键、最重要的因素。

◎标杆案例15　甲公司研发人员的胜任力[①]

甲公司研发人员胜任力模型是公司通过长期针对研发人员各方面的研究而逐步完善的素质模型，主要从思维能力、成就导向、团队合作、学习能力、坚韧性和主动性六项能力来考察研发人员的综合素质。在这六项能力描述中，每一项都由四个从低到高的评价级别组成，在面试招聘、人员培养和职位晋升过程中运用这些模型综合分析，选拔出最具潜在价值的研发人员，如表8-2所示。

[①] 参见王家康：《基于价值链的人力资源价值评价体系的构建》，华中科技大学2005年硕士学位论文。

表 8-2　甲公司优秀研发人员胜任力素质模型

素质项	定　义	等级	评价描述
思维能力	指对于问题的分析、归纳、推理和判断等一系列认知活动，主要包括分析推理和概念思维方面，是在优秀研发人员身上表现最多的素质。	0	不能准确而周密地考虑事物发生的原因，或者不能根据已有的经验或知识对当前所面临的问题做出正确的判断。
		1	将一个复杂问题分解成不同部分，使之容易把握，根据经验和常识迅速发现问题的实质。
		2	发现事件多种可能原因或行为的不同后果，或找出复杂事物之间的联系。
		3	恰当应用已有概念、技术、方法等多种手段找出解决问题最有效的方法。
成就导向	指具有成功完成任务或在工作中追求卓越的愿望，具有高成就导向的人希望出色地完成他人布置的任务，在工作中极力达到某种标准，愿意承担重要的且具有挑战性的任务。	0	安于现状，不追求个人技术或专业方面的修养和进步，或在产品开发中不尽力达到优质的标准。
		1	努力将工作做得更好，或达到某个更高的标准。
		2	想方设法提高产品性能或工作效率，为自己设立具有挑战性的目标，并为达到这些目标而付诸行动。
		3	在仔细权衡利与弊的基础上做出某种决策，为了使公司获得较大利益，甘愿冒险。
团队合作	愿意作为团队中的一名成员，与团队中的其他人一起协作完成任务，而不是单独地或者采取竞争的方式工作。	0	在工作中单独作业，不与他人沟通。
		1	愿意与他人合作，与团队中的其他人共同交流，分享信息。
		2	愿意帮助团队中的其他人解决遇到的问题，或无保留地将自己所掌握的技能传授给其他人。
		3	主动与其他成员沟通，尊重并寻求他人对问题的看法和意见，鼓励团队中的其他成员，促进团队成员之间的合作，或提高团队的合作氛围。

续表

素质项	定义	等级	评价描述
学习能力	在工作中积极获取和工作有关的信息和知识，并对获取的信息进行加工和理解，从而不断地更新自己的知识结构，提高自己的工作技能。	0	在专业上停滞不前，不愿意更新自己的知识结构，工作中不注重向他人学习。
		1	在工作中愿意并善于向其他同事学习。
		2	执行自己不太熟悉的任务时，能够钻研资料，获得必备的工作知识或技能，从而尽快适应新的工作要求。
		3	深入了解当前最新的知识和技术，并能够意识到它们在产业界的应用。
坚韧性	能够在非常艰苦或不利的情况下，克服外部和自身的困难，坚持完成所从事的任务。	0	经受不了批评、挫折和压力。
		1	面对挫折时克制自己的消极情绪，保持情绪的稳定。
		2	在比较艰苦的情况下或巨大的压力下坚持工作。
		3	有效地控制自己的压力，通过建设性的工作解除压力。
主动性	在工作中不惜投入较多的精力发现和创造新的机会，提前预计到事件发生的可能性，并有计划地采取行动提高工作绩效，避免问题的发生，创造新的机遇。	0	不会自觉地完成工作任务，需要他人的督促，不能提前计划或思考问题，直到问题发生后才能意识到事情的严重性。
		1	自觉投入更多的努力去从事工作。
		2	及时发现某种机遇或问题，并快速做出行动。
		3	提前行动，以便创造机会或避免问题发生。

甲公司以优秀研发人员胜任素质模型为主线的管理模式，甲公司为选拔出了大量高质量的研发人才，打造出一支支高绩效的研发队伍，是甲公司实现技术创新、产品创新的根本所在，是甲公司能够站在国际前沿市场与通信巨头们同台竞技的最有效资本。同时通过优秀研发人员素质模型的对照，能够有效地促使研发人员不断地进行培训学习，努力提高自身各方面的能力，积极完善自己的任职资格要求，不断打造研发人员职业生涯上升的空间。

第九章
内训师的修炼
——从新手到高手

【本章导读】

◆ 内训师八大能力模型

◆ 内训师的选拔与评估

◆ 内训师从新手到高手

◆ 让领导者成为内训师

第一节 ▌ 内训师八大能力模型

1.1　让内训师闪亮登场

企业培训中常常会出现这样两个场景：一个是从企业外部请来的培训大师，旁征博引，滔滔不绝，大家听得时而热血沸腾、时而开怀大笑，可是听完后仔细一琢磨，发现讲的内容跟自己的工作关联并不大，和企业的实际情况也不符，至于培训大师独具魅力的形象，随着时间的推移也逐渐淡忘了。另一个则是企业安排某个专业方面突出的骨干人员担任内训师，承担专业技能方面的培训，但是往往存在这样的问题，选中的骨干人员要么因为本职工作繁重抽不出时间，要么怕惹来招摇之嫌不愿意做，要么是表达能力和培训技巧欠缺，可谓"茶壶里煮饺子——有料倒不出"。企业管理者和培训负责人面临两难选择：外部培训师的讲授内容"隔靴搔痒"，内部培训师的讲授技巧"捉襟见肘"。

相对于外部培训师，内训师对企业的文化、运营模式有深入了解，培训更符合企业的实际需求；内训师与员工的日常接触更多，更了解员工的需求和问题，培训内容更贴近员工实际需求；内训师可以长期跟踪员工的学习进度和效果，更容易 提高培训效果；内训师通常是企业内部的优秀员工或者管理者，他们的成功经验和专业知识可以激励其他员工，提升企业的内部凝聚力。

现代企业打造核心竞争力的一道亮丽风景线就是内训师队伍。国际知名公司大都拥有自己的内训师队伍，通过"培训培训师"（training the trainer to train，TTT），在公司内部设立一个固定的流程来培训自己的骨干人员或管理人员，使之成为内训师。

如果仅仅因为内训师的培训技巧不高而因噎废食，绝非明智之举。只有通过建立科学合理的内训师培养体系和相应的内训师管理制度，组建一支稳定、专业的内训师队伍，针对性地培养、提高内训师的培训技巧和培训能力，让越来越多的企业内训师"闪亮登场"，方能为企业的基业长青注入勃勃生机！

1.2　内训师八大能力模型

为了建立一支能打硬仗的内训师队伍，企业需要构建一套科学有效的内训师胜任能力素质模型，一方面为企业内训师的选拔提供依据，为企业内训师的考核和激励树立评判标准；另一方面有助于企业内训师的快速培养和知识传承，是建立阶梯培养内训师方案的基础。

内训师的胜任素质模型包含8个维度，分别是：专业知识、沟通表达、授课技巧、以学员为中心、应变能力、个人影响力、创新求知、责任与奉献，如图9-1所示。

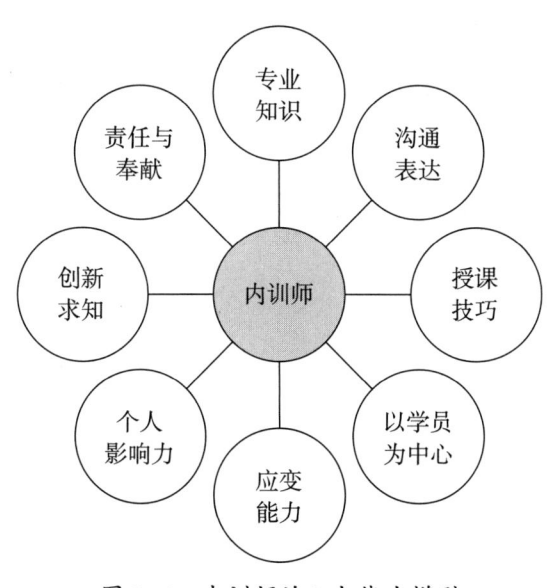

图9-1　内训师的八大能力模型

1.2.1 专业知识

有自己擅长的领域和一技之长，在自己所在的专业领域不断钻研与改进。内训师应该多阅读培训方面的书籍，积极参加TTT培训，有意识地提升自身的培训教学能力。

1.2.2 沟通表达

内训师要注意讲课的音量、语气、语速、节奏、清晰度等。内训师要具备快速的语言组织能力，表述尽量清晰准确。在课堂上要安排适当的互动环节，与学员之间要多交流。

1.2.3 授课技巧

内训师要引导学员的思维方向，不偏离课程主线。要善于运用提问的方式引发学员思考和讨论，并鼓励学员提问。可以恰当使用视频、音频、动画、演示等辅助教学手段，贴近主题。合理使用各种激励手段，鼓励学员参与到课堂当中来。另外，内训师对于时间要有一定的把控能力，合理控制每一阶段教学的进度，在规定时间内完成教学任务。

1.2.4 以学员为中心

内训师应根据学员的实际需求去设计课程内容，让学员能够真正做到学以致用。掌握以学员为中心的教学手法，让学员通过思考、讨论、探究得出最终的结论。

1.2.5 应变能力

内训师要根据学员在课堂上的反应来随时调整自己的教学进度和教学方式。对于课堂上的突发事件，内训师要具备一定的应对能力，做出迅速、巧妙的处理。更重要的是，内训师在课堂上要合理控制自己的情绪，要有职业化的表现。

1.2.6 个人影响力

内训师要具有一定的亲和力，能够得到学员的充分信任，学员愿意同内训师进行交流。授课要富有感染力，能够调动课堂气氛，提高学员的积极性。每个内训师都可以塑造自己独特的授课风格，增强对学员的吸引力。内训师需要有丰富的工作经验和生活阅历，并能够将其融入课程中形成自己独特的观点。

1.2.7 创新求知

内训师要勇于质疑，对事物和观点的判断要有独立思考的能力，而非人云亦云。内训师应不仅满足于在自己的专业领域发展，还要努力探索未知的领域，做到与时俱进，开拓新的教学方法，尝试新的教学手段。当然，内训师不仅自身要有创新的精神，还要鼓励学员大胆创新，对学员的创新行为给予表扬和肯定。

1.2.8 责任与奉献

内训师要有主人翁精神，肩负企业人才培养的责任和重担。工作态度认真，按时、高质量完成教学任务，积极参与各项学习活动。能够牺牲自己的个人时间和利益，在培训教学方面去钻研和学习。

第二节 ｜ 内训师的选拔与评估

2.1 内训师的选拔

内训师的选拔是内训师管理体系的重中之重，选拔适当的人才就好比选择一颗优质的种子，直接关系到内训师后期的成长，直接影响到企业培训的效果。

2.1.1　内训师的选拔渠道

内训师的选拔渠道通常有以下三种：

- 主管推荐：部门主管理从现有的员工中，挑选出具有专业知识、良好的沟通技巧和教育培训经验的员工担任内训师。
- 自我推荐：员工可以主动申请成为内训师。适用于那些有教育热情，愿意分享知识和经验，且具备一定的专业知识和教学能力的员工。自我推荐的方式可以充分调动员工的积极性和主动性。
- 管理者承担：企业的高级管理者或部门领导非常适合担任内训师的角色。他们可以分享自己的管理经验和专业知识，对员工产生积极的影响。同时，管理者的参与也能提升培训的权威性和影响力。

2.1.2　内训师的选拔流程

内训师的选拔流程一般分为三个步骤：发布信息、推荐候选人、筛选内训师。

- 发布信息。在选拔内训师之前，人力资源部门要在公司内部进行广泛宣传，发布内训师选拔的通知，做好报名动员工作。
- 推荐候选人。通过自荐、部门主管推荐或者人力资源部门举荐等形式推荐候选人。被推荐人除要在企业有一定年限的工作经验外，还要考虑在工作上是否有突出表现，是否接受过专业的授课训练，是否有过讲授课程的经历。
- 筛选内训师。人力资源部门根据推荐情况整理好所有候选人的资料，组织由人力资源部门、推荐部门、相关管理人员组成的专家小组对候选人进行试讲考核，考察其是否具备内部培训师的基本素质。最后由专家小组确定是否录取为内训师。

2.1.3　内训师的选拔标准

内训师的选拔标准应该以内训师的能力模型为基础,制定科学的评价标准,准确地进行评价和选拔。在选拔时,不仅要评价被推荐人的个人素质和资历,看他们能否将自身丰富的实践经验和深厚的专业理论结合起来,同时还要考察其是否具备良好的沟通表达能力。

如果是选拔入门级内训师,标准要更多地放在人员的意愿和基本能力上,只有从内心热爱培训这份工作,才能在后期遇到各种困难时坚持下去。如果是选拔高级别的内训师,标准要重点放到人员的资历、资质上,在专业领域有所建树的人才,培训过程中会更多地融入自己丰富的工作经验,长期的经验积累也会为内训师增加个人影响力,保证授课不会出现偏差。

2.2　内训师的评估

内训师的能力和态度会直接影响企业培训工作的实际效果。有的内训师精心准备授课内容,努力提高培训水平;而有的内训师却敷衍了事,不顾学员的接受情况。所以有必要对内训师进行考核与评估。

2.2.1　内训师的三个评估原则

- 全面:从培训前的准备工作到培训后的效果,都要进行全面评估。
- 客观:要保证评估项是内训师正常能力范围内可实现的。
- 系统:从培训内容、培训形式、培训技巧到培训教材,系统评估影响培训效果的关键因素。

2.2.2　内训师的五个评估维度

- 前期准备:培训教材和培训案例的开发和编写要规范充实,并提前准备完毕。

- 培训内容：培训内容全面系统、条理清晰，能结合学员实际，有助于学员学以致用。
- 培训形式：能够使学员参与到培训中来，具有较强的互动性，培训形式符合培训内容的需要。
- 培训技巧：具备足够的背景知识和专业素质，能激发学员的学习兴趣，创造良好的学习氛围，根据学员特点，做到因材施教。
- 培训教材：培训教材内容详尽、易于理解，培训案例清晰，培训课件有助于学员对培训内容的掌握。

2.3　内训师的激励

担任内训师并不是一件轻松的差事，要花时间准备培训内容，要花力气讲授培训课程，要花心思接受培训评估……于是乎很多员工并不情愿做内训师。如何激发这些员工的积极性和兴趣呢？这就需要做好内训师的激励工作。

激励手段可以多种多样，具体可以采取以下方式：

- 不定期地举办"内训师技能训练"等相关培训；
- 为内训师提供课件开发、教材编写、课程讲授等方面的资源与支持；
- 给予内训师一定金额的书报、资料等学习费用补助；
- 内训师优先参加相关领域的外部培训；
- 支持内训师灵活调整工作时间、适度增加休闲时间方面的支持；
- 为内训师设计从"培训师"到"高级培训师"再到"资深培训师"的职业发展通道。

第三节　内训师从新手到高手

经过层层选拔，你终于成为一名内训师。在兴奋之余你一定也会感到些许困惑：上台讲课面对那么多学员紧张怎么办？如何开场又如何结尾？怎么才能更好地调动学员的培训积极性？如何更好地把握课程的重点？如何针对培训需求量身定做培训内容？如何做好后续的培训落地工作以做到学以致用？

一名内训师从新手入门，经过刻苦的学习和艰辛的磨炼，才能最终成长蜕变为一名培训高手。

3.1 如何缓解紧张情绪

作为一名新手内训师，最常见的反应就是紧张。为什么会紧张呢？担心自己会忘词，担心准备不充分，担心学员比自己强，担心讲不好被别人笑话……

那么如何克服紧张情绪呢？有以下一些行之有效的方法，不妨一试。

3.1.1 课前充分备课

上台紧张最主要的原因是对课程内容准备得不够充分，所以缓解紧张最好的方法就是在课前下足功夫，认真备课。梳理课程脉络，熟悉内容知识点，熟悉所用案例，做到所有要讲解的内容都烂熟于心。面对非常熟悉的东西，我们会增添许多自信，大大缓解紧张情绪。

3.1.2 多做几次试讲

充分备课之后，一定要多做几次试讲。如果有条件，最好在真实的授课环境中试讲，请人力资源培训部门相关人员、资深内训师、部门同事等来听听，收集他们的意见，不断地改进。没有条件，也可以自己对着镜子做练习，讲给自己听，或者用摄像机、手机等设备录下来，在回放的过程中自我改进。无论如何，一定要试讲、试讲、再试讲，这是缓解紧张情绪、保证培训效果的不二法则。

3.1.3 培训设备检查

对于新手内训师来说,如果在培训过程中突发资料遗漏、设备故障等问题,往往会紧张失控、乱了方寸。所以在正式培训前,一定要认真检查培训过程中用到的各种设备是否准备完备,保证其能正常工作,做到心中有数。

比如,要检查电脑、投影仪、电子白板、麦克风等电子设备是否可以正常工作,课程讲义、学员教材、培训资料、评测表格等是否准备好了,签名表、签字笔、白板笔、座位牌等其他辅助器具是否带齐全了。

3.1.4 正确看待"老师"

对于内训师这个岗位,要树立一个正确的认识,"老师"和"学生"是相对的两个概念,"老师"不可能处处比学员强,没有永远的老师,也没有永远的学生,主动放低姿态,切记教学相长。针对成人的企业内训,其实是一个互动交流、相互学习、共同分享的过程。

3.1.5 生理调节方法

有一些生理调节的方法也可以达到缓解紧张情绪的效果,如上讲台前照照镜子,面对自己微笑,让自己更加自信;做几次深呼吸,调节紧张情绪;上台前做做热身运动,将身体调节至备战状态。

3.1.6 提前到达会场

还有一个缓解紧张的好办法,就是提前半小时到达培训会场,这样会有充足的时间熟悉会场环境,还可以跟早到的学员聊聊天,提前铺垫好情感基础。

3.2 好的开场是成功的一半

对于一次成功的内训课程来说,好的开场非常重要,能够快速暖场打破僵局，建立和谐友爱的师生关系，营造平等快乐的学习氛围，可以说是培训课程的"龙头"。常用的开场方式有很多种，要根据培训课程内容、内训师个性特点、学员类别等因素灵活选择合适的方式。

（1）问题开场：选择培训要解决的关键问题作为开场内容，最能激发学员的学习欲望和学习兴趣。

例如，在做一场销售培训的时候，可以选择以这样的问题开场："在座的各位，谁能告诉我，作为一名顶尖销售高手需要具备哪些关键的销售技能呢？"

（2）故事开场：选择与培训内容紧密相关的、有意义的故事作为开场内容，能够发人深省，也是一种不错的开场方式。

例如，一场关于员工职业心态的培训，以"三个工人"的故事开场："有三个工人在一处建筑工地上费力地敲着石头，这处工地正准备建造一栋小楼房。有一位心理学家分别走近他们，问他们在做什么。第一个工人悻悻地说：'你没看到吗？我在敲这些可恶的石头！'第二个工人无奈地回答：'我在工作，好养家糊口。'而第三个工人眼睛里散发出光芒，回答说：'我正在参与一项有意义的工作，当这栋楼房建成，人们会喜欢它的！'五年之后，第一个工人可能连敲石头的工作也丢掉了，第二个工人仍然是一个普普通通的打工者，而第三个工人则成为公司的骨干。"这样的故事紧扣主题，并且会引发学员的深入思考。

（3）游戏开场：选择新鲜有趣、易于操作的游戏开场，能够迅速打破陌生局面，营造轻松活泼、和谐快乐的学习氛围。

例如，在一次新员工的入职培训中，内训师以名字接龙的游戏开场，先请大家围成一圈站立，从第一位新员工开始介绍自己的名字、家乡、部门和爱好："我是王一，来自湖南，任职行政部，爱好打篮球。"紧挨着他的下一位新员工要说："我是来自湖南、任职行政部、爱好打篮球的王一旁边的李四，我来自山东，任职市场部，爱好听音乐。"依此类推，直到最后一名新员工。通过这样轻松有趣的游戏环节，新员工会快速地熟悉彼此，为后面的培训环节创建轻松愉悦的环境。

（4）数据开场：采用真实、具体的数据开场，最好是具有强烈对比作用的数据，有时候也可以取得非常震撼的效果。

（5）案例开场：选用贴近学员工作实际的案例开场，能够极大地调动学员的学习积极性，激发学员的学习主动性。

例如，在一次针对公司管理人员的领导力培训中，以这样的案例开场："李明最近刚刚由部门骨干人员升任部门经理，部门的另一个业务骨干王强对李明的升任心有不满，总是公然挑衅李明的领导权威，甚至偶尔会有言语上的冲撞。但是王强的业务能力很强，业绩依然位居部门前列。如果你是李明，针对王强这样的下属你会采取什么样的管理措施？"这样的案例开场，会一下子抓住学员的注意力，很好地激发学员的学习兴趣。

3.3 好的结尾是圆满的保证

对一次内训课程来说，完美的结尾同样重要，可以起到梳理学员思路、了解掌握情况、重申重点内容、加强学习记忆、激励行为改变、引入下次课程等作用，可以说是培训课程的"凤尾"。

结尾的方式也有很多种，分别介绍如下：

（1）首尾呼应法：在课程设计和开发的过程中埋下伏笔，使培训开场和培训结尾遥相呼应。比如，在培训开场的时候提出一个关键性问题，且悬而未决，直到培训结尾的时候给出最终答案；或者，在培训开场的时候引入一个实际工作案例，而在培训结尾的时候由培训内容导出完美的解决方案。这样的结尾方式使得学员最初的疑惑得到彻底的解决，令人印象深刻。

（2）要点回顾法：在课程的结尾，内训师回顾培训过程和培训内容，总结出培训的要点一、二、三，重申重点，强调要点，加深印象，强化记忆。

（3）小组竞赛法：可以就培训的重点内容设计竞赛题目，在课程的结尾，采取分组竞赛的方式，引入竞争机制，激发大家的好胜心，通过灵活应用培训的知识、技能，赢得比赛。这样的结尾方式要求学员即时应用所学内容，促进学以致用，最大限度地实现培训内容的行为转化。

（4）分组讨论法：在课程结尾的时候，根据培训的主要内容，拟定合适的主题，分组进行讨论，深化并升华培训精神。比如，在完成了"工匠精神"的培训内容讲解之后，拟定这样的主题："你将如何在后续的工作中修炼工匠精神？"将培训学员分成几个小组，进行小组讨论，最后由每个小组选派一名代表上台陈述本组的讨论结果。这样的结尾方式，会促使学员深入思考培训内容，并与自己的实际工作相结合，为后续的培训效果转化奠定良好的基础。

（5）培训调查法：提前设计好培训调查表，在课程快要结束的时候，留出时间发放调查表，组织学员填写调查表，收集学员的意见和建议，完成后续的培训评估工作，不断改进和优化培训过程。

3.4 如何做到轻松控场

3.4.1 互动控场方法

内训师可以借助各种互动工具，通过师生互动、小组互动充分沟通交流，掌握带动、鼓动、发动、推动、调动、轰动、感动、震动等技巧，吸引学员参与，营造互动氛围，使培训过程更易于被学员接受，更有效果。

内训师要掌握一些常用的互动方法，如可以预埋一些较难掌握的知识点让学员讨论，也可以在培训中故意弄错或搞混一些问题让学员辨别，或者准备几个容易引发争论的知识点让学员展开辩论。

3.4.2 提问控场技巧

"讲得好不如问得巧，问得巧不如答得妙。"内训师在培训中需要掌握一些提问控场技术，以引导学员参与讨论。以下是一些常用的提问控场技术：

开放式提问：引导学员进行深入的思考和讨论，而不仅仅是回答"是"或"否"。例如，"你认为这个方案的优点和缺点是什么？"

导向性提问：引导学员关注到某个特定的主题或者观点上。例如，"你认为这个项目失败的主要原因是什么？"

反馈式提问：帮助内训师了解学员对于某个主题的理解程度。例如，"你能否总结一下我们刚才讨论的关键点？"

挑战性提问：激发学员的思考，挑战他们的观点和假设。例如，"如果我们换一个角度来看待这个问题，会有什么不同的结果？"

分享式提问：鼓励学员分享自己的经验和观点，增加他们的参与度。例如，"你在实际工作中是如何处理这种情况的？"

3.4.3　学员把控关键

在培训过程中，有的学员上课走神、睡觉，有的学员玩手机，有的学员甚至会故意捣乱、刁难老师。面对各色各样的学员，内训师一定要摒弃"问题学员"的错误观念，因为如果学员没有问题又何必训练？不要把学员的问题等同于有问题的学员，所以，要清晰地了解在学习状态之外，还有处在观察、评判、挑战等状态的学员，正确把握学员心态，管理和调整学员状态。

内训师可以运用沉默、停顿、重复、眼钩、手抓、话打、声音拉等控场技巧，抓现场、抓感觉、抓心态，通过提问引发思考，通过现象点评激发兴奋点，通过身边事和学习活动调动注意力，激发学员全情投入、全心参与。

3.4.4　自我状态控制

培训过程中的控场最重要的其实是控制自我，而不是控制学员，控制好自己的心态和情绪，树立为学员服务的理念才是正确的选择。虽然内训师是"老师"，但要虚怀若谷，放低身姿，坚持教学相长，与学员相互学习、交流分享、共同进步。

3.5 如何调动学员的积极性

3.5.1 以建构主义为指引

在培训过程中，如果内训师以建构主义为指引，就能从根本上调动学员的积极性。

建构主义的核心思想是以学员"学"为主，提倡小组讨论、实际演练等主动学习方式，相比以老师宣讲为主的传统教学模式，建构主义教学方法极大地激发了学员的主动学习意愿，很大程度上提升了学员的学习效果。

建构主义教学的核心内容是，一切从学员的角度出发，一切围绕学员，以学员为中心进行教学设计、课程开发和实施等一系列教学行为。建构主义教学以学员完成有意义的建构作为培训的终极目标。建构主义教学其实就是基于问题解决的教学，教学的目的就是帮助学员解决问题。[①]

3.5.2 让学员参与其中

现在的学员，尤其是新生代员工，崇尚自我，追求自由，注重参与感。调动学员积极性的有效方法就是让学员深度参与培训的各个环节，充分展现自我，才能真正激发他们的学习热情。

让学员参与的方法有很多，如培训过程多提问让学员来回答；在讲解某些问题的时候让学员来讲解；讲解疑难问题的时候可以分成几个小组，在组内充分讨论，并上台陈述；多采用游戏法、竞赛法、角色扮演法等方法。总之，要让学员不再只是被动地听，而要主动地讲；不再仅仅是观众，而要成为参与其中的演员。

[①] 关于建构主义可参考本书第十章"建构主义——点燃学员的培训热情"对建构主义做了深入细致的探讨。

3.5.3 适度激励

在培训过程中设置一些环节，引入竞争机制，奖优罚劣，往往能很好地调动学员的学习积极性。常用的激励方式有参与激励、竞争激励、荣誉激励、目标激励等。

比如，对积极回答问题的学员要热情地给予肯定和鼓励；引导所有学员对参与者给予掌声激励；引入小组竞赛的机制，对获胜小组发放荣誉证书或小红包等作为奖励。

3.6 如何量身定制培训内容

内训师具备系统的课程开发技巧，能够根据员工的需求和企业的目标，设计出适合的培训内容和方法，同时也需要对培训效果进行有效的评估和跟踪。

开发准备：了解和分析员工的学习需求，通过问卷调查、面谈、观察等方式进行。同时，也需要考虑企业的战略目标和业务需求。根据需求分析的结果，设定培训的目标，明确培训希望达到的效果。

内容设计：根据培训目标选择相关的培训内容。包括理论知识、实践技能、案例分析等；采用合适合的教学方法，如讲座、小组讨论、角色扮演、模拟实验等；准备相关的教学材料，并开发课件。

效果预期：设定评估培训效果的方法，如测试、观察、反馈问卷等。评估结果可以用来调整培训内容和方法，提高培训效果；对培训效果进行长期的跟踪和反馈，了解培训的长期效果，为未来的培训提供参考。

3.7 优秀内训师的修炼

从新手到高手，从优秀到卓越，内训师的职业成长是一个不断修炼的过程。唯有勤于学习、善于总结、不断练习，才有可能到达成功的彼岸。

3.7.1 勤于学习

这是一个信息、技术、知识大爆炸的时代，这是一个日新月异的时代，学员的成长也是非常迅速的。要给学员一杯水，自己得有一桶水。内训师必须不断地学习，提升专业知识，扩充行业知识，拓宽知识面，提高自身素养，才有充足的底气站在讲台上。内训师要及时更新培训知识点、课程案例、教学素材以保证与时俱进。所以说，优秀的内训师是一台永不停歇的学习机，一旦开始就没有结束。

3.7.2 善于总结

有些人用授课年份或者培训课时数衡量内训师是初级、高级还是资深，其实是不够科学的。有些人讲了多年的课，水平却没有多少提升，问题就在于是否善于总结提升。内训师在每次课程结束之后都应该认真地收集意见、发现问题、深入总结，针对课程内容、培训方法、互动练习等环节进行相应的改进和提升，保证每次进步一点点，才会一直走在超越自我的大道上。

3.7.3 不断练习

内训师是一份实践性的工作，有再多的理论知识，也不如披挂上阵，上台实操。在一次次的培训实践过程中，不断地练习、不断地摸索，才有可能持续精进，正所谓实践出真知。

◎标杆案例16 "钻石讲台"——福田汽车内训师体系建设[1]

【案例背景】福田汽车的员工培训工作以公司五大战略转型和五大能力的培育为核心目标，形成了以管理人才、专业技术人才、营销人才、国际化

---

[1] 参见齐向宇：《大国重器，器重人才——对话福田汽车总经理助理潘平》，载《人力资源》2015年第12期。

人才、技能人才和校园人才六支人才队伍为核心的人才培养体系。培训工作紧紧围绕需求分析、计划方案、组织实施、效果评估及结果应用五大业务流程开展，同时构建起培训必要的课程、师资、供应商和教育经费四大资源体系，通过一整套的培训管理制度体系作为基础保障，形成了"6·5·4·1"的培训体系。

福田汽车每年在基础培训方面的需求量和课程量非常大，企业知识管理的迫切性也比较高，与此相对应的是几年前福田汽车内训师授课水平参差不齐，缺乏系统培养、正式认证的师资队伍，所以摆在企业培训工作面前的首要任务就是建立一支优秀的内训师队伍。

【案例解读】回顾福田汽车内训师队伍建设的过程，可以概括总结为三个发展阶段，下面分别用三个比喻进行说明。

第一个阶段："民间小剧场"阶段

福田汽车内训师队伍建设的第一个阶段可以称为"民间小剧场"阶段，这个阶段的特点表现在授课比较活跃，每个"周六培训日"都会有大量的讲师进行培训和分享，公司的高管也偶尔登台授课，全年累计下来总的授课数量大得惊人；但公司层面没有一支经过系统培养、正式认证的内训师队伍，总体技能偏低，所以培训的效果并不理想，学员满意度总体比较低。

第二个阶段："国家大剧院"阶段

经过几年的积累，福田汽车内训师培养进入第二个阶段——"国家大剧院"阶段。这个阶段总体上呈现出了专业度高、培训项目系统、认证环节隆重等高大上的特点。培训部门从福田汽车标志的核心元素——钻石出发，策划和创立了"钻石讲台"内训师培养平台，作为福田汽车致力于打造具有福田汽车企业特色的内部培训师培养项目，"钻石讲台"是公司内训师的集体称号，也是公司人力资源管理倾情打造的服务员工的产品和品牌。

总体来讲，福田汽车"国家大剧院"阶段的内训师培养比较专业、系统，整个项目看上去很高大上，但是也存在很多问题和痛点：痛在学员出勤率低，痛在认证难度大，痛在员工参与度低，痛在成本过高，痛在内部影响力不足。

第三个阶段："我要上春晚"阶段

带着这些问题和挑战，福田汽车内训师培养项目进入了第三个阶段，抽象概括为"我要上春晚"阶段。

通过大赛带动培训，比赛各环节都设置各种培训和辅导，选手一路参赛，一路接受各种专业的培训和辅导，极大地提升了参加培训的热情，开拓了公司在人才培养方面的视野和思路，看到了自身的优势，也看到了自身的不足与发展方向，形成了福田汽车特色的人才培养品牌，获得了行业认可。

总之，在"我要上春晚"阶段，福田汽车形成了一种非常特别的内训师培养模式，通过"我是好讲师"大赛帮助企业发现内部人才，沉淀企业知识，完善企业的人才培训管理体系，提升讲师授课水平，有助于打造内训师平台，塑造员工服务品牌。

【案例小结】福田汽车内训师培养经历了"民间小剧场""国家大剧院"和"我要上春晚"三个阶段，是三种内训师培养的模式，而这三种模式在福田汽车依然并存，业务部门日常的培训还是"民间小剧场"的模式；企业每年也会组织几期专业的认证班，确保内训师培养的专业度；还有就是公司继续做好"我是好讲师"大赛，通过赛训结合的方式让内训师培养更加接地气，产生更大的内外部影响力。

第四节 让领导者成为内训师

如果将"培训师"和"领导者"的胜任素质做个对比，你会发现，"培训师"与"领导者"的胜任能力非常匹配。让领导者担任公司的内训师，对公司的发展具有积极的实践价值。培训师与领导者胜任素质对比如表9-3所示。

表 9-3 培训师与领导者胜任素质对比

培训师	领导者
善于思考、思维缜密、广识博学	足智多谋
以身作则、正直担当、值得信任	正直诚信
启迪他人梦想、善于辅导和发展他人、乐于分享自己的观点	爱护士卒
勇于面对挑战、迎接挑战、不屈从于现状	勇敢果断
严格要求学员，帮助他们养成自我约束的习惯和优秀的品格	军纪严明

4.1 领导者担任内训师的价值

世界大型企业联合委员会曾经做过一项调查，结果显示，被调查的企业中 90% 的领导者都会在"领导力培训项目"中担任内训师，30% 的企业领导者会在"技术/业务培训项目"中担任内训师。70% 的企业高管认为"由领导者担任内训师"对于员工发展及后备领导的培养具有显著作用，60% 的企业高管认为"由领导者担任内训师"对强化组织文化与沟通具有显著的促进作用。

从整体来看，让领导者担任内训师具有多重价值。

4.1.1 实现公司战略

在授课过程中，领导者有机会与学员交流公司的愿景与战略部署计划，让基层管理者和一线员工充分理解组织的战略意图；同时，领导者也有机会更加真实地了解基层的业务情况以及员工的工作状态。

4.1.2 挖掘优秀人才

领导者在教学过程中，能够敏锐地观察到表现突出的优秀人才，一些才思敏捷的基层人员也有机会脱颖而出，从而促进公司内部的人才流动。

4.1.3 提高领导能力

领导者在培训准备过程中,能够促使自己系统学习更多的管理知识,在培训讲授过程中,能够更好地理解分享的主题内容,提升自己的沟通表达、辅导下属以及激励他人等各方面的管理能力,取得长足进步。

4.1.4 传递企业文化

领导者授课为公司内部提供了知识共享的机会,能够更好地实现企业文化、经营理念等思想的传递,有利于打破有形的组织架构与无形的团体文化所形成的信息壁垒,对于公司去除官僚主义、形成统一的企业文化具有极大的促进价值。

4.1.5 促进业务创新

在授课过程中,领导者可以与学员探讨业务模式,研究创新格局,有利于上下形成共识,增强基层人员的参与感,推动公司变革,获取员工尽可能多的支持,促进创新成功。

4.1.6 降低培训成本

在领导力培训中,外部师资往往价格不菲。所以,使用公司内部的领导者可以极大地削减培训成本,这对公司培训部门而言非常有价值,能够取得较高的培训投资回报率。

4.2 释放领导者的教学潜能

释放领导者的教学潜能,我们可以从以下六方面来入手加强。

4.2.1 增强意愿

需要通过各种方式提高领导者参与教学的意愿。包括强调教学对于企业和个人发展的重要性，以及展示教学能带来的具体好处，如提升领导力、增强团队凝聚力等。

4.2.2 树立责任

领导者需要明白，他们不仅是团队的领导，也是团队的教师和导师。他们有责任传授知识和经验，帮助团队成员提升技能和素质。企业可以通过设定明确的期望和目标，让领导者了解到这一点。

4.2.3 促进"无边界分享"

鼓励领导者无边界地分享他们的知识和经验，不论是在正式的培训课程中，还是在日常工作中。这种分享不仅限于专业知识，也包括管理经验、行业见解、职业规划等。

4.2.4 系统管理

建立一套系统的管理机制，支持和鼓励领导者的教学活动。包括提供教学资源、设立教学时间、设定教学评估标准等。

4.2.5 多维发展

为领导者提供多维度的发展机会，让他们在教学中不断学习和成长。包括提供教学方法和技巧的培训、提供反馈和建议、提供与其他优秀教师交流的机会等。

4.2.6 体验讲台

为领导者提供实践教学的机会，让他们亲身体验教学的挑战和乐趣。这可以通过让他们主持内部培训课程、分享会等方式实现。

第十章
建构主义
——点燃学员的培训热情

【本章导读】
- 建构主义——拨云见日
- 建构主义——培训之魂
- 建构主义培训体系设计
- 建构主义培训师的修炼

第一节 ｜ 建构主义——拨云见日

1.1 建构主义，拨云见日

认识建构主义，体味建构之美，源于作者一次企业内训的经历。

应公司总经理的要求，人力资源部将针对集团公司下属的两家分公司中层以上管理者组织一次关于领导力提升的专题培训。当时公司管理人员的领导力水平参差不齐：有一部分是资深经理，在公司工作时间长，管理经验丰富，工作业绩突出；还有一部分是新任经理，因工作认真、表现突出，刚刚由骨干员工升任部门经理。总体而言，公司管理人员的管理知识不够系统，管理能力有待提高，急需提高管理人员的领导力水平。

在接到总经理的培训任务后，作为人力资源部负责人的我首先想到的是寻找外部专家，对公司所有管理人员做一次高大上的领导力培训。经过认真甄选，确定了一名业界大咖，开始紧锣密鼓地准备，首先针对其中一家分公司的近 50 名中层以上管理人员展开培训。

培训还没开始，以分公司一位资深销售副总为代表的部分管理人员就公开"唱反调"，用这位销售副总的话讲："什么知名培训师，他了解我们公司吗？了解我们的业务吗？还不如请我给大家做个培训呢！"

箭在弦上，不得不发。领导力培训如期进行。部分管理人员以各种借口请假，参训人员不足 40 人。培训大师采用的是传统的宣教式培训方法，内容系统经典，案例丰富实用，讲解风趣幽默。观察整个培训过程，有认真听讲、频频点头者，也不乏低头玩手机、打瞌睡者。总体来说课堂气氛比较沉闷，大家的参与性严重不足。培训现场的课堂表现如此，培训之后的效果转化就可想而知了。最后，学员满意度评价不到80分，参训管理人员对这次培训颇有微词，当然，公司总经理也很不满意。

经过这次失败，痛定思痛，深入分析，我认为原因有以下两点：首先，管理人员层次不同，管理水平参差不齐，没有做到按需培训。其次，培训过程以老师"教"为主，没有关注学员的"学"，老师虽然讲得很热闹，学员只是听得很热闹，并没有充分激发学员的学习热情，学员参与度不足。

于是，针对集团另一个分公司的管理层领导力培训，我大胆设计了完全不同的新方案。首先把近50名管理人员分成7个小组，将不同层级的管理人员尽量平均分配到每个小组中。打破了原来刻板的常规教室座位安排方式，每个小组围坐成一圈，分发了若干张大白纸、小便笺和各色彩笔。培训第一轮从问题开始：你认为作为公司管理者，应该具备哪些领导力要素？要求每个小组充分讨论，将本组答案写在大白纸上，上台宣讲。培训过程中引入评分竞争机制，每组讲解完毕后，各组根据讲解质量给予打分，另外最先讲解的组将获得加分项。令人意想不到的是，培训过程异常火爆，大家的参与度极高，发言积极，表现热情，争先恐后。培训第二轮是管理沟通案例，说明案例背景，由各组分别推举代表进行现场角色模拟演练。培训过程进入又一轮高潮，现场唇枪舌剑，针锋相对，欢声笑语，引人深思。培训最后一轮为总结陈述阶段，参训人员经过前两轮的深入参与、透彻思考、头脑风暴、相互激发，基于原有的知识与经验，对于领导力都有了更深层次的认知。各组的表现妙语连珠、精彩纷呈，知识的收获和精神的愉悦都写在了脸上。

作为培训师的我，在整个培训过程中充当的只是培训过程的设计者、培训现场的组织者，对每一组的陈述做适度点评，并在最后的总结陈述阶段不失时机地将领导力引入理论和系统的范畴。培训结束后，满意度评价高达99分，大家的反馈非常好。一位公司资深副总事后深有感触地跟我说："这是我参加过的印象最为深刻的一次领导力培训，形式非常好，收获非常大，以后一定要多搞！"

经过这次培训，我深受鼓舞。后来通过阅读相关文献才发现，我所做的培训过程设计与优化，在无形中运用了建构主义的思想。建构主义让我跳出了传统的培训设计思路，拨云见日，高屋建瓴。从此，我爱上了建构主义。

苏格拉底说，教育不是灌输，而是点燃火焰。在培训和教学过程中，有什么比点燃学员的学习热情更重要的事情呢！

1.2 学习金字塔理论

学习金字塔是一种现代学习方式的理论，最早由美国著名学者、学习专家爱德加·戴尔于1946年发现并提出。它用数字的形式形象地显示了采用不同的学习方式学习，学习者在两周以后还能记住内容的多少，证实了不同的学习方式，学习者的学习吸收率是完全不同的，如图10-1所示。

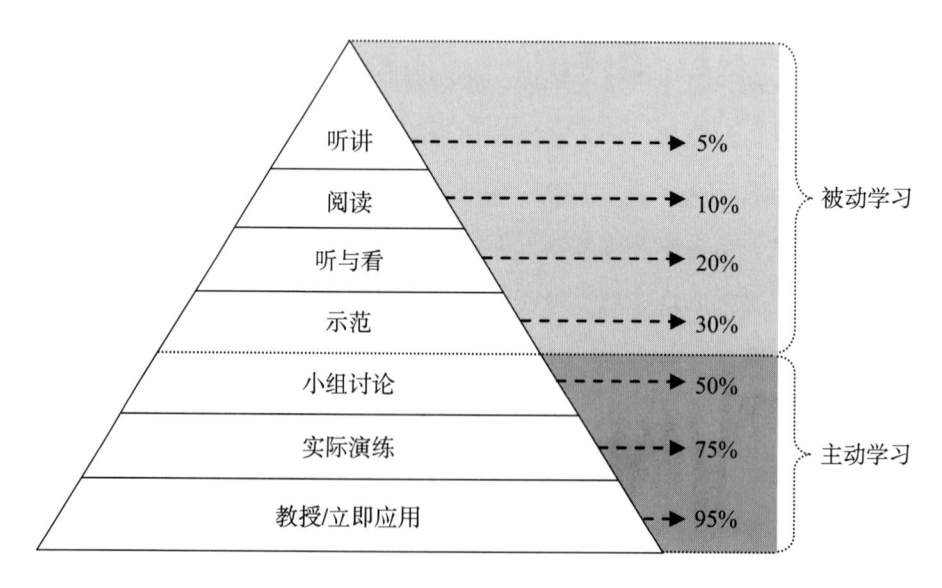

图10-1 学习吸收率金字塔

（1）听讲：处于塔尖的位置，是我们最熟悉、最常用的方式，也就是老师在上面说，学员在下面听，而学习效果却是最低的，两周以后学习的内容只能留下5%。

（2）阅读：学员通过自主阅读的方式学习，学到的内容两周后可以保留10%。

（3）听与看：老师通过播放声音、图片等多媒体资料，学员通过"听声音""看图片"的方式学习，学到的内容两周后可以保留20%。

（4）示范：老师通过"示范"的方式展示学习内容，学员通过观摩的方式学习，学到的内容两周后可以记住30%。

（5）小组讨论：老师组织学员对学习的内容进行小组讨论，小组成员在相互讨论中学习、理解，两周后可以记住50%的内容。

（6）实际演练：老师辅导学员在"做中学"，或在实际工作中学习，两周后记住的内容可以达到75%。

（7）教授/立即应用：处于金字塔的基座位置，学员通过把知识"教授"给别人，或者在实际工作中"马上应用"来学习，两周后可以记住的内容竟然达到95%！

爱德加·戴尔提出，学习效果在30%以下的几种传统方式，都是个人学习或被动学习；而学习效果在50%以上的，都是团队学习、主动学习和参与式学习。

建构主义的核心思想是以学员"学"为主，提倡小组讨论、实际演练等主动学习方式，与学习金字塔理论不谋而合，相比以老师宣讲为主的传统教学模式，建构主义教学方法极大地激发了学员的主动学习意愿，很大程度上提升了学员的学习效果。

1.3　成人学习理论

企业培训的对象是企业员工，其是拥有一定生活经验和工作经验的成人，因此，了解成人学习与儿童学习方式的差异，调动成人学习的积极性至关重要。

管理学家汤姆·W.戈特博士在其著作《第一次做培训者》中，总结了关于成人学习的16条原理，这些原理经过实践证明确实能有效促进培训工作取得成功。这些原理的主要内容包括：

（1）通过做而学。通过学以致用，从某种程度上能提高学员的学习积极性。亲自动手达成的结果能给学员留下深刻的感性认识。

（2）运用实例。相对于枯燥的理论知识学习，贴近学员实际工作、生动有趣的例子，能够引起学员的高度重视，从而提高他们的学习兴趣。

（3）通过比较来学习。参加培训的学员，之前大都有丰富的阅历和背景，在学习的过程中，将现在所学的知识与以前了解的知识进行联系和比较，从而加深或改变之前的部分知识构架。

（4）舒适的环境。培训环境的好坏在一定程度上决定着培训的效果，尽量在一个相对舒适、安静、宽敞的空间内进行培训，避免在交通不便、受到干扰、空间局限、不能自由走动的环境中培训。

（5）多样的形式。结合学员的特点采取灵活的培训方式，往往能够取得更好的培训效果。

（6）消除恐惧心理。有些企业会将培训与考试成绩、奖金及晋升等相联系，这会增加学员的恐惧心理。而企业培训应该更多地关注培训过程，更好地实现培训目标。

（7）做培训的促进者。与儿童培训不同，成人培训中培训师的角色更像一个教练，学习的过程不只是教授知识，更重要的是过程中的引导。

（8）明确学习目标。在培训开始时就告知学员学习的目标，在培训的过程中随时监测学员是否偏离了学习目标，并及时纠正。

（9）反复实践。让学员在培训期间反复运用所学知识及技能，最大限度地转化成实际工作的一项技能。

（10）启发式学习。对于理论知识，引导学员说出答案比单纯告知答案的效果更好。只有这样才能发挥学员的主观能动性，更加深刻地掌握知识。

（11）信息反馈。对于学员取得的进步给予正向、及时的鼓励，让学员随时都能感受到被关注，从而提高学习的动力。

（12）循序渐进。在学员之前的认知基础上构建和加强对新知识的理解与运用。

（13）培训活动。充分考虑每个环节的培训活动是否与培训目标一致，让学员积极参与到培训活动中，保证培训效果。

（14）初始印象。学员对培训的初始印象，会在很大程度上影响培训的效果。所以培训准备要充分，培训师仪态要职业，培训内容要专业。

（15）要有激情。培训师的激情能够带动和感染学员，激发学员积极投入培训过程中。

（16）重复记忆。根据记忆的特点，同样的内容要多次重复才能达到良好的记忆效果。

与成人学习理论有共通之处，建构主义的教学思想同样强调学员在"做中学"，否认学员是一张白纸，承认学员是在原有的经验和知识的基础上构建新的知识，倡导引导式学习，注重充分发挥学员的主观能动性。所以说，建构主义思想符合成人学习理论，尤其适用于企业员工培训。

第二节 ▍ 建构主义——培训之魂

2.1 行为主义、认知主义和建构主义

人们对教育方法的认识是一个发展变化的过程，概括起来，经历了以下三种不同的认识阶段：行为主义、认知主义和建构主义。

2.1.1 行为主义

20世纪上半叶，行为主义在教学领域占据着统治地位，行为主义认为知识积累的关键因素是"刺激—反应"的实验模式，学习就是通过不断地强

化刺激，建立刺激与反应之间的联结。

行为主义基于客观主义，认为世界是真实的，存在于学习者外部。教学的目标是将世界的结构与学习者的结构相匹配。学习动力来自外部强化。学习由教师控制和负责，学习的程序是固定的，知识的获得是快捷的。

比如，海洋馆里驯兽师训练海豚跃起钻圈、水上舞蹈，使用的就是行为主义理论，海豚每次完成动作就给予美味小鱼奖励，不断地强化"刺激—反应"的联结，时间长了，海豚就成为表演明星了。

再如，早期刚进工厂的学徒，都是由老师傅采用"师带徒"的方式教授操作技能。师傅一般都会非常严厉，徒弟稍有疏忽，操作失误，就会招来师傅的严厉批评。通过不断地强化"刺激—反应"，徒弟学得会非常快，将操作技巧和操作禁忌深深地印在脑海中，形成条件反射般的隐性记忆。可以说，对于简单、重复性、动作技能方面的学习，行为主义理论是非常有效的。

2.1.2 认知主义

认知主义也是基于客观主义的，认为世界是客观真实的，存在于学习者之外。

认知主义者以计算机处理信息的方法与人类进行类比，从信息的输入、存储、加工、提取和输出等环节来解释学习，认为教学的目标就在于帮助学习者获得所教授的信息，而教师的责任就是将知识填满学生这个容器。显然，认知主义将学习者视为信息处理者，忽视了学习者在学习过程中的主观能动性。

德国心理学家克勒曾做过著名的黑猩猩实验，饲养员专门在一个上午不给猩猩吃任何东西，午间过后，饲养员把它领到一个房间，房间的天花板上吊着一串香蕉，猩猩即便站立起来也够不到。猩猩一见香蕉便又蹿又跳，可怎么也够不着。这时候，饲养员在房间里放入一个大木箱、一根短木棒。猩猩犹豫了一下，沮丧地蹲在地上。就在它万般无奈的时候，突然，它直奔箱子，把箱子拖到香蕉的下面，然后又拿着那根短木棒，很敏捷地爬到箱子上，轻轻一跳，香蕉就到手了。几天之后，饲养员把香蕉挂得更高，短棒换成了一个小木箱。猩猩一开始仍然沿袭上次得到的经验，但因为香蕉太高了，无论如何也是够不着的。它茫然地坐在箱子上，有些不知所措。突然，它像明白了什么似的拖着小箱子来到大箱子跟前，稍微一用力，便将小箱子扔在了大箱子上面，然后迅速爬了上去，解决了难题。

猩猩与海豚简单的"刺激—反应"不同，在遇到问题时，会坐下来观察整个问题情境，后来突然显出了领悟的样子，并随即采取行动，这个过程是对以往经验的信息加工的过程。

灌输式教育体系基本上是基于认知主义的，老师认为学生的大脑是由一个个格子组成的知识存储区，而学生就是一部小型计算机系统。老师输入各个学科、各个模块的知识，学生存储了这些知识，并会自动处理、加工。但实际的情形是，应试教育体系培养出的所谓人才缺少了创作的才能、创新的热情和解决问题的实际能力。

2.1.3 建构主义

建构主义承认外部世界是客观存在的，但是如何理解世界以及赋予它什么样的意义则是由个人来决定的。

建构主义认为，学习不是知识由教师向学生的传递，而是学生建构自己的知识的过程。学习者不是被动的信息吸收者，相反，其要主动地建构信息。

建构主义特别强调学习者在学习过程中的主观能动性，建构主义者认为，没有真实的世界，只有真实的解读。我们从不否认世界的客观存在，只是人们没有能力对其进行绝对客观的解读，每个人都有自己的解读，并且依据自己的解读去决策、行动。

人们对教育理论和学习理论的认知是一个不断深入的过程。从"行为主义——认知主义——建构主义"的发展进程中，我们可以看出，学习理论研究的焦点逐渐从学习行为转向学习意义，从对简单操作学习的研究逐渐转向对复杂问题的解决研究，教学关注的关键点从老师的"教"转移至学生的"学"。

2.2 建构主义的核心教学观

2.2.1 建构主义教学就是要解决问题

建构主义的学习观认为,学习是学习者基于自身原有经验主动建构的过程,是以个人已经拥有的知识、经验为基础的,不是一张白纸。学习是学习者的自我建构,不是单一的、外部的装载或输入。

建构主义教学的核心内容是以学员为中心,从学员的角度进行教学设计、课程开发和教学实施等一系列教学行为。建构主义教学其实就是基于问题解决的教学,教学的目的就是帮助学习者解决问题。

2.2.2 建构主义的学习方式

(1)强调学习者主动参与下的有意义的学习。鼓励学习者自己提出问题并解决问题,坚持学习者能够对学习结果进行自我表达,重视批判性学习。

(2)强调基于真实情境的探究性学习。学习者学习的关键是发生在有意义的情境之中,学习的结果是个人与特殊知识情境相关的,重视学习者的研究性学习。

(3)重视社会交往和合作基础上的学习。强调学习者之间、学习者与老师之间的对话、交往和合作,重视以团体活动为形式的学习。

2.2.3 建构主义的师生关系

(1)建构主义的教师观。教师不只是知识的传授者与灌输者,更是意义建构的促进者,正所谓"授人以鱼,不如授人以渔"。因此应用建构主义教学法,对教师的要求是很高的,不仅要具备相应的专业知识,还要充分了解学员,充分了解学员所在的企业和行业。

(2)建构主义的学生观。学生不是外部刺激的被动接受者和被灌输的对象,而是信息加工的主体、是意义的主动建构者。因此要求学员在培训过程中要积极参与，充分互动，既要充分调动内心深处的经验和智慧，展示自我，又要在团队协作过程中积极分享和贡献。

（3）建构主义的师生关系。在建构主义教学中，教师与学生之间是一种合作关系，是平等互助的。教师与学生的感情交流也解除了以往紧张的敌对状态，转为温馨平和的心灵交流。

师生之间的合作与沟通增进了师生双方对彼此观点和感受的理解，提升了个人认知水平，实现了真正意义上的"教学相长"。

2.2.4 建构主义的四大要素

建构主义者认为，学习是在一定的情境背景下，通过人际间的协作活动而实现的意义建构过程。建构主义学习理论认为"情境""协作""会话"和"意义建构"是学习环境中的四大要素。

（1）情境：在建构主义学习环境下，教学设计不仅要考虑教学目标分析，还要考虑有利于学生建构意义的情境创设问题，并把情境创设看作教学设计的重要内容之一。

（2）协作：协作发生在整个学习过程中。协作对学习资料的收集与分析、假设的提出与验证、学习成果的评价甚至意义的最终建构都有重要作用。

（3）会话：学习小组成员之间必须通过会话商讨如何完成规定的学习任务或计划。实际上协作学习过程也就是会话过程，在这个过程中，每个学习者的思维成果为整个学习群体所共享，因此会话是达到意义建构的重要手段之一。

（4）意义建构：这是整个学习过程的最终目标。所要建构的意义是指事物的性质、规律以及事物之间的内在联系。在学习过程中帮助学生建构意义就是要帮助学生对事物的性质、规律以及与其他事物之间的内在联系达到深刻的理解，这种理解在大脑中的长期存储形式就是对所学内容的认知结构。

第三节 ▎建构主义培训体系设计

了解了建构主义的相关概念，如何基于建构主义思想组织企业培训呢？建构主义培训设计包括教学思想的确定、培训目标的制定、学员特征分析、培训内容特征分析、学习资源设计、学习工具设计、学习情境设计、学习策略设计、总结与强化练习，以及最后的形成性评价、总结性评价等方面。

3.1 建构主义培训设计流程图

建构主义培训设计流程如图10-2所示。

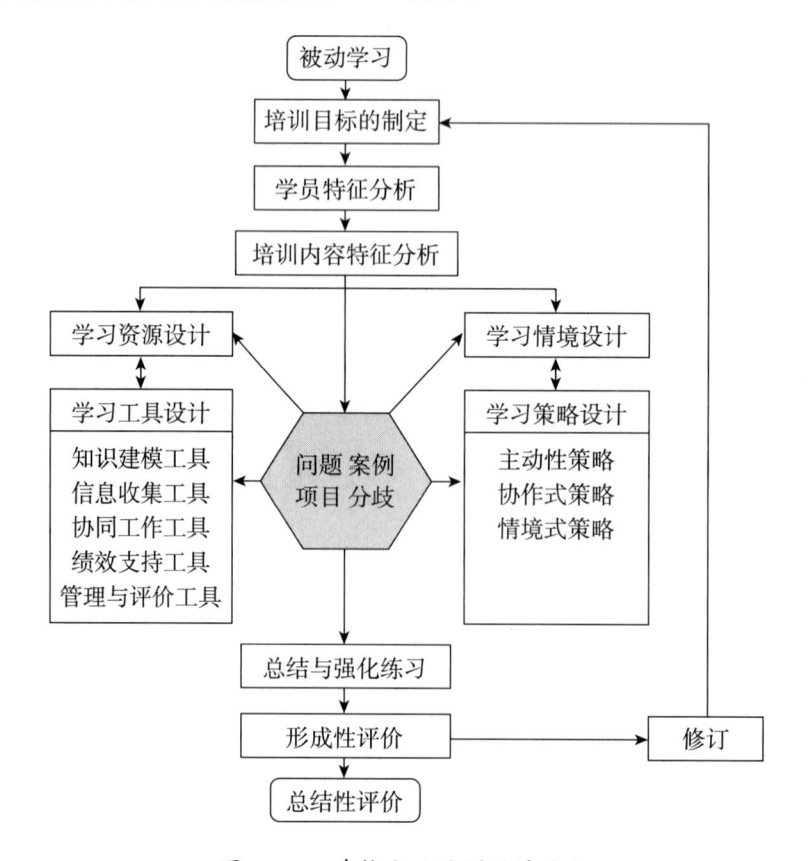

图10-2 建构主义培训设计流程

3.2 建构主义培训目标分析

建构主义的培训目标是什么呢？其实就是企业员工存在的问题。建构主义培训是基于问题解决的培训，只有找对问题才能解决问题，达到培训目标。

3.2.1 收集问题

我们说企业存在各种各样的问题，实际上是企业的各级人员存在各种各样的问题，可能是知识方面的、态度方面的或者技能方面的。

如何准确地找到问题？如果明确企业希望的目标状况，也清楚企业目前的现实状况，两者的差距就是问题所在。即：

$$问题 = 目标状况 - 现实状况$$

围绕培训对象的知识掌握状况、工作态度状况、专业技能状况，我们可以收集各方面存在的差距，并做初步的归类、整理工作。

3.2.2 聚焦问题

根据前期收集的问题列表，首先要分析其有效性，并不是所有的问题都可以通过培训的手段解决。例如，行业发展趋势、国家经济政策、企业宏观战略等问题，单靠一次简单的培训是不可能解决的。而员工存在知识掌握不足、工作态度不积极、专业技能有待提高等方面的问题，是可以采取培训的手段予以解决的。

确认了培训问题的有效性，我们还要进一步聚焦问题，在问题列表中进行再次筛选，聚焦其中最主要的问题，如企业人员中普遍存在的问题，或者是企业目前亟待解决的问题，作为当前的主要培训任务。

3.2.3 分析学习者特征

建构主义把培训的中心从培训师转向了学员，认为学员才是决定能学到什么的关键因素。所以，在开始培训之前，要先分析学习者特征。通过分析，设计适合学习者能力和知识水平的问题，提供合适的帮助和指导，设计适合学员个性的情境问题和学习资源，从而取得良好的教学效果。

学习者特征分析主要包括知识基础、认知能力以及兴趣、动机、情感、意志和性格等方面。

3.2.4　明确培训目标

明确经过培训需要完成的培训任务是什么，解决具体问题，最终让参训人员达成有意义的建构。

（1）培训目标要具体，避免大而空。

（2）培训目标要量化，如通过培训将客户满意度从70%提升至90%。

（3）明确相应的衡量标准，如客户满意度的各项指标是什么？

3.3　建构主义培训体系设计

建构主义培训体系设计包括学习情境设计、学习资源设计和学习环境设计。

3.3.1　学习情境设计

学习情境指的是为学生提供一个完整、真实的问题背景，使学生产生学习的需要，促进学员之间的合作学习，加强互动、交流，驱动学习者自主学习从而达到主动建构知识的目的。

学习情境的设计步骤如下：

（1）提出问题（包括项目、问题、案例、分歧等）。这是整个建构主义学习环境设计的中心，它为学习者提供了明确的目标和任务。任务不同所采用的策略、所提供的资源不同，认知工具也不尽相同。

（2）提供信息资源。提供与问题解决有关的各种信息资源，包括文本、图形、声音、视频和动画，以及通过从网上获取的各种有关资源。学员自主学习、意义建构是在大量信息的基础之上进行的，所以必须在学习情境中嵌入大量的信息。

（3）提供认知工具和会话协作工具。认知工具和会话协作工具是指可视化的智能信息处理软件，可用于促进认知过程。常用的认知工具有：问题/任务表征工具、静态动态知识建模工具、绩效支持工具、信息收集工具、协同工作工具、管理与评价工具等。

3.3.2 学习资源设计

学习资源是指所有用来帮助教与学的资源，即支撑教学过程的各类软件资源和硬件系统。学习资源可分为学习材料和教学环境两大类。

学习材料的设计，主要分 CAI 课件和网络课件的设计。对于 CAI 课件的设计主要考虑四个方面的因素：课件内容组织、控制结构、教学信息和界面。而网络课件的设计是一门新兴技术，如教学内容的组织，网络课件一般采用自主学习策略，在学习过程中需嵌入大量信息资源，有用资源的查询及组织是设计者需要解决的难题。

教学环境是指用于教学的各种媒体及配套软件。比如，给培训者发的材料都是单面的，而且都留有适当的空间做笔记，让他们可以记录其认为有用的、和知识点相关的材料。用作培训的房间必须足够大，不能让设备和人显得拥挤，为了使讨论时各组不产生干扰，在安排位置的时候要有一定的间距。培训师要在培训前把教室布置好，避免培训者产生情绪波动。

第四节 ▎建构主义培训师的修炼

一位学习者一旦接触过建构主义思想，传统的灌输式培训课程就没法再听了；而一位培训师一旦接受了建构主义思想，他将真正领悟到培训之魂，获得无穷的力量。

从传统培训师转化为建构主义培训师，是一次教育思想的升华，是一系列教学方法的飞跃。建构主义培训师被称为"学习的促进者""苏格拉底式提问者",是学习者主动学习、自主建构的推动者,而不是传统意义上的"知识传授者和灌输者"。成长为一名真正的建构主义培训师,需要从以下一些方面加强修炼。

4.1 从主演到导演

在传统培训教学中,主要是靠培训师事先的安排、控制来达到教学目的。培训师在教学中占据着绝对的统治地位,培训师是整个教学过程的"主演",其在"表演"独角戏,学员只是观众,在台下观看培训师的演出。而建构主义培训师以"导"代"教",培训师化身为"导演",退居幕后,设计演出过程,布置演出场景,适度控制演出进程,而学员化身为"演员",全程参与体验,完成意义建构。

建构主义培训师的"导演"角色体现在以下四个方面:

4.1.1 学习环境的设计者

建构主义培训师对学习环境的设计主要体现在两个方面。一方面,为学习者提供信息资源,如文字材料、书籍、音像资料、多媒体课件以及互联网上的信息等,帮助学习者有效地建构知识;另一方面,设计教学情境,设计适合学习者自由探索和自主学习的场所。

例如,在一次针对公司高管的战略培训中,建构主义培训师根据"经营意识与战略决策"的学习任务,采用沙盘模拟几家公司的经营过程,设定好公司的内部情况和外部环境,将参训人员分成几个组,制定公司战略,组织人力资源、研发、生产产品,开辟国内、国际市场,模拟运营公司。在建构主义培训师设计好的教学情境中,参训人员围绕"战略"问题展开学习和讨论。

4.1.2 意义建构的促进者

虽然说学员的知识建构是主动的、自由的，但仍然不能缺少建构主义培训师的全程引导。

在学习之初，学员不一定能够很快进入意义建构的情境，培训师要在学员的自主建构过程中实施"监控性"引导，使学员能够始终围绕学习主题进行意义建构。

例如，在上面"经营意识与战略决策"的学习过程中，培训师在关键阶段的知识讲解和技能引导也是非常重要的，起到理论联系实际的作用，强化学员的学习效果。另外，培训师在学习过程中，还要充当外部顾问，解答学员的各种问题和疑惑。在这样的学习过程中，建构主义培训师正是一名意义建构的促进者。

4.1.3 学习共同体的协作者

建构主义学习理论特别强调协作学习，学员与培训师组成学习共同体，围绕学习主题一起展开讨论和交流，对问题提出自己的看法，并对别人的观点做出分析和评论。通过这样的讨论，使整个学习群体共同完成对所学知识的意义建构。

4.1.4 隐形的教学管理者

为了保障教学活动的顺利开展，培训师在培训过程中有进行教学管理的权利，但是，建构主义培训师更注重教学管理的技巧性，管理于无形之中，让学员乐于接受。

总之，在建构主义教学情境中，培训师不再是知识的施与者、强权的管理者，而是一个向导、促进者、协商者、合作探究者和激励者；学员不再是知识被动的接受者、无条件的顺从者，而是学习的主动建构者、探究者、协商者和对话者。

4.2 情境教学设计师

简单地说，教学情境就是教学环境，包括硬环境和软环境。硬环境主要是物理环境，包括教学场景内的设施情况，如在上面"经营意识与战略决策"的培训中，教室内的课桌按小组数摆放成鱼骨形，每个小组围坐一桌，方便组内研讨、组间交流，也方便培训师辅导。

软环境主要是指课堂文化，其实就是一套游戏规则。

例如，在上面"经营意识与战略决策"的学习过程中，培训师在开头要明确说明模拟实战的竞赛规则，即经过五年的实战运营，以第五年公司的股东权益回报作为小组间胜败的标准，激发学员主动地参与到学与教的活动中来，充分调动学员的学习状态，保证培训过程始终围绕培训主题展开学习。

另外，课堂文化氛围是否宽松、是否鼓励学员冒险，并支持他们勇于承担责任，也是促进学员学习与发展的关键。

4.3 沟通与交流

课堂情境、问题讨论、学习共同体研究等各个培训环节都需要具备良好的人际交往和沟通交流的能力。对于建构主义培训师的沟通能力，除了跟传统教育模式中一样强调清晰、流畅、有逻辑地表达知识的能力以外，还提出了一些新的能力要求。

4.3.1 倾听的能力

建构主义思想认为，任何阶段、任何发展水平的学员都是带着自己的观念进入培训课堂来学习的，因此，培训师的首要任务是倾听学员的观念，在倾听的基础上创造条件，帮助学员建构更精彩的观念，这才是教学的价值所在。

要能够做到倾听，必须进行关注，在关注的基础上才能做到主动倾听。所谓主动倾听是真诚地、积极地去理解对话者，是与他人交往所需要的重要技能。

有效的倾听意味着你要总结对方所说的话，并加以辨别，正确地表达你的观点。这种关注和倾听能力是建构主义学习环境下对培训师的基本能力要求。

4.3.2 表达的能力

表达清晰是培训师应有的重要能力，除此之外，建构主义还强调培训师应具有对同一问题以多种不同方式进行表达的能力，这种能力是针对不同背景、不同个性特征的学员提出的。

4.4 提问与反思

4.4.1 提问的技巧

在建构主义教学过程中，提问是促使学员认知失衡，以达到意义建构的重要手段。不恰当地提问，会妨碍学员的意义建构，打断学员的思维过程，甚至会让学员产生抵触情绪。建构主义要求培训师能够根据学员的思维现状，适当地提出能够对学员当前的思维语言具有挑战性的思考问题。

4.4.2 反思的能力

建构主义培训师的反思能力是指在培训活动中，不断地对自我及教学进行积极、主动的计划、检查、评价、反馈、控制和调节的能力。反思能力是建构主义培训师不断改善教学质量、获得教学专业知识、改善教学策略、提高教学技能、实现专业发展的核心能力。

而对于建构主义教学过程中的学员来说，反思和学会反思既是目标也是手段。在学习中反思是学员主动建构和高层次思维的重要体现，而发展反思能力同时也是学员思维发展的重要目标。

第十一章

行动学习

——培训落地的知行合一

【本章导读】

◆ 世界 500 强的共同选择

◆ 行动学习实现知行合一

◆ 行动学习六个实施步骤

◆ 行动学习九大促动技术

◆ 行动学习的常用工具箱

第一节 ｜ 众多世界 500 强的共同选择

行动学习的本质是结合企业实际情况解决问题，主张依靠企业基层员工的集体智慧提出解决问题的方案，鼓励员工把日常的抱怨转化为解决问题的具体行动，并且提倡把行动学习作为实行其他先进管理技术的基础。

行动学习在全球范围内受到了众多企业的青睐，通用、中粮等全球 500 强企业都先后引入行动学习，用于员工培训和组织变革，并且取得了实质性的成果。

1.1 GE 用行动学习推进管理

GE 是国外企业中早期运用行动学习的企业之一。前 CEO 杰克·韦尔奇大力推行行动学习，并且在克劳顿管理学院设立研究中心专门研究如何开展行动学习。行动学习是 GE 公司"建立全球思想、快速转变组织"的主要策略。杰克·韦尔奇曾说，GE 利用行动学习进行培训，使学员成为公司最高管理层的内部咨询师。GE 不仅将行动学习作为组织变革模式的工具，同时也利用行动学习开展了一系列领导力培训项目和后 MBA 项目。可以说行动学习是 GE 组织学习的基本元素，已经渗透到公司的各个管理过程之中。

行动学习给 GE 带来了丰厚的回报，国际性业务占有率从之前的 18%发展为后来的 40%。而且，行动学习也成为 GE 实施其他先进管理战略的基础，为日后应用其他管理项目提供了有力保障，通过将行动学习融入组织的

DNA 中成功达到了有效培养领导人才的目的。

1.2 行动学习打造中粮全产业链

中粮集团提出"全产业链"的发展战略。这是一个浩大的工程，不仅涉及整个商业模式、组织架构、管控模式的调整，甚至人的思维方式、企业文化都将面临巨大的转变，要想让这样的一艘巨型航母转身，难度巨大。中粮集团领导人认为，中粮集团的全产业链转化，关键在于思想引领，落实到方法就是把培训作为推动整个企业转型的最好切入点，以此形成中粮行动学习的大背景。

行动学习是人类解决问题的一个基本逻辑。团队成员一起反思，分析问题产生的根源，制订解决方案和行动计划，然后实施，这一过程遵循的就是这个基本规律。基于这一逻辑，中粮集团采用"结构化会议"的方式，即将培训和会议结合在一起，分五个阶段进行：热身阶段、导入阶段、研讨阶段、促动阶段、总结阶段。

在热身阶段过后的导入阶段，导入的内容可谓多种多样——理论理念、领导讲话、方法工具、经验教训等。研讨阶段整个团队必须在一起，研讨是行动学习的催化剂，通过凝聚大家的智慧和共识来提升认识水平，领导则对研讨起催化作用。研讨中，大家根据现象找出组织需要解决的问题，准确认识问题，在经历改变思维模式、创新收获的阶段后，要有一个反思整合，并且提交下一步的行动计划。

中粮的行动学习即使做不到专业深入，但至少可以做到普遍。2005 年至今，中粮所有转型关头的培训和工作方法，从愿景、战略、流程、领导力、管理语言、核心竞争力到品牌管理、渠道管理等，从最高层到工厂都是如此，非常彻底。

中粮集团行动学习最大的成果有两个方面：一是造就了氛围；二是开阔了视野，提升了能力，更专业一些的就是质疑反思、系统思考。团队参与的目的是避免领导的"一言堂"或者避免某个人或某个部门的利益主导整个组织的规划。

中粮集团通过行动学习成功实现了由机会型的贸易公司转型成为战略清晰的产业化经营公司，并更进一步转型成为"全产业链"的发展战略型企业，顺利完成企业升级，实现企业快速发展。

第二节 ▎行动学习实现知行合一

2.1 知行合一

知行合一，是明朝思想家王守仁提出来的心学思想，是阳明心学的核心。先有致良知，而后有知行合一。知是指科学知识，行是指人的实践，知与行的合一，既不是以知来吞并行，认为知便是行，也不是以行来吞并知，认为行便是知。人们认识事物的道理与在现实中运用此道理，是密不可分的一回事。不仅要认识，尤其应当实践，只有把"知"和"行"统一起来，才能称得上"善"。致良知，知行合一。

行动学习是一套完善的方法体系，参与者以小组的方式采取行动来解决问题，小组成员在解决实际问题的过程中实现学习和发展。行动学习把工作课题或实际问题的解决过程作为学习的方式，在行动中学习，在学习中行动。

行动学习体现的正是知行合一的思想，知是行的主意，行是知的功夫。知是行之始，行是知之成。

2.2 平等、分享、参与、共识

随着移动"互联网+"时代的到来，人们的生活形态发生了重大变化，深刻影响到人们的思维方式以及行为模式。互联网时代推崇互联网精神，即平等、分享、参与、共识。

（1）平等。新技术尤其是移动互联网技术的发展，使得信息的传播快捷方便，信息的获取轻而易举。企业与客户之间、管理人员与员工之间，以及员工相互间的信息不对称状况被根本改变，专业壁垒被打破，所谓的权威不复存在。组织内的沟通、协作需要以平等互助为基础，构建轻松、开放的环境，相互分享，共同成长。

（2）分享。目前，"80后""90后"已成为企业的骨干力量，他们拥有年轻的活力，前沿的技术，崇尚平等、开放的互联网精神，关注个体感受，注重自我实现。只有在开放、平等的工作环境中，才能让他们全身心参与其中，才能真正激发他们的工作激情，发挥无限的创造热情，带动企业创新发展。

（3）参与。互联网时代讲的是快速、高效的协作。协作意味着聚焦大家关注的共同问题，描绘共同愿景，尊重个体差异，聆听每个人的想法，并达成共识。这种共识是众人大脑智慧的集合，容易获得众人的支持，有利于打破部门边界，让组织更加灵活、敏捷和高效。团队成员间达成共识对高效执行变得比任何时候都重要。

（4）共识。行动学习的理念和方法恰恰可以帮助企业做到这些。行动学习注重搭建轻松、开放的环境，通过一定的会议规则和方法最大限度地保证参与者在行动会议中敞开心扉、畅所欲言、共享信息，达成团队共识，并在执行行动中充分参与，在解决问题的过程中共同学习和提升。

可以说，行动学习是十分符合互联网时代精神的个人学习和组织提升方法，通过行动学习，参与者在解决组织面临的各类复杂的、严峻的、具有挑战性的问题的过程中，不仅能够系统提升自身的学习能力、思维能力、创新能力，而且可以从培训中沉淀出一批实用的管理工具，促进业务的改善。

2.3 行动学习公式

行动学习的力量来源于小组成员对已有知识和经验的相互质疑，以及在行动基础上的深刻反思。行动学习可以用一个简单明了、全面深刻的公式阐释如下：

$$AL=P+Q+R+I$$

- AL（Action Learning），是指行动学习；
- P（Programmed Knowledge），是指结构化知识；
- Q（Questioning Insights），是指洞见性问题；
- R（Critical Reflection），是指深刻反思；
- I（Implementation），是指执行应用。

2.3.1　P：结构化知识

结构化知识是指已经成形的思路和方法，是一个人的心智模式。心智模式往往决定了一个人如何认识世界，决定了一个人看待事物、解决问题的方法和角度。心智模式决定思维模式，思维模式决定行为模式。所以，如果希望从根本上改变一个人的行为，首先必须改变他的心智模式。行动学习基于问题解决，通过对惯有的心智模式进行深刻质疑和反思，打破原有的心智模式，重建更高层面的心智模式，到达另外一个P，从而实现个人和组织的能力提升。

2.3.2　Q：洞见性问题

解决问题的前提是提出具有洞见性的问题。能提出具有洞见性的问题并不是那么容易做到的，很多时候我们还没有搞清楚问题到底是什么，就开始匆匆忙忙着手解决问题，结果往往旧问题还没有解决，新问题又出现了。通常提出来的都是现象，而困扰我们的往往是隐藏于冰山下的真实问题。这些问题可能我们自己都没有意识到，只有通过不断讨论、洞察、聚焦，才会浮出水面。

2.3.3　R：深刻反思

只有对自我心智模式进行深刻反思，才能促进行为的改变。

小组成员在解决问题的过程中，按照一定的框架和程序，对自己及其他成员的经验进行质疑，并在行动的基础上不断反思，才能对问题的本质达到更加深入的认识，进而提出富有创造性的解决方案。质疑与反思是行动学习产生创造力的来源。

2.3.4　I：执行应用

在质疑、探寻、反思形成新的认知后，一定要在具体情境中实施应用。行动学习成果必须通过行动的过程才能得到验证，也只有通过行动才能对组织产生实质性的影响。小组成员只有在行动的过程中，才能进一步反思以加深对问题的认识。执行应用是行动学习非常重要的组成部分。

第三节 ｜ 行动学习六个实施步骤

行动学习究竟该如何开展呢？不同的问题对应不同的行动学习方法，不同的学习方法对应多种不同的实施步骤。但不论哪一种行动学习方法，基本都包括以下六个最基本的步骤：聚焦问题、组建小组、分析问题、制订方案、行动实施、总结推广。

而质疑和反思始终贯穿于行动学习过程的始末，行动学习过程中的每一个步骤都离不开质疑和反思。

- 在聚焦问题阶段，企业需要反思自身存在的问题；
- 在组建小组阶段，企业需要反思员工对行动学习目标实现的重要程度；
- 在分析问题阶段，企业需要反思问题背后的根本原因，通过并反思自身的现状来制定企业可以达到的目标；
- 在制订方案阶段，企业需要反思计划的现实性，并反思决策背后涉及的风险和收益情况；
- 在行动实施阶段，企业需要对方案实施的阶段性成果进行反思，并为下一阶段的实施工作积累经验；
- 在总结推广阶段，企业不仅要向员工展示行动学习的成果，更要反思实施阶段的经验和教训。

行动学习的基本步骤如图 11-1 所示。

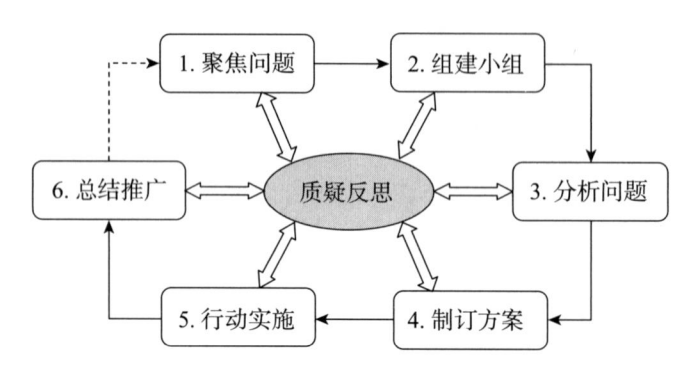

图 11-1　行动学习的基本步骤

3.1　聚焦问题

在开展行动学习之前，首先必须明确要解决的问题是什么。问题分为两类：一类是希望弥补不足，以达到一般标准；另一类是追求卓越，以达到最佳标准。无论是哪类问题，都需要企业达成共识。

企业遇到的问题与教科书中提出的问题是不同的，教科书中提出的一般是"良构问题"，问题是明确的、有边界的，很多时候是虚构的理论问题，已经有明确的答案。而企业面对的一般来说是"病构问题"，虽然我们能够感觉到有问题存在，但是对于问题到底是什么，却很难一下子说清楚，问题是真实的，迫切需要解决，而问题的答案是什么也是不确定的，目前还没有清晰明确的解决方案。

我们经常说提出问题比解决问题更加重要，这在企业的学习过程中是非常贴切的。如果一个企业不能清晰定义并聚焦自己所要解决的问题，行动学习也就无从谈起。

3.2 组建小组

根据提出的问题，下一步面临如何组建学习小组。行动学习小组的成员应该具备解决问题所需要的各个层面的知识，这就要求我们根据需要解决的问题，判断谁具备相关知识和业务背景，然后组建由这些人构成的学习小组。

挑选行动学习小组的成员主要考虑三个方面：首先，根据行动学习的目标，确定与目标相关性最大的部门，从中挑选最接近行动学习目标的人。注意：避免把同一部门的主管和员工分到一起，尽量将不同部门的经理和员工分成一组，这样有助于以不同的视角全面地看待小组的任务和问题。其次，考虑相关领域的专业技术人员。最后，挑选有潜力的建议实施者，可以通过部门负责人推荐。学习小组的成员人数以 4~8 人最为合适。

行动学习小组的成员角色主要有以下七类：发起人、召集人、促动师、小组成员、问题所有人、陈述者、外部专家。行动学习小组内不同角色的主要作用、来源及基本要求如表 11-1 所示。

表 11-1 行动学习小组的成员角色

角色名称	主要作用	来 源	基本要求
发起人	在企业内发起和推动行动学习	企业的高层领导，很多情况下是最高领导	深刻认识行动学习的意义和价值，具有推动企业变革的决心
召集人	具体管理和监督行动学习过程，为行动学习提供资源	一般由发起人委派，发起人也可以作为召集人	认识行动学习的价值，具有良好的沟通和协调能力，有一定的调配资源的能力
促动师	行动学习的设计和过程把握	可以来自内部，也可以外聘	具备促动技巧，良好的沟通和协调能力，做事认真，有热情，有稳定的心理素质
小组成员	解决问题的主体，并致力于自身的学习与发展	以企业内部为主，有时候也从外部引进少量小组成员	对问题有基本的认识，关注问题的解决，有学习的承诺，专业背景体现互补性

续表

角色名称	主要作用	来　源	基本要求
问题所有人	为行动学习提供问题的人或部门	企业内部	了解并能表述自己的问题,有解决问题的愿望和将方案付诸实施的影响力
陈述者	行动学习过程中,陈述问题的小组成员	可以是问题所有人,也可以是受问题所有人委托的人	认识问题并能清楚地表述问题,对问题的解决有热情
外部专家	阶段性为行动学习小组提供专业支持的人	一般来自外部的咨询公司、科研院所、政府主管部门、行业协会	对所请教的问题有很深的理论功底或了解最新的发展动态和信息

3.3　分析问题

针对聚焦的问题,行动学习小组需要做深入的分析,分析问题的过程可以分为摆现象、找原因、逻辑化三个细节步骤。

3.3.1　摆现象

摆现象是指列举企业中关于聚焦问题的所有现象,并最终列出主要的或生死攸关的现象,并且这些现象是大家都认可的。

3.3.2　找原因

可以采用头脑风暴的方式,列出所能想到的导致问题产生的所有原因,然后通过比照逐渐排除影响不大的原因。对一些有分歧的原因,进一步追溯相关事实。必要时,大家要分头收集进一步的数据,最终在主要原因方面达成共识。

3.3.3　逻辑化

逻辑化是指列出找到的现象和原因,由表及里,发现企业目前存在的、隐藏在表面现象之下的深层问题，并对问题做层层剖析，发现问题的方方面面。

3.4 制订方案

制订方案的重点是营造一种安全放松的氛围，鼓励大家将所能想到的办法都拿出来。制订方案的环节可以进一步划分为三个细节：观察反思、转换心智模式、制订行动计划。

3.4.1 观察反思

小组成员需要对问题进行深入的观察和反思。包括回顾问题的历史、分析问题的现状、探索问题的根源等。通过观察反思，小组成员可以更深入地理解问题，从而为制订有效的解决方案打下基础。

3.4.2 转换心智模式

小组成员需要尝试转换他们的思维方式，以便从不同的角度看待问题。包括挑战现有的假设、引入新的理论或模型、借鉴其他领域的经验等。通过转换心智模式，小组成员可以开拓他们的思维，发现新的解决方案。

3.4.3 制订行动计划

小组成员需要根据他们的观察反思和心智模式转换的结果，制订具体的行动计划。包括确定解决方案、分配任务、设定时间表等。制订行动计划是将思考转化为实际行动的关键步骤，并做可能的风险评估。

3.5 行动实施

行动学习小组形成最终的问题解决方案，经领导批准，就可以进入执行阶段了。行动学习最关键的地方并不是制订出具有可行性的方案，而是如何将批准的行动方案付诸实施，转变为企业的效益，实现组织的真正变革。

执行行动计划的基本程序如下：

3.5.1 完善行动计划

明确责任人，赋予权利和资源，明确检查汇报的时间，挑选执行人员，等等。

3.5.2 快速实施

在参与者对于行动学习的热情还没有消退之前，应该尽快召开行动实施会议，全面考虑建议的可行性，评估行动计划的整体影响。

3.5.3 应急措施

估计行动计划实施过程中带给企业的各种影响，反复衡量行动学习的目标是否可以实现。在实施的过程中，及时解决遇到的问题，对方案进行修正。对于风险和薄弱的环节应该制订相应的应急补救方案，以保证行动学习目标的实现。

3.6 总结推广

行动学习的解决方案如果获得成功，可以在企业内总结推广。

对整个行动学习过程进行总结，记录下成功的关键因素，以及需要改进的地方。提炼出一些具有普遍意义的教训和原则，作为未来解决类似问题的参考。

可以将整个行动学习过程编写成案例，包括问题的背景、解决方案的制定、行动的实施以及结果的评估等内容，还可以通过各种方式宣传推广这个案例，如内部分享会、企业公告、员工培训等，让更多的人了解和学习，从而提高整个组织的学习能力。

当然，也可以将案例的解决方案应用到其他类似的问题中，实现经验的推广和复用。

总之，"总结推广"是将行动学习的成果分享给更多人，提升整个组织的学习能力的重要步骤。

第四节 ┃ 行动学习九大促动技术

除了企业"一把手"的重视和关注之外，促动师作为行动学习的整体设计和过程把控人员，对企业顺利推进行动学习法，并取得实质性工作成果起到非常关键的作用。促动师在行动学习过程中会运用各种不同的促动技术，保证行动学习按照一定的规则和方法依照一定的设计思路开展。

什么是促动技术呢？促动（facilitate）的本意是"让事情变得简单、容易"。促动技术是一种有效激发团队智慧、提升团队执行力、促进团队成员有效沟通的领导艺术与管理技术。

下面介绍九种常用的促动技术，方便读者应用到行动会议和日常管理过程中。

4.1 聚焦式会话

聚焦式会话是一种促进参与者有效共享各个层面信息的促动技术。通常由促动师主持，提出一系列问题让参与者回答，将人们从话题的表象带入他们工作和生活的深层含义里。聚焦式会话的目的在于促进人们经历一种发散与聚焦相结合的"发现对话"，帮助人们一起思考。

聚焦式会话是一个由四个层面组成的架构性对话：

4.1.1 数据层面

数据层面是指那些关于事实和外部现实的问题，包括我们看到的资料和观察到的客观现实。数据层面的共享，是为了保证大家能够共享信息和确保参与者在谈论同一件事情。

4.1.2 体验层面

体验层面是指那些能够唤起人们对接收到的信息产生反应的问题，有时是情感或感受上的反应，有时是隐藏的想象或对事实产生的联想。这一层面关注的是人的情绪、情感、记忆或联想。

4.1.3 理解层面

理解层面是指那些挖掘出意义、价值、重要性和含义的问题。这个层面的问题是建立在数据资料以及来自体验层面的感情和联想的基础上，提炼出的关于事件的理解和价值。理解层面问题分享的目的在于引起与会者更深层次的反思。

4.1.4 决定层面

决定层面是让人们能够对未来做出决定的问题。这个层面要讨论的是内在含义和新的发展方向。通常，参与者会在这个层面提出几种解决方案，以供抉择。

聚焦式会话法可以灵活运用于年度总结、项目进展评估、培训后的研讨、面试、员工绩效面谈、建立团队使命感、讨论组织变革等工作场景。

4.2 团队共创

团队共创让人们尊重并理解彼此的观点和体验，打开并拓宽自己的见识，使每个人获得对现实的不同看法。它让团队彼此倾听，汇聚各自的智慧以做出决定。

团队共创的过程分为五个执行步骤：

4.2.1 聚焦问题

明确本次团队共识之旅需要回答的问题是什么，以及这个问题为什么那么重要。

4.2.2 头脑风暴

促动师需要给大家一定的时间，首先各自独立进行头脑风暴，鼓励大家将所有想法都写在卡片上，不要顾虑是否会出错。其次从中选出最有创意且实施后效果更好的想法，数量维持在 20~40 个。

4.2.3 分类排列

促动师引导参与者将交上来的卡片进行归类，为了能够帮助团队更好地记忆和思考，最终获得的列数应控制在 3~7 类。

4.2.4 提取中心词

促动师引导参与者逐列去发现每列卡片共同表达的是什么，隐藏在不同想法背后的真正含义是什么，从而提取出中心词。

4.2.5 图示化赋予意义

创造出合适的图像来反映解决问题的中心词之间的关系，确定在问题解决的过程中不同想法所起到的作用。

团队共创法通过这五个简单有效的步骤，让参与者贡献自己的智慧，以找出一个更好的解决方案，使参与者从争做会议的主角变为共同的创造者。

4.3 世界咖啡

想象一下，如同朋友喝咖啡一样围坐在桌边交谈，认真聆听并深入思考对方讲话，充分分享及拓展每位朋友的思维。之后，每个人又移往另一张咖啡桌，结识新朋友，互相交换不同的想法。当不同的观点发生碰撞、联结时，就会迸发灵感，创新思维也会随之显现。世界咖啡是产生集体智慧的过程。

世界咖啡分为八个执行步骤：

4.3.1 设定情境

当明确了"世界咖啡"是适合行动学习项目的促动方式，首先需要厘清情境。也就是说，促动师要明确本次"世界咖啡"的目的，确定参与者名单，并考虑好具体的时间、费用、场所等。

4.3.2 营造友好空间

世界咖啡特别强调营造热诚环境的重要性，在人们感到舒适、安全的环境，会激发人们去充分地展示自我、发挥创意。

尽量把房间安排得舒适宜人，可以播放轻松的入场音乐；有自然灯光和室外景观的环境会使人感到很舒服；在室内摆放一些绿色植物；在墙壁上张贴一些相关的图画和海报；摆放一些新鲜的食物，甚至在会议举办过程中始终提供快餐和饮料。

4.3.3 探索真正重要的问题

为了使谈话成功，需要寻找并界定出重要的问题。你的"世界咖啡"可能集中精力探索一个问题，也可能你想通过多方探询、多个回合的会谈来寻找答案。很多情况下，"世界咖啡"的目的就在于在会谈中发现、探讨有价值的问题，其重要程度与寻找当下对策是一样的。一个好的问题有下面一些特点：简单清晰、耐人寻味、产生能量、注重探讨、多种可能。

4.3.4　现场深度会谈

促动师要向参与者解释世界咖啡的目的和相关流程，介绍世界咖啡的前提和礼节。参与者清楚地知道了世界咖啡的这些常识后，他们就会表现得步调一致、合乎要求，从而有益于支持建设性的对话。

深度会谈的步骤包括：提出会谈的第一个问题，在幻灯片或墙纸上呈现；让各组人员相互介绍；确定好桌长（桌促动师）、计时员等；铺开桌布（桌布通常是一张盖满桌面的大白纸），在会谈时鼓励大家将想法记录或涂鸦在桌布上。

4.3.5　鼓励参与和贡献

每个小组安排坐四五个人，保证每个人都有发言的机会。鼓励大家积极参与，并发表自己的见解，会谈将进展得非常好。

4.3.6　连接不同观点

世界咖啡的特点是，在桌子之间来回走动，和不同的人交流，贡献出你的想法，把你发现的问题的精髓与更广范围内的人们的想法联系起来。新的模式、不同的视角不断形成，会改变参与者们常规的心智模式和思维模式，放弃起初固守的立场和想法。

4.3.7　共同倾听

世界咖啡的主持人在会谈过程中要鼓励参与者倾听他人的观点和想法，让每个人更深入地理解问题，并从中发现新的视角和解决方案。共同倾听不仅仅是听别人说什么，更重要的是理解他们的意思，感受他们的情绪，尊重他们的观点。这需要参与者放下自己的偏见和预设立场，以开放的心态去接纳不同的声音。

4.3.8　分享集体智慧

在所有的讨论和倾听之后，参与者需要将他们的想法和观点整合起来，形成一种集体的智慧，包括对问题新的理解，对解决方案新的建议，以及对未来新的展望。分享集体智慧的过程可以通过各种方式进行，如小组报告、大会讨论、写作总结等。

世界咖啡对下面这些情形尤其适用：

- 大规模参与：可以让每个人都有机会发表意见，同时也能保证讨论的效率和质量。
- 创新思维：鼓励参与者自由发表意见，挑战既定的观念，从而产生新的想法和创新。
- 组织变革：帮助组织成员共享信息，理解变革的目标和路径，形成共识，推动变革的实施。
- 建立共识：提供平等、开放的讨论环境，让每个人都有机会表达自己的观点，形成共享的理解和决策。

4.4 鱼缸会议

鱼缸会议是一种以组织会议形式进行的促动技术。参加鱼缸会议的某位成员被邀请进入圈中，成为成员（"鱼"），接受来自其他组织或部门成员的一切观点和建议。此时，圈中的"鱼"自始至终不能发言，只能倾听他人给予的意见和建议，这就好像是鱼缸中供人观赏的金鱼。之后，其他成员也轮流进入圈中，作为"鱼"接受伙伴们的反馈。在这种相互反馈的过程中，逐渐形成一种坦诚交流的沟通氛围，参与者能迅速找到自己的"短板"与不足，更高效地完善自己。

鱼缸会议还可打通部门与部门之间的隔阂，使公司内部的信息能自由地流动，有助于组织发展，以便在这个复杂的竞争市场上迅速、灵活、顺利地调整步伐。

鱼缸会议的过程分为五个执行步骤：

（1）明确鱼缸会议的主题。

（2）会议组织者向每位参与者发一份邀请函，讲明会议的目的、主题和规则等。

（3）根据参加会议的人数确定落座方式，在人数较多时确保每个小组配备一名促动师，以保证该小组的有效互动。

（4）明确"鱼"和"水"的角色。会议开始后，每个人作为"鱼"轮流坐在圈的中间，讲述自己的优点和不足。之后，邀请其他坐在周围的人，即"水"，逐一对"鱼"做建设性的评价和意见反馈。

（5）会议结束后，可以请每个参与者把会议中得到的信息、建议和反馈内容整理出来，交给会议组织者。管理者据此对参与者提出的合理化建议给予及时反馈。

4.5 群策群力

群策群力可以理解为一个会议过程，不同部门的经理和员工组成小组，提出企业中存在的棘手问题，并提出建议，在最后的决策会议上把这些建议交给高级主管，再由高级主管召集所有人对这些建议展开讨论，并当场决定是否通过，最后将建议或措施交给自愿负责的人执行完成。

群策群力的过程分为以下九个执行步骤：

- 摆现象
- 找问题
- 聚焦重要问题
- 问题逻辑化
- 问题排序
- 确定目标
- 创建解决方案
- 评估解决方案
- 制订行动计划

应用群策群力可以快速、有效地解决企业中跨部门的扯皮推诿问题。比如，如何消除官僚文化，如何改善企业的运营流程，如何消除上下级的垂直边界，如何使部门间的沟通更加有效。

4.6 欣赏式探询

欣赏式探询是一种变革方法，它通过积极提问，搜寻个人内心和企业内部最美好的一面，强化理解能力、预测能力、正向潜能培育能力，实现个人和企业的可持续发展。

欣赏式探询至关重要的是要选择"乐观的主题"，这个主题将会贯穿成长和变革的整个过程。欣赏式探询有四个关键的流程，称为"4D 循环"：

4.6.1 发现（discovery）

发现我们过去和现在的成功因素。把利益相关者集中起来，请大家分享"我们的优势、最佳实践"，并厘清其中的逻辑关系，追根溯源。

4.6.2 梦想（dream）

我们到底想要做什么？我们想实现什么样的目标？梦想是让人喜悦的，充足的信心让梦想的大厦更加坚实。同时，探询梦想，让我们后续的研讨以结果为导向，方向更正确。

4.6.3 设计（design）

设计到达梦想的道路，搜寻我们的资源，进行流程设计，制订行动计划，可以保障我们充分发挥优势，实现全新的梦想。

4.6.4 实现（Destiny）

执行设定的行动计划，过程中需要增强组织的"肯定能力"，使大家具有充分的信心，持续进行组织变革和绩效改善。

"4D"是一个循环的过程，对个体伙伴循环使用，可以极大地挖掘个人的潜力；对团队多次循环使用，会使每个环节的思考和探索更加深入有效。

4.7 未来探索

未来探索是一种适用于在特别复杂、高冲突及不确定性的情况下进行合作的会议方法，通过分组对话和集中对话，共同探讨过去、现在和未来，从而达成集体共识，制订切实的行动计划，并快速转化为具体的行动。

未来探索会议可以由"利益相关者"组成，如公司内部需要跨部门合作的团队、供应商、客户、消费者等，人数可以达到70人以上或更多。

未来探索的实施尽量保证在同一个房间里进行，帮助每个人看到一幅比平时更大的图画，激发大家探求共识的欲望，描绘渴望的美好未来。这个方法能够让大型团体确认共同使命，为行动负责，并承诺执行。

未来探索工作坊的流程包括五个阶段：

（1）未来探索工作坊中的人们首先会回顾历史。

（2）每个工作坊成员讲述对于主要问题他们正在做什么，将来想做什么。

（3）工作坊成员设想渴望的未来景象。

（4）工作坊成员确认他们的共识，主题出现在每个未来景象里。

（5）形成行动计划，以及具体的执行策略和说明。

4.8 开放空间

开放空间是一种引发热情与责任的团队促动方法，尤其适用于复杂的问题，或是大家想法有分歧的情况。

开放空间的实施包括以下九个步骤：

（1）请参与者先围成一个圆，在圆心处放上彩笔和一些A3尺寸的白纸。

（2）向所有人说明"开放空间"会议的流程、规则。

（3）请参与者自主提出想要讨论的议题，并到圆心外用彩笔写在白纸上。

（4）请议题的主人各自带着自己的议题，在会议室中指定的区域张贴，并各自守在自己的议题处，等待其他参与者来贡献智慧。

（5）请参与者移动双脚，到自己喜欢的地方去参与讨论。

（6）设置新闻墙，在指定的时间，由指定的小组对议题的讨论成果进行汇报。

（7）请参与者给各个议题下的各种想法与建议投票，选出自己认可的想法。

（8）将所有议题按照优先顺序排列。

（9）锁定焦点议题，找到行动方案。

4.9 私人董事会

私人董事会为企业家群体建立了一种有效的"共修"模式，在共同的学习中，直面各自深层次的问题，相互促进，共同成长，非常适合企业家学习。

私人董事会的实施过程分为以下七个执行步骤：

4.9.1 聚焦问题

促动师邀请每个参与者思考并聚焦提出一个问题——今天你希望讨论的是什么？什么是正在困扰你的真实问题？

4.9.2 选择问题

促动师请参与者投票，选出一个大家都感兴趣的问题。

4.9.3 问题描述

促动师请"问题所有者"向参与者详细阐述自己的问题。

4.9.4 提问厘清

参与者向"问题所有者"提问,帮助"问题所有者"明确真正的问题。"问题所有者"也只能就问题做出回答,回答需要简单明了。有洞察力的问题会让"问题所有者"反思,不断向内看,找出问题的根源。

4.9.5 给予建议

结束提问环节,开始启动建议环节。促动师鼓励参与者基于自己的经验教训,坦诚地向"问题所有者"提供可操作的建议。

4.9.6 个人总结

在建议结束后,促动师会请"问题所有者"进行个人总结,说明自己今天的收获与反思,在所提出的问题上,自己可以做出哪些改进,具体的行动步骤和时间等。

4.9.7 小组反馈

参与者轮流表达自己的收获和感悟等,往往能再次引发与会者的思考。

第五节 行动学习的常用工具箱

对于一名促动师来说,熟练掌握一系列行动学习的工具和方法,是必备的基本技能。通过熟练运用这些工具,可以使行动学习过程顺畅、高效。下面对行动学习的一些常用工具做一个简单的介绍。

5.1 六项思考帽

六项思考帽方法是一种水平思维框架,小组成员交替运用不同的视角来看待问题、分析问题，从而得到对问题全面而完整的认识，是一种对人们习惯纵向思考问题的有益补充。当需要提供建设性的意见或需要对某项决策进行系统评估的时候，可以使用六项思考帽。

5.1.1　白帽子

白色思考帽的直接目的在于搜寻和展示信息，它的另一种表述是："请只给我事实，不要给我论点。"

5.1.2　红帽子

红色是情感的色彩，是对面临的问题的主观感受，不要做解释和评判，仅仅是未经理性分析的直觉感受。

5.1.3　绿帽子

绿色意味着生机盎然，意味着创意思考。它具有创造性思考的功能，从新的角度提出问题、分析问题，得到新的启迪，找到解决问题的新方案。

5.1.4　黑帽子

黑色意味着谨慎小心，分析可能会出现的风险和潜在的困难。

5.1.5　黄帽子

黄色意味着积极正向，评价一个建议的价值和优点，对别人的意见给予完善和补充。

5.1.6　蓝帽子

蓝色意味着理性，它明确讨论的目标，制定讨论的规则，维持小组纪律，控制研讨的进程。

5.2 重要紧迫矩阵

重要紧迫矩阵是一种对不同问题进行优先级排序的方法，通过比较问题的重要性和紧迫性，将问题放入矩阵中不同的位置，能直观地将问题进行分类。

当面临一大堆活动，需要决定先做哪一项时，可以使用此方法。

重要紧迫矩阵的执行步骤：

（1）将准备执行的活动列一张清单。
（2）画出重要紧迫矩阵图。
（3）根据重要性和紧迫性程度，在矩阵中为每个活动定位。
（4）利用重要紧迫矩阵，进行排序。
（5）依照排序确定最终要实施的活动列表。

重要紧迫矩阵如图 11-2 所示。

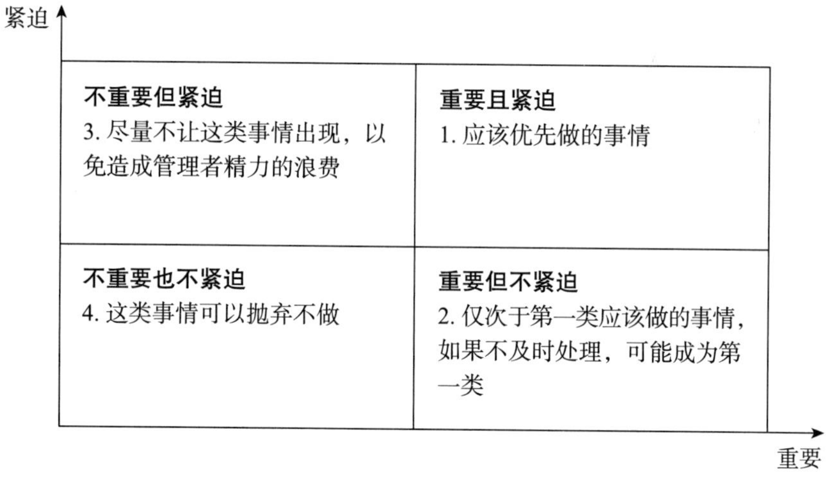

紧迫↑	**不重要但紧迫** 3. 尽量不让这类事情出现，以免造成管理者精力的浪费	**重要且紧迫** 1. 应该优先做的事情
	不重要也不紧迫 4. 这类事情可以抛弃不做	**重要但不紧迫** 2. 仅次于第一类应该做的事情，如果不及时处理，可能成为第一类
		→重要

图 11-2 重要紧迫矩阵

5.3 鱼骨刺图

鱼骨刺图是一种对复杂原因进行分析的有效工具。当一个问题有许多因素，需要进行逻辑梳理，以对问题进行归类时使用。鱼骨刺图的方法步骤如下：

（1）查找要解决的问题，把问题写在鱼骨的头上。

（2）共同讨论问题出现的可能原因，尽可能多地找出问题。

（3）把相同的问题分组，在鱼骨上标出。

（4）拿出任何一个问题，找出产生问题的各种原因，将原因绘制在鱼刺上。

例如，人力资源部召集会议，研讨近期公司员工流失率增高的问题。经过分析研究，绘制出如图11-3所示的鱼骨刺图。

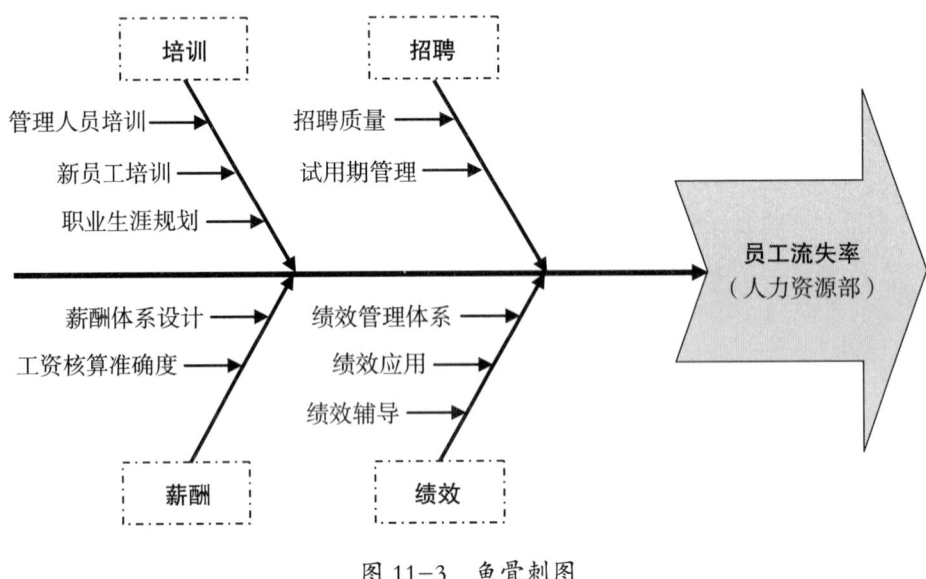

图 11-3　鱼骨刺图

5.4　5W2H1R

5W2H1R是一个制订行动方案的基本框架（如表11-2），帮助我们全面考虑行动方案的各方面要素，保证行动方案的可操作性，实现行动学习的最终目标。

表 11-2　5W2H1R 基本内容

What	我们要完成的是一项什么任务
Why	为什么这项任务对我们这样重要
When	我们需要什么时候完成它

续表

Where	我们需要在哪里完成它
Who	这项任务将由谁来负责完成
How	我们应该采取哪些措施来完成它
How much	完成这项任务需要什么资源
Result	我们完成这项任务将取得什么成果

5.5 PDCA 循环

PDCA 是一种质量管理工具，在策划并执行一项比较复杂的持续性的工作任务时使用。

PDCA 的循环步骤分为计划、执行、检查、行动，如图 11-4 所示：

图 11-4　PDCA 循环

（1）Plan 计划：明确目标，形成理论，确定衡量方法，制订行动方案。

（2）Doing 执行：执行计划，采取行动，运用最好的知识去实现所期望的目标。

（3）Check 检查：对结果进行监控，测试理论和计划的有效性，对结果进行分析，学习新的解决问题的方法。

（4）Action 行动：运用所学到的方法修改理论，明确下一步的学习需求。

5.6 WBS 工作结构分解

工作结构分解图用于系统地细分一个大目标,直到确定专门的子任务。复杂的任务经过分解成为比较简单的任务,从而便于工作的分配和对工作执行过程的监督。

WBS 工作结构分解的方法步骤如下:

(1)确定要完成的目标。

(2)确定要达到目标的主要手段。

(3)列出达到每个子目标必须采取的主要行动。

(4)对于每项主要行动,列出必须完成的任务。

(5)对于比较重要或者相对复杂的任务,确定其子任务。

例如,人力资源部接到建设某课程体系的任务,对此项任务进行逐项分解,生成如图 11-5 所示的 WBS 工作结构分解图。

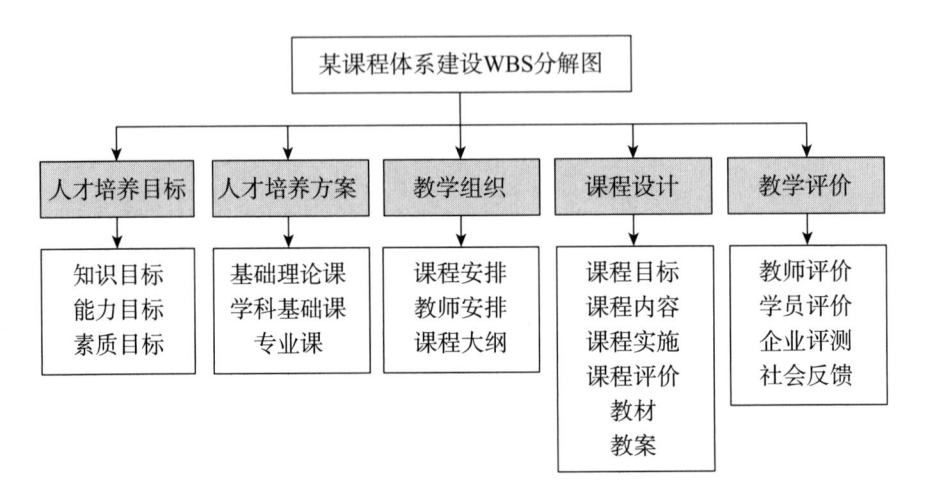

图 11-5 WBS 工作结构分解图

5.7 成本收益矩阵

成本收益矩阵是一种比较分析工具,比较行动过程的成本和行动结果的收益。它是用货币的方式来评估行动学习过程可行性的一种方法。

成本收益矩阵的方法步骤如下：

（1）确定实施成本收益分析的时间段。

（2）界定能产生成本或带来收益的所有可能的因素。

（3）把因素分成能带来成本的因素以及能带来货币收益的因素。成本因素中，不仅要找到显性成本，还要找到隐性成本，如维护、额外培训等。

（4）评估每个因素并估计成本或收益的货币值。

（5）汇总所有的成本和收益，并做成本收益分析。

例如，某公司购买生产设备，2020年至2024年的成本合计为4100元，收益合计为16400元，则

收益率＝收益值/总成本＝16400/4100≈4∶1

每年平均收益＝（总收益－总成本）/5=（16400-4100）/5=2460

所以得出结论，从成本收益率的角度看，可以购买此生产设备。

购买此项生产设备的成本收益矩阵如表11-3所示。

表11-3 成本收益矩阵

单位：元

成本（S）	2020	2021	2022	2023	2024	总计
购买设备	1000	—	—	—	—	1000
减去折价贴换	200	—	—	—	—	200
净购买成本	800	—	—	—	—	800
维护协议	—	150	150	150	150	600
培训	400	100	100	100	100	800
软件	500	—	—	200	—	700
总成本	2900	250	250	450	250	4100

续表

收益（S）	年份					总计
	2020	2021	2022	2023	2024	
节约人工	2000	2700	2700	2700	2700	12800
减少消耗	400	800	800	800	800	3600
总收益	2400	3500	3500	3500	3500	16400

◎标杆案例17　行动学习助力腾讯"飞龙计划"[①]

"飞龙计划"是腾讯后备中层管理人员的领导力培养项目，"飞龙计划"中应用了行动学习的模式。

如果按实施目的来分，腾讯的行动学习主要有两种：一是基于绩效和问题解决的行动学习，二是基于人才发展的行动学习。腾讯学院所实践的行动学习，基本上是后者，目的是通过行动学习，更好地发展高潜人才。"飞龙计划"每年会甄选出几十名人才，进行为期6~8个月非脱产的学习。

经过几年实践，腾讯学院总结出，要想让行动学习更有效，下面的这四个关键词非常重要：

一、选题

就项目成功的因素而言，选题甚至能占一半。合适的选题，既能让参与者有兴趣和热情地投入，也能引起公司高层的重视，获取更多的支持。

那么，选什么样的题目合适呢？有人形象地比喻道："公司负责人晚上睡觉时经常考虑的问题。"

在行动学习中经常会用到的选题，主要包括对公司内某个产品或者某项业务与竞争对手的比较分析，公司某项管理话题的现状分析与提升对策，公司某特定业务的消费者行为研究，等等。

---

① 参见《2010年中国企业行动学习调查报告》，载《培训》2011年第2期。

题目的范畴大小也需确保合适。为保证在学习周期内能做完，要避免以下情况：题目简单，小组个别成员就能独立完成；题目太大，需要一年以上的周期完成；做这个项目需要的知识和需动用的资源，超过了小组成员的能力；等等。

二、分组

这是影响项目进展的另一大重要因素。首先，要考虑待分组人员不同的学习风格、经验背景、性格。通常要保证每个组内都有思维活跃、有激情的人，这样，在项目遇到挫折或者大家都很忙的时候，其重要性尤为凸显。

学员来自公司各个部门，此前并不熟悉，如何在短时间内促使学员互相了解，使学习团队达成默契，是在分组阶段需要考虑的。鉴于按学员事业部归类、按学员工作区域归类等不同分组尝试及其各自的利弊，最终确定，有意地打乱不同事业部、不同工作区域的学员序列再来组建学习团队，是较好的方式。

其次，要考虑小组成员的工作地点，从沟通效率来看，同一城市工作的人分配在同一小组，效果会好些。对于人数，一般4~5人为一组比较合适。

三、高层

跟很多学习项目一样，行动学习成功与否、参与者重视与否，都和高层的重视程度有关。在腾讯，行动学习一开始就很受公司高管的重视。

首先，题目的确定，都是高管直接参与并提出意见。

其次，每个项目都会请一名公司高管做主持人，在项目实施的全过程中，他们至少会参与三次讨论和挑战。

最后，在每期行动学习的结业汇报环节，以公司CEO、总裁为首的高管团队，大多会抽出半天时间全心投入项目评审中。这也是学员最兴奋、最期待、最有收获的环节。

四、三个项目角色

在四年多的项目实践中，腾讯学院积累了一些自己的独特做法。比如，设置不同的项目角色：助教、主持人、顾问。

助教是协助支持各个小组研讨的学习助理，由学院和组织发展部门的同事担任，每个小组设置一名。助教的职责很明确，就是帮助强化组员交流的有效性，引导组员进行有效的自我反馈和评估，对输出报告初步把关。

主持人由公司的执行副总裁担任，每个小组选择一位；职责是协助梳理项目目标，对学习过程中的关键点进行指导，以及提供各类资源的支持。

内外部的学习指导顾问则会分别邀请腾讯学院的常务副院长、外部合作咨询顾问担任，其提供学习研讨的各类工具和方法论。这些综合角色的设置，从多个角度吸引了公司内外部的资源支持，丰富了"行动学习教练"的角色外延，有效地保障了项目的积极推进。

第十二章

数字化学习

——助力企业人才发展

【**本章导读**】

- 数字化学习体系架构
- 数字化学习平台搭建
- 数字化学习内容建设
- 数字化学习运营管理

第一节 ▎数字化学习体系架构

1.1 数字时代扑面而来

数字时代是数字化和智能化相结合的时代，通过大数据、人工智能、云计算等技术手段，能够更好地处理海量数据，提高信息利用效率，同时也能实现更加智能化的工作方式和生活方式。

数字时代的关键技术：

（1）大数据：数字时代的核心概念是数据驱动。大量的数据被收集、存储和分析，从中提取出有价值的信息，帮助决策和提供智能化的决策支持。

（2）人工智能：人工智能和机器学习是数字时代的关键技术。它们使计算机能够通过学习和模仿人类智能的能力，自动执行任务和决策，从而实现自动化、智能化的处理和分析。

（3）云计算：数字时代的底层支撑。云计算又称为网格计算，通过这项技术，可以在很短的时间内完成数以万计的数据处理，从而达到强大的网络服务。

在传统经济中，土地、劳动力、资本和技术是主要的生产要素。而在数字经济时代的今天，数据成为新的生产要素。通过数据可以提前进行预测和规划，可以更好地了解用户，可以不断创新产品和服务，还可以更加精准地规避和防范风险等。数据要素和数字技术的结合，带来了生产方式、商业模式、管理模式、思维模式的重大变革。

海尔的张瑞敏振聋发聩地喊出："没有成功的企业，只有时代的企业！"在数字时代，如果你还紧抱传统思维不愿放手，那面临的就不仅仅是生活得好不好的问题，而是会不会被时代抛弃的问题。

1.2 数字化学习的挑战与转型

数字化学习是指学习者在数字化的学习环境中，利用数字化学习资源，以数字化方式进行学习的过程。而企业的数字化学习是指围绕教、学、练、测、评环节，通过数字化技术赋能员工群体互动和知识共享，实现企业知识的应用、转化和创造，以提高企业适应性与竞争力的教育过程。

数字时代对人们的生活和工作产生了深远的影响。对于企业员工培训来说，同样面临数字化学习的新挑战。

1.2.1 数字化学习对课程开发的挑战

数字时代，企业的产品更新换代比以往任何时候都更快、更频繁，相应地，课程内容需要快速更新以适应快速变化的市场环境。课程开发需要利用最新的教学技术和工具，如互动元素、视频、动画等，以提高学习的效果，在技术实现上对课程开发存在一定挑战。数字时代，需要根据每个员工的学习风格、知识水平和学习目标，提供个性化的学习路径和内容，如何实现个性化学习，也必然给课程的开发带来挑战。

1.2.2 数字化学习对培训从业者的挑战

数字时代扑面而来，而培训和人才发展领域人才稀缺、专业能力不足等因素制约着企业数字化学习的推进速度和应用效果。对培训和人才发展领域的人员来说，需要快速提升三个方面的数字化学习能力，即对数字化学习环境的管理与适应能力、对数字化学习资源的获取与利用能力，以及对数字化学习方式的运营能力。

1.2.3　数字化学习对学员学习的挑战

首先，实施数字化学习，学员需要掌握必要的技术知识和技能，如熟练使用数字化学习平台、操作电子设备等。其次，在数字化学习中，学员需要有较强的自我管理能力，包括时间管理、学习计划制订等。另外，由于缺乏面对面交流和及时反馈，学员可能会感到孤独和无助，从而影响学习动机。最后，数字化学习通常提供大量的学习资源，学员需要有能力筛选出对自己有用的信息。

1.2.4　数字化学习对培训组织的挑战

对于数字化学习的组织，首先需要建立和维护一个稳定、高效的数字化学习平台，这需要大量的技术和财务投入。其次需要建设高质量、与企业需求相符的数字化学习内容，这需要专业的课程开发团队和足够的时间。最后需要高效的数字化学习运营管理，包括如何激励学员参与数字化学习，跟踪他们的学习进度，并及时解决他们在学习过程中遇到的问题。总之，数字化学习要立足成就学员，让学习变得更加便捷、简单、快乐。

面对数字时代给企业培训带来的一系列挑战，作为企业管理者以及培训管理和组织人员，唯有主动自觉地推动数字化学习才是应对挑战的根本出路。通过数字化学习加速数字化人才培养，推动企业数字化转型，是培训以及人才发展领域相关人员面临的新使命。

1.3　数字化学习体系构建步骤

相对于传统的课堂式培训，数字化学习的底层逻辑发生了根本性的变化。在这样的背景下，我们要建立的不是传统的培训体系，而是构建一个数字化学习体系。如何构建数字化学习体系呢？可以分为以下五个主要的步骤。

1.3.1 搭建数字化学习平台

数字化学习平台是数字化学习的基础，要构建数字化学习体系，先要搭建一个好的学习平台。数字化学习平台的部署模式有三种：购买标准 SaaS 云平台、个性化定制学习平台、混合式学习平台部署。

1.3.2 推广数字化学习项目

数字化学习平台要在企业内得到快速的推广与应用，必须通过实施一系列品牌化的数字化学习项目，以吸引关键人员尤其是高层管理者的关注与支持，并在公司内部形成品牌推广效应，为后续的数字化学习体系的实施落地做好口碑宣传。

1.3.3 建设数字化课程体系

数字化学习体系中最重要的还是学习资源和内容，所以数字化学习要形成体系化，关键还是要建设一系列完整的课程体系，不只包含通用类和管理类的课程，更重要的是贴近业务场景的专业课程，更好地支撑业务发展。

1.3.4 培育数字化培训讲师

数字化学习体系的构建，离不开数字化培训讲师的选拔和培养。数字化培训讲师与传统的内训师要求有所不同。比如，其需要掌握远程授课即利用直播软件进行授课的技能，需要掌握开发贴近业务场景的小微课的技能等。

1.3.5 数字化学习体系优化

在初步搭建好数字化学习的平台和内容之后，还需要进一步完善数字化学习运营体系、评估体系、激励体系以及组织体系，打通与其他人力资源管理体系之间的联结，形成完整、闭环的学习体系，最终实现数字化学习项目设计和交付运营的全流程功能。

总的来说，一个好的数字化学习体系，有三个核心：一是好的学习平台；二是好的学习内容；三是好的运营管理。数字化学习体系，不仅是搭建一个在线平台，而是平台＋内容＋运营的深度融合与相互促进，帮助员工提升技能，撬动业绩增长，打造企业核心竞争力。

1.4 数字化学习体系架构设计

数字化学习体系架构从下往上分为三个层面：数字化学习平台、数字化学习内容以及数字化学习运营。这三个层面相互关联、互为支撑，缺一不可，图 12-1 是企业数字化学习体系架构图。

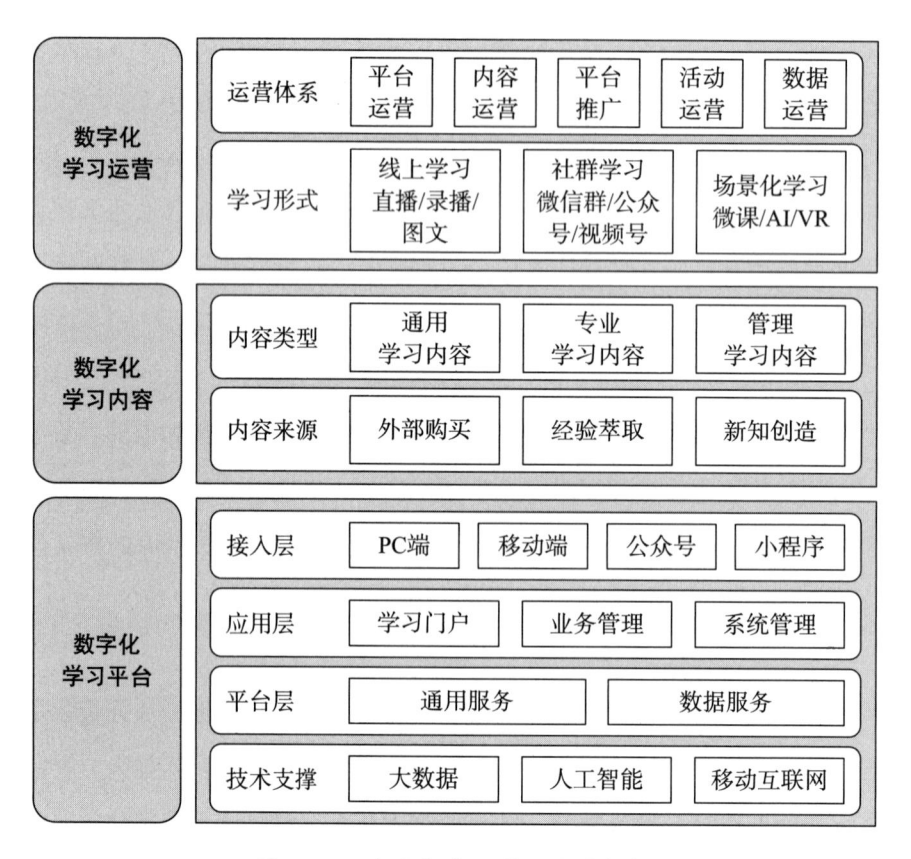

数字化学习运营	运营体系	平台运营	内容运营	平台推广	活动运营	数据运营
	学习形式	线上学习 直播/录播/图文		社群学习 微信群/公众号/视频号		场景化学习 微课/AI/VR
数字化学习内容	内容类型	通用学习内容		专业学习内容		管理学习内容
	内容来源	外部购买		经验萃取		新知创造
数字化学习平台	接入层	PC端	移动端		公众号	小程序
	应用层	学习门户		业务管理		系统管理
	平台层		通用服务		数据服务	
	技术支撑	大数据		人工智能		移动互联网

图 12-1　企业数字化学习体系架构

1.4.1 数字化学习平台

数字化学习平台以移动互联网、大数据、人工智能等作为底层技术支撑，相关人员可以通过各种端口接入平台，不同角色分别通过学习门户、业务管理、系统管理接口实现数字化学习、学习管理、权限管理等功能。

1.4.2 数字化学习内容

数字化学习内容是指通过数字技术创建、存储、分发和使用的学习材料，包括以下各种不同类型：

（1）电子书籍和文章：这些是文字类的学习资源，可以通过电子设备阅读。

（2）在线学习课程：这些通常包括视频讲座、演示、实践活动等，可以在网上进行学习。

（3）多媒体素材：如音频、视频、动画、图像等，可以增强学习的吸引力和效果。

数字化学习内容从资源受众的角度可以分为通用学习内容、专业学习内容和管理学习内容；从学习内容的来源可以分为外部购买、经验萃取和新知创造等不同的方式。

1.4.3 数字化学习运营

企业数字化学习一般分为线上学习、社群学习和场景化学习等形式，基本的学习运营包括平台运营、内容运营、平台推广、活动运营以及数据运营等。

接下来的三个小节将分别介绍数字化学习平台搭建、数字化学习内容建设以及数字化学习运营管理。

第二节 ｜ 数字化学习平台搭建

企业数字化学习平台搭建是一项体系化、长期化的任务，在建设过程中应结合企业自身的培训需求进行有效的规划，避免大而全地照搬其他企业的学习平台。

2.1 学习平台的选择

企业搭建数字化学习平台要考虑自身的发展阶段，选择合适的建设方式。

一些国有企业和大型集团企业，由于信息化建设比较早，或对于数据安全、数据规范要求比较高，更倾向于自主研发数字化学习平台，其定制化程度高、安全性强等优势不言而喻，但也存在开发成本高、专业度低等缺点。

对于大多数企业而言，选择第三方的数字化学习平台是最优选择。当前，第三方企业数字化学习平台服务商的技术和产品都已经十分成熟。

当然，也有一些企业在购买了第三方的数字化学习平台之后，再根据企业的个性化需求进行二代开发，也是一种不错的选择。

2.2 学习平台的架构

企业主流的学习平台架构包括接入层、应用层和平台层。

（1）接入层：数字化学习平台一般来说支持 PC、App、微信公众号或小程序等多渠道、多终端接入，方便学员随时随地投入学习。

（2）应用层：包括学习门户、业务管理、系统管理等应用。

学习门户面向的对象是学员，主要版块包括学习任务、学习资源、学习社区、综合资讯及个人中心等。

业务管理面向的对象是学习平台的应用管理员,主要版块包括学习管理、考试管理、培训管理、资源管理、社区管理及各类分析报表。

系统管理面向的对象是学习平台的系统管理员,主要版块包括学习平台组织机构设置、人员管理、权限管理等。

(3)平台层:平台层将复用度高的业务功能进行抽象,形成通用服务并沉淀数据,为应用层或其他业务层提供数据服务等,这样可以大幅度提高平台的可扩展性。

接下来,我们通过 BS 集团的实践案例,进一步了解企业数字化学习平台的搭建。

◎标杆案例 18　BS 集团的企业学习双平台

【案例背景】BS 集团一直坚守"学习是我们传统的一部分",在敏捷化、数字化转型方面进行了诸多探索。BS 集团最新的人力资源战略中,在转型、雇主选择、领导力、卓越之余,新增了数字化和学习,作为战略导向的关键词,通过覆盖全球能力素质的网络化培训中心,以学习生态布局集团的数字化转型。

【案例解读】企业搭建数字化学习平台,将其作为驱动员工自主学习的有力工具。但数字时代的员工需求千差万别,再加上企业内部员工层级、能力素质的多样性,很难满足所有员工的个性化学习需求。如何兼顾员工学习的普适性和针对性呢?

BS 集团培训中心提出了双平台建设的创新思路,一方面打造以全员覆盖为导向的数字化学习平台,匹配适用性较高的课程内容和游戏化运营;另一方面打造以个性化学习为支点的智能化学习平台,通过精品化的内容和精准性的数据,为不同角色的员工定制学习地图或学习方案。

【案例小结】向数字化转型,需要借助数字化和智能化的力量,通过建设数字化和智能化的双平台,采用多样化打法,实现企业个体和组织的共同成长。BS 集团的双平台将会在未来很长一段时间内共同促进员工的学习落地和集团的战略落地。

第三节 ┃ 数字化学习内容建设

在搭建好数字化学习平台之后，企业数字化学习内容的建设就成了当务之急。

3.1 学习内容建设手段

企业数字化学习内容可以分为外部购买、经验萃取和新知创造三种建设手段。

3.1.1 外部购买

企业数字化学习初期，线上学习的内容主要通过外购成熟的线上课程。外部购买的学习内容一般来说都是通用课程，对企业个性化问题的针对性不强。

3.1.2 经验萃取

为解决外部购买的学习内容针对性不强的问题，很多企业开始着眼建设企业自身的数字化学习内容。通常有两种方式来实现企业内部的经验萃取，一种是邀请有经验的企业管理人员和业务专家，开发数字化知识和内容，沉淀到数字化平台上。另一种是通过专业内训师，利用知识萃取技术，将一线业务专家的经验萃取出来，形成微课等数字化学习资源，沉淀到平台上。

但是，通过经验萃取的学习内容也存在一些问题。首先，萃取的是过去的经验，如何指导当下与未来？其次，萃取的是碎片化的知识，如何形成知识体系，解决企业特定的业务问题？最后，萃取的经验是有限的，如何持续不断的产出新鲜的优质内容？

3.1.3 新知创造

新知创造主要是学习内容的主题化、动态化以及面向未来。从经验萃取向新知创造转变能在一定程度上解决经验萃取阶段存在的问题。

新知创造需要识别企业战略主题及业务关键任务，设计一系列有针对性的学习项目，并围绕学习主题跨域共创，实现创新突破。在学习项目开发和组织实施过程中不断产出体系化的知识产品，聚焦企业关键战略问题的解决，从而构建出支撑战略业务主题数字化知识内容体系。

3.2 学习内容数字化过程

我们常见的各种学习内容基本都是由三种内容组件组合、封装而成，即知识模型、知识清单和知识材料。

比如，微课就是一种常见的学习内容，它的构成包括以下三个组件：

- 知识模型，即微课的内容大纲；
- 知识清单，即微课的知识点清单；
- 知识材料，即微课知识点对应的教学活动材料。

数字化学习内容建设首先要进行学习内容的数字化。学习内容的数字化，是指组成学习内容的基础组件的数据化，也就是学习内容结构的数据化。

什么样的学习内容是数字化的学习内容呢？我们常见的课程资料包，如 PPT 格式的培训课程，其实并不是数字化的学习内容。如果我们对这门 PPT 格式的培训课程进行基础组件的数据化，实现在线检索课程的某个章节、知识点，甚至知识点对应的某个知识材料，那么这门课程才真正达到了数据化。

那么，如何进行学习内容数字化呢？学习内容数字化的过程，可以分为以下四个主要的步骤。

3.2.1 梳理学习内容框架结构，搭建知识模型

在企业数字化学习环境下，可以通过三种方式搭建知识模型：工作任务模型、能力模型和知识主题模型。无论哪种方式，其实都是搭建学习内容框架结构的过程。

3.2.2 设计学习内容知识图谱，列出知识清单

可以使用学习内容的知识分类方法，搭建学习内容的知识图谱，这其实是知识设计的过程。

3.2.3 设计学习内容文档材料，采集知识材料

知识材料的设计一般有两种方式：

（1）教学设计：针对知识图谱中的每一个知识点来设计学习材料，适合精细化的学习产品开发。

（2）知识拓展：一般并不针对知识图谱来设计。在知识拓展中，知识模型确定之后，可以针对知识模型的框架，采集各种知识文档，形成某个知识主题的拓展专题集合，是一种较为粗略的学习产品开发方式。

3.2.4 设计学习内容应用项目

经过搭建知识模型、列出知识清单、采集知识材料三个步骤完成学习内容的数字化，就可以针对具体的应用场景，将以上学习组件封装成对应的学习项目了。

◎标杆案例 19　HY 集团的课程矩阵建设

【案例背景】HY 集团是能源企业，集团培训中心多年来持续建设数字化学习内容，大力推广数字化学习平台品牌，目前已成为行业内覆盖范围广、用户黏性高、深受员工欢迎的数字化学习平台。

【案例解读】以公司发展战略为出发点，紧贴员工岗位业务需求，集团培训中心采用外部引进与内部开发相结合的方式，建立了完整的课程体系矩阵。

一、外部引进，海纳百川

通用类课程主要从外部引入成熟度高、标准化强的内容，此类课程不仅包含时间管理、沟通技巧等与工作相关的知识，也包括各类用工安全常识，有效提高课程建设质量、优化课程结构和资源。

二、内部开发，专业精深

能源企业作为专业性较强的行业，外部引进并不能解决深层次、多样化的人才培养问题。基于企业和员工实际需求，平台内部定制开发了具有行业特色的企业级课程。例如，一线作业量逐年加大，难度持续增加，安全生产责任重大，专业技术培训迫在眉睫。鉴于此，平台联手一线技术部门，结合业务痛点开发系列专业和业务课程。

正是因为专业性和技术性极强，数字化学习平台的专业课程都必须遵循严谨的开发流程，通过素材收集、整理、加工，以及课程设计、制作5个环节，并经过项目组领导严格把控课程质量后才会上线，保证了数字化学习平台课程内容的品质。

【案例小结】HY集团培训中心根据平台积累的大量学习数据，不断迭代课程内容，为学员建立分层分类培养课程，向人力资源管理者提供员工学习分析报告，对企业知识管理和人才发展都起到了重要的支撑作用。

第四节 ▍数字化学习运营管理

数字化学习运营指的是围绕平台、用户、内容、活动、数据等因素，开展一系列运营服务，提升员工的学习体验，培养员工的学习习惯，最终满足组织人才发展的需求。

4.1 数字化学习运营策略

数字化学习运营策略包括平台运营、内容运营、平台推广、活动运营、数据运营等基本的运营策略。

4.1.1 平台运营

运营团队平时要收集员工对数字化学习平台的各种反馈意见，经过归纳整理，把其中的平台功能开发建议传递给平台开发机构和人员，推动数字化学习平台的系统开发、功能升级，实现学习平台的不断优化。

4.1.2 内容运营

审核、检查学习平台中学习内容的质量，持续进行外部购买、内部开发，增加学习内容的数量。同时，对学习内容标注标签，定期进行分类管理。另外，通过优质内容吸引更多的员工参与数字化学习。

4.1.3 平台推广

采用各种宣传推广方式，激发员工的兴趣，让更多的员工加入数字化学习队伍中来，是平台推广工作的主要目标。

可以通过活跃度高的宣传渠道传达信息。比如，线上的微信群、朋友圈、企业公众号，以及线下的公司大厅、食堂、休息区等。运营人员要主动与意见领袖们沟通、交流，如核心管理人员、技术专家、活跃员工、企业明星等。另外也可以策划一些有趣的推广活动，建立活动社群，挖掘热点话题，提升平台的宣传热度。

也可以通过员工感兴趣的宣传形式引发关注。常见的宣传形式有宣传海报、宣传活动，最好要具有娱乐性，并能给员工带来一些小福利。比如，可以借助当前社会热点，让员工轻松地完成一个相关的小任务，并发放小礼品作为奖励；或是让员工完成一些趣味性高的小任务，增加体验感。

4.1.4 活动运营

定期组织周期性的数字化学习主题活动能够刺激员工主动学习，逐渐形成线上学习的习惯，从而增加员工在学习平台的留存率。主题活动要紧跟社会热点、公司痛点，通过大家喜闻乐见的形式策划，才能更好地调动大家的热情，提升运营效果。

运营管理人员可以通过平台的数据统计分析功能关注活动的参与人数、上线率、活跃率、互动率、学习积分等衡量指标，发现活动存在的问题，及时改进和优化，以取得更好的效果。

4.1.5 数据运营

数字化学习平台能够非常方便、快捷地记录与学习相关的数据，通过分析内容数据、学习数据、用户数据，可以发现存在的各种问题，有利于及时解决问题，提高运营效率，并为学习平台的运营决策提供依据。

4.2 数字化学习运营保障

为保证数字化学习的有效运行，需要建立相应的保障机制，包括运营团队保障、管理机制保障、项目实施保障以及技术运维保障。

4.2.1 运营团队保障

企业数字化学习的运营团队包括应用管理员、系统管理员、学习项目运营人员、技术运维人员等角色，全面支撑数字化平台的学习服务、用户服务、系统维护和技术运维等工作内容。

4.2.2 管理机制保障

与企业数字化学习相关的管理机制包括数字化学习平台管理流程、数字化学习资源建设标准与流程、数字化学习运营管理流程，也包括数字化培训项目管理制度、课程选学制度、学分管理机制、考核激励机制、内训师管理制度等。

4.2.3 项目实施保障

针对系统内的关键人群，围绕关键项目开展常规培训、主题/专题培训教育、岗位培训等项目活动，全力打造精品网络培训项目工程，不断提高员工的培训满意度。

4.2.4 技术运维保障

技术运维人员需要维护基础数据，处理平台故障，升级平台系统，保障平台运行安全，同时也要负责培训学院的日常运维工作，确保企业员工能够顺畅地使用数字化学习平台，解决使用过程中的问题，保证员工良好的使用体验。

◎标杆案例20　RQ集团的学习运营策略

【案例背景】RQ集团积极探索数字化学习新模式，基于移动互联网、大数据和人工智能技术，结合信息化教育方法，开启了云学习的新时代。

【案例解读】数字化学习项目的最大难点在于如何保证学习效果。集团培训学院通过多维宣传造势、分组运营学习社群、以赛促训、沉淀及复盘等一系列运营手段，有效解决了这一难点问题。

一、平台推广运营策略

为了激发员工的参与度，集团培训学院特别设计了专项海报，包括目标人群关心的课程亮点等信息，提升了大家对项目的认知和兴趣，并同步通过微信企业号、微信公众号、朋友圈、内部培训群等宣传渠道实现目标人群全覆盖，扩大了项目的宣传力度。

二、社群学习运营策略

为保障项目体验和学习成果跟踪，运营人员分别建立了一个大群和几个小群。大群包含了所有学员，主要用于统一发布任务、开展活动。再按所在区域公司和所处岗位，将学员分成四组，为每个小组分别建立一个小群，主要用于小组成员畅所欲言、交流互鉴、相互激励、分享心得，共同完成每日学习任务。学员进群后通过自我介绍、团队取名等小活动，进行学习预热和团队建设，迅速打破了小组壁垒，营造了良好的学习氛围。

三、激励机制运营策略

针对各小组的课程学习、任务完成、最终考核等情况，学习项目设置了小组排名，每日"晒"分数和排行，以赛促训，从机制上保障了学员的学习效果。

在学习项目结束后，根据过程评分，评选出了优秀小组，给予精神和物质的双重奖励，有效地激发学员的团队协作能力，提升团队凝聚力。

四、项目跟踪运营策略

学习项目成立了项目运营小组，并为每个小组配备了一名导师，跟进、辅导学员的学习情况。当然，导师也会组建独立的工作群，提前做好任务分工，明确时间节点，进行必要的导师辅导培训，确保导师辅导的效果。

五、复盘总结运营策略

本期学习项目结束之后，项目运营团队总结了项目成果，提炼了数字化学习项目的实施要点，进一步明确了数字化学习运营管理的关键流程，归纳了各类运营话术和方法，形成了标准化的数字化培训项目SOP，为后续的学习项目提供参考和借鉴，实现数字化学习项目的持续优化迭代、推广落地。

【案例小结】数字化学习项目顺利结营，为学院开启了全新"云学习"时代。同时，学院结合学员的个人测评数据及社群内的互动表现，筛选出优秀学员，丰富了企业"人才蓄水池"。未来，学院还将拓展内外部资源，强化信息化教育手段，结合学院特色项目为学员提供轻量化、生动化、体验感强的学习产品，以持续为组织赋能。

后 记

北京下雪了。雪花漫天飞舞，很美。

这本书终于要结笔了，就像十月怀胎、辛苦孕育的我的又一个孩子，即将直面这个纷繁复杂、熙熙攘攘的世界。

恍惚间，思绪回到一年前，从开始着手写的紧张兴奋，到确定目录的纠结忐忑；从收集资料的庞杂繁复，到一字一句的斟酌掂量；从一稿、二稿、三稿，到一审、二审、三审……

如今手捧终稿，虽仍有诸多不尽如人意之处，但终归可以合上书页，放松紧绷的神经，怡然自得间去欣赏这雪花的美。

写书的日子是孤独的日子。无数个加班的夜晚，一盏孤灯相伴，对影成三人。

写书的过程是修行的过程。无数次的怀疑、否定、烦闷，最终修炼成坦然自得、拈花微笑、清风徐来。

感谢时光，给予我厚重。

感谢书籍，给予我力量。

感谢自己，没有轻言放弃！

从一名教师，到一名职业培训师，再到企业HR和企业管理人员，近二十年的职业生涯总是与"培训"有着千丝万缕的不解之缘。喜欢做老师的感觉，热爱培训这个行业，也深刻体会到培训之于企业人力资源开发和人力资源管理的意义。

写作这本书的过程是培训管理理念的再建构，是培训知识体系的再梳理，是培训解决方案的再检验。

打开这本书，请跟随我去尽情领略企业员工培训的科学之美和艺术之妙，让我们共同完成一次曼妙的培训管理之旅吧！

就在此时，耳边响起这首能量满满的《野子》：

"怎么大风越狠，我心越荡？

……

我要握紧手中坚定，却又飘散的勇气。

……

你看我在勇敢地微笑，你看我在勇敢地去挥手啊。

……

我会变成巨人，

踏着力气，踩着梦！"

这首歌送给走在路上的人力资源以及企业各级管理层的小伙伴们！

在这个瞬息万变的时代，只要心中有梦、脚步坚定，就会"变成巨人，踏着力气，踩着梦"！

感谢我的朋友，给予我无私的帮助和鼓励。

感谢我的家人，给予我默默的包容和支持。

这本书送给我的两个"小棉袄"——Rain 和 Sundy，爱你们！

王俊杰

图书在版编目（CIP）数据

企业员工培训全流程管理实战 / 王俊杰著 . -- 北京：中国法制出版社，2025.1

（企业人力资源管理标杆系列丛书）

ISBN 978-7-5216-4199-8

Ⅰ.①企… Ⅱ.①王… Ⅲ.①企业管理－职工培训－研究－中国 Ⅳ.① F279.23

中国国家版本馆 CIP 数据核字（2024）第 035007 号

责任编辑：马春芳　　　　　　　　　　　　　　封面设计：汪要军

企业员工培训全流程管理实战
QIYE YUANGONG PEIXUN QUANLIUCHENG GUANLI SHIZHAN

著者 / 王俊杰
经销 / 新华书店
印刷 / 三河市国英印务有限公司
开本 / 710 毫米 × 1000 毫米　16 开　　　　印张 / 18.75　字数 / 267 千
版次 / 2025 年 1 月第 1 版　　　　　　　　　2025 年 1 月第 1 次印刷

中国法制出版社出版
书号 ISBN 978-7-5216-4199-8　　　　　　　　　　　　定价：68.00 元

北京市西城区西便门西里甲 16 号西便门办公区
邮政编码：100053　　　　　　　　　　　　　传真：010-63141600
网址：http://www.zgfzs.com　　　　　　　　编辑部电话：010-63141815
市场营销部电话：010-63141612　　　　　　　印务部电话：010-63141606
（如有印装质量问题，请与本社印务部联系。）